LES MANIPULATEURS SONT PARMI NOUS

Catalogage avant publication de Bibliothèque et Archives Canada

Nazare-Aga, Isabelle

Les manipulateurs sont parmi nous : qui sont-ils ? comment s'en protéger ?

1. Manipulation (Psychologie). I. Titre.

BF632.5.N39 2004 158.2 C2004-941524-7

DISTRIBUTEURS EXCLUSIFS :

- Pour le Canada
et les États-Unis :
MESSAGERIES ADP*
955, rue Amherst
Montréal, Québec
H2L 3K4
Tél. : (514) 523-1182
Télécopieur : (514) 939-0406
* Filiale de Sogides ltée

- Pour la France et les autres pays :
INTERFORUM
Immeuble Paryseine, 3, Allée de la Seine
94854 Ivry Cedex
Tél. : 01 49 59 11 89/91
Télécopieur : 01 49 59 11 96
Commandes : Tél. : 02 38 32 71 00
Télécopieur : 02 38 32 71 28

- Pour la Suisse :
INTERFORUM SUISSE
Case postale 69 - 1701 Fribourg - Suisse
Tél.: (41-26) 460-80-60
Télécopieur : (41-26) 460-80-68
Internet : www.havas.ch
Email : office@havas.ch
DISTRIBUTION : OLF SA
Z.I. 3, Corminbœuf
Case postale 1061
CH-1701 FRIBOURG
Commandes : Tél. : (41-26) 467-53-33
Télécopieur : (41-26) 467-54-66
Email: commande@ofl.ch

- Pour la Belgique et le Luxembourg :
INTERFORUM BENELUX
Boulevard de l'Europe 117
B-1301 Wavre
Tél. : (010) 42-03-20
Télécopieur : (010) 41-20-24
http://www.vups.be
Email : info@vups.be

Pour en savoir davantage sur nos publications,
visitez notre site : **www.edhomme.com**
Autres sites à visiter : www.edjour.com
www.edtypo.com • www.edvlb.com
www.edhexagone.com • www.edutilis.com

Dépôt légal : 4e trimestre 2004
Bibliothèque nationale du Québec

ISBN 2-7619-1971-8

Gouvernement du Québec – Programme de crédit d'impôt pour l'édition de livres – Gestion SODEC. – www.sodec.gouv.qc.ca

L'Éditeur bénéficie du soutien de la Société de développement des entreprises culturelles du Québec pour son programme d'édition.

Nous reconnaissons l'aide financière du gouvernement du Canada par l'entremise du Programme d'aide au développement de l'industrie de l'édition (PADIÉ) pour nos activités d'édition.

ISABELLE NAZARE-AGA

LES MANIPULATEURS SONT PARMI NOUS

Qui sont-ils ?

Comment s'en protéger ?

L'auteur du présent ouvrage organise en Europe et au Québec des séminaires d'entraînement à l'affirmation de soi et, plus particulièrement, le séminaire intitulé *« S'affirmer face au manipulateur »*. Veuillez vous adresser à :

Isabelle Nazare-Aga
28, rue Félicien David
75016 Paris
France

Téléphone : (33) 01-40-50-60-40
Télécopieur : (33) 01-46-47-68-43
E-mail : isanazare@aol.com

À ma mère
À Liliane et au Dr Alain Vanet

Chacun voit ce que tu parais, peu perçoivent ce que tu es.

MACHIAVEL
(Le Prince)

Remerciements

Je tiens à remercier mes patients et mes stagiaires pour leurs multiples témoignages, plus particulièrement Patrick, Claire, Georgette, Nadine, Valérie, Béatrice, Cécile, Sylvia et Karine. Tous ont influencé la création de cet ouvrage.

Je remercie également Sylvie Breguet et Marie-Laure Bruillard pour les heures passées à taper le manuscrit. Leur attention et leurs remarques m'ont permis de faire quelques rectifications afin d'être comprise par tous.

J'ai apprécié la simplicité avec laquelle Pierre Granier-Deferre a su me narrer comment, grâce à sa propre expérience, il a si justement dépeint les personnages de son film *Une étrange affaire*.

J'ai également bénéficié des encouragements de mon ami Alain Houel, auteur de *Comment faire face aux gens difficiles*.

Enfin, ma reconnaissance et ma gratitude vont spécialement à Carole Ollerdissen, à Ludovic Jean et à Florence Hernandez, trois amis compétents qui ont contribué avec enthousiasme et générosité à la mise en forme du manuscrit.

Introduction

Vous est-il arrivé d'entrer dans un nouveau service, une nouvelle entreprise, une nouvelle famille ou un nouveau cercle d'amis, fort de votre confiance et de votre compétence, et de vous heurter à des obstacles relationnels que vous n'aviez jamais connus auparavant ?

Le doute s'immisce. Le stress commence à vous ronger. Une personne de votre entourage reste présente dans votre esprit et vous parlez souvent d'elle. Beaucoup trop… Pourquoi ? Quelle influence cette personne a-t-elle sur vous ? Sa relation à l'autre semble destructrice, mais il s'agit plus d'une sensation de votre part que d'une explication rationnelle. Les effets sont dévastateurs. Ils commencent à se matérialiser par un manque de confiance en vous qui va croissant. Un doute répété concernant vos capacités, vos compétences ou vos qualités humaines. Un sentiment d'infériorité. L'impression de ne plus savoir communiquer. Puis apparaissent des troubles physiques tels que des problèmes de sommeil, une difficulté respiratoire, des maux de tête, de ventre, des troubles cutanés, voire une dépression…

Le sujet abordé dans cet ouvrage est méconnu en France. Il se retrouve malheureusement fréquemment dans la réalité et est à l'origine de nombreuses perturbations et de traumatismes pour beaucoup d'entre nous. Il s'agit des manipulateurs dits « relationnels » !

Je ne fais pas référence aux manipulateurs professionnels en lien avec la publicité, la vente ou la politique. Ces professionnels utilisent des techniques d'influence et de persuasion bien connues en psychosociologie dans un seul but : faire acheter un produit, augmenter un chiffre d'affaires ou gagner davantage de voix aux élections. Les sentiments profonds rentrent peu ici en ligne de compte. Ces derniers sont par contre la base stratégique du manipulateur relationnel ! Depuis quelques années, je suis frappée, en tant que thérapeute et formatrice, par la fréquence de cette constatation : les individus vivant un mal-être majeur face à une personne de leur entourage découvrent souvent tout à coup que cette personne est un manipulateur ou une manipulatrice !

En France, les thérapeutes, de quelque école qu'ils soient, n'ont pas reçu un enseignement leur décrivant les caractéristiques précises du manipulateur. Ils sont par conséquent moins aptes à considérer ce stresseur comme un agent influant dans le déséquilibre de certains patients. À l'exception de quelques articles, peu d'ouvrages en France abordent ce sujet pourtant crucial dans la vie de chacun d'entre nous. Statistiquement, il est évident que nous rencontrerons tous un manipulateur dans notre existence. Ce livre s'adresse donc à la fois aux professionnels de la relation d'aide, au corps judiciaire et à chacun directement. Son but est de donner les informations nécessaires pour reconnaître un manipulateur et, surtout, pour s'en protéger. Il sert aussi de brèche ouverte sur de nouvelles études qui pourraient aboutir à une meilleure compréhension et à de nouveaux moyens de protection.

Pour gérer le stress, nous avons l'habitude d'enseigner plusieurs méthodes : les habiletés sociales, le domaine cognitif (c'est-à-dire les systèmes de valeurs, les croyances et les pensées irrationnelles ou erronées), la relaxation, la gestion du temps, et accessoirement l'importance du sommeil, du plaisir, de l'alimentation, du sport, etc. J'ai cependant constaté une forte résistance à l'efficacité de toutes ces techniques lorsque le stresseur (le facteur de stress) se révélait être une personne proche. Difficile de trouver une solution à ce problème. Dans 90 p. 100 des cas, les personnes qui étaient aux prises avec cette situation avaient affaire à un manipulateur au vrai sens du terme. Trois solutions s'imposent alors :

1. Prendre connaissance de la façon dont procède un manipulateur ;
2. Savoir le reconnaître ;
3. S'en protéger.

Quelle est cette réalité ? L'ensemble des domaines comportementaux, cognitifs, émotionnels et relationnels est perturbé. Je décrirai cette situation à partir du vécu des victimes : comment le manipulateur culpabilise, se déresponsabilise, communique, sème la zizanie, dévalorise, se « victimise » lui-même, change ses attitudes ; et comment il est indifférent aux besoins des autres malgré ce qu'il en dit. Il ne s'agit pas de faire la psychanalyse ou l'étude approfondie des motivations inconscientes du manipulateur, bien que j'en aborde quelques aspects afin de mieux comprendre ses procédés.

Des personnes ayant été victimes de manipulateurs et qui savent maintenant les reconnaître ont relaté de nombreuses histoires et anecdotes. Ces dernières sont soigneusement retranscrites ici. Elles sont véridiques et vous permettront ainsi d'assimiler les manœuvres d'un manipulateur. Par discrétion, l'identité des témoins a été modifiée.

Enfin, l'objectif ultime de cet ouvrage est d'offrir une voie complémentaire aux autres techniques qui permettent de s'affirmer, de gérer l'anxiété et le stress, afin d'être libre de choisir ses actes, ses pensées et… sa vie.

Première partie

Qui sont les manipulateurs ?

CHAPITRE 1

Les masques du manipulateur relationnel

Les manipulateurs se dissimulent souvent sous différents masques. Ils sont aussi passés maîtres dans l'art de modifier ces faux visages à volonté, selon la personne, la situation ou le but visé.

Le manipulateur dit sympathique

Ce premier masque est de loin le plus fréquent. C'est également le plus dangereux parce qu'il dissimule parfaitement le jeu du manipulateur : il est souriant, extraverti, bon vivant et, à certains moments, sait se montrer attentif aux autres. Il parle beaucoup et sans difficulté. Il se positionne, prend sa place : la place que vous occupez devient naturellement la sienne. Il offre l'image d'une personne bien dans sa peau, à qui nous aimerions ressembler et dont nous souhaiterions nous faire aimer. Le personnage que joue Michel Piccoli dans le film *Une étrange affaire* de Pierre Granier-Deferre est un exemple frappant de ce type de personnalité. Il nous est difficile d'admettre qu'il existe un manipulateur relationnel derrière cet être fort charmant paré d'autant de qualités agréables ! D'où le danger !

Le processus de manipulation est suffisamment discret pour se noyer au sein d'un autre complexe d'attitudes ; ces dernières peuvent être parfaitement plaisantes, du moins dans leurs formes superficielles.

Avez-vous remarqué qu'il nous est plus facile d'accéder aux désirs et aux besoins d'une personne qui se montre sympathique? Il est aussi plus difficile de refuser quelque chose à un ami, en général, qu'à un inconnu. C'est ainsi que *la plupart* des manipulateurs sauront utiliser ce simple paramètre pour augmenter leur influence sur autrui. Un phénomène identique existe chez les animaux. Certains types de poissons redoutables utilisent le mimétisme d'autres espèces plus courtoises pour parvenir à leur objectif.

Prenons l'exemple de la blennie... Examinons tout d'abord le rason, ce poisson nettoyeur d'un gros poisson d'une autre espèce. Il est appelé le poisson «associé». Nettoyeur et nettoyé se comprennent à l'aide de quelques mouvements spécifiques qui deviennent des codes de communication entre eux. Ils se font mutuellement confiance et ainsi, le gros poisson, nullement méfiant, laisse le rason s'approcher. Or, la blennie *(Aspidontus tœniatus)* imite à la perfection le rason: elle copie les déplacements de celui-ci dans ses moindres détails, bien que ce genre de mouvements ne soit pas typique de sa famille. Camouflée de cette manière, la blennie trompe sa proie (le gros poisson) et lui prélève des morceaux de nageoires et de branchies.

Les facteurs engendrant la sympathie

Comment se rend-on sympathique? Un certain nombre de facteurs y contribuent. Depuis une vingtaine d'années, les sociologues se sont penchés sur cette question. Ils ont ainsi découvert comment de parfaits inconnus avaient le pouvoir de nous arracher un «oui» en quelques minutes, uniquement parce que nous les trouvions sympathiques. C'est le cas de merveilleux vendeurs, par exemple. Les sociologues ont noté, entre autres, que l'apparence physique, la similarité (avoir des points communs avec l'acheteur), certaines familiarités, les flatteries, les associations positives à leur contact (conditionnées à un bon moment passé ensemble, aux personnes célèbres qu'elles connaissent, etc.) avaient une influence certaine et cependant *inconsciente* chez la plupart d'entre nous.

Un bon pourcentage (60 p. 100 environ) de manipulateurs se donnent comme règle de conduite de créer des relations d'amitié le plus rapidement possible — surtout dans un contexte purement professionnel —, ou de faire en sorte qu'au premier abord nous les trouvions sympathiques. Ils sont souriants, très attentifs, généreux (font de petits cadeaux ou rendent des services) et utilisent la flatterie.

La différence entre le manipulateur dit sympathique et l'individu vraiment sympathique

Évidemment, il ne s'agit pas de se méfier de chaque personne que nous trouvons sympathique. Heureusement, il existe de nombreux individus réellement affirmés qui n'ont pas besoin d'artifices ou de manigances pour être appréciés. Ils savent exprimer *clairement* et *sincèrement* leurs opinions, leurs désirs ou leurs sentiments. Les personnes affirmées respectent aussi les désirs, les besoins, les sentiments et les opinions des autres. Rien ne nous fait sentir qu'avoir des besoins, des opinions ou des sentiments différents des leurs soit illégitime, mal vu, dévalorisant ou culpabilisant. L'individu affirmé est bien dans sa peau, sans faux-semblants, souriant, avenant, respectueux et d'humeur égale. Il est limpide dans son esprit et son attitude. Il ne crée pas sans cesse de mauvaises surprises et instaure une stabilité dans ses relations professionnelles et sociales. Il ne cache rien de sa personnalité et n'a *aucunement besoin d'écraser les autres pour se sentir valable.* L'individu affirmé ne nie point ses défauts (même s'il n'est pas toujours aisé de les avouer et de les accepter) et reconnaît tout autant ses qualités. Cependant, il n'en fait pas une démonstration *constante* dans le but de prouver à autrui qu'il lui est supérieur ou que celui-ci lui est inférieur sur de multiples plans.

Le fait d'expliquer ce qu'une personne au caractère affirmé « est » ou « n'est pas » vise à mieux faire comprendre les comportements de la personne manipulatrice. Il est clair qu'au début d'une relation, un manipulateur au masque sympathique ne se montrera pas très différent d'un individu réellement affirmé. Cela rappelle ostensiblement une célèbre publicité: « Cela ressemble à du Canada Dry; cela a la couleur du Canada Dry... mais ce n'est pas du Canada Dry! » On pourrait ajouter que le goût change au bout d'un moment et que c'est seulement à cet instant-*là* que l'on peut reconnaître la différence. Autrement dit, il nous faut côtoyer assez longtemps un manipulateur au masque sympathique pour découvrir progressivement ce qu'il cache et ce qu'il recherche réellement. Les plus passifs et naïfs d'entre nous peuvent, hélas, ne jamais le découvrir. Tout simplement parce qu'ils n'ont pas accès à leur jardin émotionnel et n'ont pas pris conscience de leurs besoins personnels. Seule cette connaissance produit le choc nécessaire. Or des millions de personnes vivent selon le schéma inverse : il leur est plus important de répondre aux besoins et aux demandes des autres plutôt qu'à leurs propres besoins. C'est parce qu'elles nient l'existence de ces derniers que la frustration et le sentiment négatif deviennent supportables. La soumission à l'autre ne peut se faire que s'il y a refoulement puis négation de son propre ego. Ce sont les mêmes qui, à la question : « Qu'est-ce que tu veux faire cet après-midi ? » répondent : « C'est comme tu veux ». Si nous réitérons la question pour les amener à exprimer ce dont elles ont, elles, vraiment envie, elles répondent sincèrement : « Je ne sais pas ». À force de satisfaire essentiellement les demandes et les besoins des autres par peur de déplaire, elles ne reconnaissent plus leurs véritables sentiments et ceux de leur entourage. Ces personnes passives sont donc incapables de repérer un manipulateur derrière ce masque de la sympathie, et cela, pendant 10 ou 20 ans !

Qu'elles n'aient pas *conscience* de la souffrance émotionnelle créée par ce personnage de leur entourage est une chose. Qu'elles n'en souffrent pas en est une autre. Or, elles n'osent pas parler de leur détresse à quiconque et dénient le plus souvent leur souffrance. Ce sont des individus qui expriment rarement ce qu'ils ressentent. Et pour cause : il leur arrive très souvent de ne pas le savoir eux-mêmes de façon précise.

Ses qualités existent

Sans que nous soyons particulièrement passifs ou résignés, un autre facteur peut nous aveugler : le côté « sympathique » du personnage ! Ce que je décris dans cet ouvrage ne reflète que l'aspect manipulateur. Quatre-vingts pour cent des manipulateurs relationnels, et principalement les « sympathiques », ont aussi beaucoup de qualités, comme tout être humain d'ailleurs. Comment pouvons-nous distinguer les vraies qualités des fausses qualités ? Avec le temps ! Si nous vivons ou travaillons avec eux, les failles et le mensonge vont progressivement nous apparaître comme des évidences. Ils peuvent être difficiles à accepter quand ils concernent une figure d'autorité comme un parent ou un supérieur hiérarchique. Combien de fois secrétaires et autres collègues ne comblent-ils pas les lacunes graves d'un responsable jusqu'au moment où ils ne peuvent que constater son incompétence ? Cela est d'autant plus difficile à vivre et à rapporter au supérieur du responsable en question quand celui-ci est persuadé de la compétence de ce dernier. De très nombreux propos témoignent de ce cas, d'une fréquence plus grande qu'on ne le croit. Avez-vous d'ailleurs remarqué que le terme le plus courant pour désigner un supérieur hiérarchique est « Responsable » ? Pourquoi devrions-nous donc nous attendre à une réalité inverse ? La plupart du temps, la question ne se pose pas jusqu'au moment où *trop, c'est trop !*

Revenons aux vraies qualités du manipulateur au masque « sympathique ». Il est le plus souvent extraverti, gai (pas toujours, tout dépend du « public »), parle avec aisance et souvent trop, se montre par moments attentif aux autres, gentil, actif, vivant et souriant. Il s'avère efficace, qualifié et intelligent. Concrètement, il peut être très ordonné, avoir beaucoup de goût, de bonnes idées, être bon cuisinier, être inventif ou excellent bricoleur. Toutes ses qualités, qu'il sait parfaitement mettre en valeur, masquent complètement la toile d'araignée qu'il tisse tranquillement. Sans renier pour autant ses indéniables qualités, il est évident que celles-ci n'empêchent nullement la manipulation. Au contraire, elles la servent ! L'art du manipulateur à l'allure sympathique consiste justement à dissimuler sa manœuvre au milieu de comportements tout à fait acceptables et même souhaitables pour toute relation amicale, conviviale, chaleureuse et remplie de complicité.

Son premier objectif : mettre tout inconnu « dans sa poche ». L'approche est agréable. Car le manipulateur ne tarit pas d'éloges, que nous qualifierons, bien plus tard, de flatteries. Dans les premiers temps, il sait se montrer serviable grâce à de petits gestes qui ne lui coûtent pas cher en réalité. Par la suite, il vous demande quelques menus services que vous rendez avec grand plaisir. Il crée rapidement un climat de confiance, de complicité, de joie et de sécurité. Il entretient les qualités nécessaires à une relation amicale normale. Jusque-là, tout semble parfaitement sain et simple. Aucune méfiance de votre part ne serait légitime à ce stade. Ce n'est que quelques mois plus tard que vous réalisez que la dépendance psychologique et/ou matérielle (car il sait offrir de gros cadeaux ou prêter de grosses sommes) ne vous permet pas de vous épanouir totalement. Il paraît avoir de nombreux amis, or, ceux-ci changent tous les deux ou trois ans. Qu'à cela ne tienne, il s'en fait de nouveaux sans aucun problème. Votre découverte va s'agrémenter d'observations et d'attitudes correspondant aux caractéristiques décrites tout au long de ce livre.

Révisez l'idée toute faite qu'une personne sympathique *ne peut pas* vous faire de mal ! Toutefois, évitez d'avoir de la suspicion à l'égard de tout individu sympathique. Des millions de gens font preuve de gentillesse sans que cela soit un moyen subtil de parvenir à des buts égocentriques. La plupart des manipulateurs possèdent une façade sympathique : ils paraissent avenants. Cela ne veut surtout pas dire qu'un individu répondant à ces qualités soit manipulateur. Prenons en exemple les politiciens : ils sont représentés en grande majorité par la gent masculine, ce qui ne veut pas dire que derrière chaque homme se cache un politicien !

Le manipulateur séducteur

Le manipulateur séducteur est souvent doté d'un physique attrayant. Il a ce que l'on appelle du « charme ». Ses vêtements, ses accessoires (bijoux, voiture, etc.) contribuent à le mettre en valeur. Le manipulateur séducteur regarde dans les yeux, pose des questions qui peuvent être embarrassantes, et répond de façon détournée à celles qu'on lui pose, ce qui lui permet de rester mystérieux. Il prend ce qu'il souhaite des autres, mais ne donne rien, excepté les flatteries. Les compliments, qu'il ne pense pas nécessairement, sont pour lui une excellente arme d'influence. Bien entendu, il manie parfaitement toutes les combines pour plaire et faire naître chez l'autre la fascination.

De la séduction à la manipulation : le cas de Marc

Petit garçon, Marc est « adorable », selon sa mère. Son entourage remarque son aversion pour toute sanction ou réprimande. Afin d'éviter de se retrouver dans ces situations gênantes, il adopte des comportements d'obéissance immédiate, le tout accompagné de son plus beau sourire. C'est une réaction pouvant paraître inhabituelle chez un enfant. Brillant sur le plan scolaire et dans d'autres domaines, il ravit ses parents et tous les adultes de son entourage. Il est serviable et use de la séduction de façon excessive.

Devenu le « chouchou » de tous, il est littéralement adulé. Chaque fois que sa sœur Diane rencontre les voisins, ceux-ci lui demandent : « Comment va ton frère ? Il est tellement gentil. » Diane a une profonde admiration pour son frère. Sa nature passive l'amène à lui rendre beaucoup de services dès qu'il le lui demande. (Elle avouera par la suite que lui refuser son argent de poche était chose impossible. Elle était convaincue qu'il le méritait.) Marc a de « gros besoins » et utilise volontiers l'argent de poche de sa sœur. Diane se souvient : « Je lui ai toujours donné tout mon argent de poche. J'étais complètement effacée. Je faisais totalement abstraction de mes besoins. Je me disais qu'il avait plus de besoins que moi. Il fascinait tout le monde. »

Ses parents divorcent au cours de sa dixième année. Dès lors, Marc adopte des airs *autoritaires* avec sa mère. Il les avait déjà adoptés avec succès auprès de sa sœur âgée de six ans. « Maintenant, c'est moi le chef à la maison ! » annonce-t-il un jour. À cette époque, sa mère, fort fragilisée par son divorce, pleure souvent. Marc tente officiellement d'investir la place du dominant. La mère lui répond : « Ce n'est pas toi le chef de famille. Tu es le seul garçon mais tu n'es qu'un petit garçon. Tu es mon fils et c'est moi le chef de famille. » Il ne récidive pas et redevient docile.

À l'adolescence, Marc atteint un degré supérieur dans la manipulation en utilisant le déséquilibre affectif de ses parents pour mener à bien ses entreprises. À 14 ans, il réclame à sa mère des vacances en Angleterre. Celle-ci refuse pour des raisons financières. Marc ne supporte pas le refus et lui lance : « Papa aurait accepté, lui ! De toute manière, je vais aller le voir ! » Lorsque Marc n'obtient pas ce qu'il exige, il disparaît chez son père pendant quelques jours. Cette attitude est vécue comme un chantage par sa mère. Il sait jouer sur les deux tableaux et passe d'un foyer à l'autre selon ses désirs ou ses besoins. De 14 à 18 ans, il reste davantage chez son père, beaucoup plus permissif et laxiste. De plus, ce dernier est remarié à une très jeune femme qui tombe en admiration totale devant son beau-fils. Le charme de Marc opère suffisamment pour qu'il réussisse à soutirer tout ce qu'il veut de sa belle-mère. Il profite de toutes les occasions pour manipuler son entourage. Il sait que lorsqu'il séjourne très longtemps chez son père, sa mère l'attend avec impatience et les bras ouverts. Il se fait désirer et obtient dès son retour tous les honneurs et services dus à un « roi ».

Devenu directeur commercial, Marc se fait construire une maison grâce à l'appui financier de ses parents. En 1985, son père décède. Surgissent alors les problèmes d'héritage. Marc aborde le sujet avec sa belle-mère le jour même de l'enterrement. Celle-ci lui répond que le petit héritage financera les études de leurs deux enfants, alors mineurs. Diane se sent outrée de la requête inopportune de son frère. Marc insiste et essuie un second refus de la part de sa belle-mère. À partir de ce moment, Marc interdit à sa sœur de retourner la voir, elle et ses enfants. Diane raconte : « Vous n'allez peut-être pas me croire, mais j'avais 28 ans, et je l'ai fait ! Je ne sais pas pourquoi je l'ai fait. Peut-être à cause du ton sur lequel il m'a donné cet ordre ignoble. Mais je n'ai pas vu mon petit frère et ma petite sœur de 1985 à 1988 ! »

Sans aucune explication, Marc ne reverra plus jamais sa belle-famille. Terrorisée par son frère, Diane ne donne plus de nouvelles.

Lors du décès de leur grand-père, la mère de Diane et de Marc hérite d'une ferme qu'elle revend, étant déjà propriétaire de son habitation. Peu encline aux démarches financières et administratives, elle laisse son fils Marc prendre les affaires en main. Ce dernier se précipite alors sur l'occasion pour lui faire acheter un appartement au bord de la mer. La démarche de persuasion est progressive et sournoise : « Ce serait bien si tu achetais un appartement. Tu pourrais profiter de la présence de tes deux petites-filles (ses enfants) ; Diane en profitera également et on viendra te voir plus souvent. »

La mère de Marc se laisse donc séduire et paie un appartement que son fils fait mettre à son nom et à celui de sa sœur. Il prétend qu'elle bénéficiera ainsi d'avantages fiscaux. Du jour même où il possède cet appartement, il ne rend plus jamais visite à sa mère qui habite non loin de là. Lorsque Diane lui en fait le reproche, il répond que c'est une trop grande perte de temps.

Marc a tout ce qu'il veut, aucun effort n'est donc plus utile pour lui. Sa mère a tout perdu. Elle ne voit plus grandir ses petites-filles, elle n'est jamais invitée à l'appartement. Commençant à ouvrir les yeux sur ce qui se passe, elle se dit : « J'ai dû faire quelque chose de mal pour en arriver là, pour mériter cela. » Elle passe quelques années à réfléchir à ce qu'elle a bien pu faire pour que son fils adopte une telle attitude vis-à-vis d'elle. Dans son esprit, Marc demeure gentil, serviable, intelligent… Elle ne peut pas imaginer, même après ce qui vient de se passer, que son fils soit un hypocrite.

Des années après la rupture, Diane a réalisé l'absurdité de la situation avec ses demi-frère et demi-sœur et elle est revenue vers eux. À cette époque, elle ne comprenait toujours pas ce qui avait bien pu se passer pour aboutir à de tels résultats. Ses relations avec sa belle-famille sont maintenant excellentes.

Diane et sa mère ont finalement découvert que Marc était un manipulateur séducteur. Son but principal était d'obtenir l'argent qu'il pouvait soutirer à sa famille et certains avantages financiers d'autres personnes qu'il réussissait à conquérir. Son moyen : la séduction poussée à l'extrême grâce à la gentillesse, et ce, depuis son enfance. Après beaucoup de douleurs et de questionnements, Diane et sa mère ont rompu avec le manipulateur.

Le manipulateur suscite, par divers moyens, un sentiment plus subtil et plus dangereux que l'admiration : *la fascination*. Son étymologie latine, *fascinare*, de *fascinum*, signifie « charme, maléfice ». Le manipulateur séducteur attire irrésistiblement ceux d'entre nous qui sont sensibles à certains aspects de sa personnalité mis en valeur. Cela peut être sa voix suave, ses attitudes corporelles, sa beauté, son intelligence, ses connaissances, son extrême gentillesse, sa galanterie... La fascination *nous réduit,* jamais elle ne nous grandit !

Le manipulateur altruiste

Le manipulateur altruiste, quant à lui, nous donne tout, nous fait tout, nous achète tout, sans que nous ayons à le demander. Mais tout cela reste en attente d'un principe social établi : le principe de réciprocité. Autrement dit, il nous donne tout mais on ne peut rien lui refuser ! « Il est tellement gentil, je ne peux pas lui dire "non". Même si je n'aime pas faire ce qu'il me demande, ou me fait faire sans me le demander. »

Patrice est âgé de 36 ans. Célibataire, il vit à Paris. Ses parents profitent paisiblement de leur retraite dans le sud de la France. Son père se remet de problèmes de santé survenus subitement. Patrice décide alors de leur rendre visite malgré un manque d'enthousiasme évident.

Peu après son arrivée, le père de Patrice lui fait faire le tour du propriétaire. Des éclats de peinture apparaissent sur les boiseries bordant toute la périphérie du toit de leur villa. Patrice raconte : « Je savais que mon père ne pouvait exécuter ces travaux. Ce dernier, parfaitement conscient de son handicap, me manœuvra de telle sorte que je finis par lui proposer de les faire. Quelque temps plus tard, il a commencé à me parler des volets, également en mauvais état. Ses sous-entendus me suggéraient habilement qu'il ne pouvait les repeindre lui-même. Il m'a demandé alors si je disposais de congés vers le mois de mai. »

Le projet n'enchante guère le fils, d'autant plus qu'il sait que ses parents ont largement les moyens de faire appel à une entreprise spécialisée de la région. Patrice sent la culpabilité monter en lui au moment où l'envie de refuser l'effleure. Il dit : « Mon père joue presque sur la notion de non-assistance à personne en danger ; il m'est alors difficile de refuser, même si cela prend du temps sur mes congés. De plus, je suis sûr qu'il me paiera le billet d'avion aller-retour, me donnera en surplus une rémunération et dira comme d'habitude : "Tu vois, on n'est pas là pour t'exploiter !" »

Pendant toute la durée de ses congés, Patrice se déplace effectivement de Paris pour exécuter les travaux. À la fin, son père lui fait un chèque d'un montant ridicule en comparaison des frais de déplacement et du travail effectué.

— Cela va m'aider à régler ma facture de téléphone ! s'exclame Patrice.

— Si tu n'en as pas assez, dis-le et je te refais un chèque, répond gentiment son père.

Patrice se sent troublé d'avoir à solliciter ce deuxième chèque. Il le remercie donc pour ce chèque et au moment où il prend l'avion, son père conclut : « De toute façon, on est là pour s'aider. »

S'aider ou céder ?...

Le principe de réciprocité

Le principe de réciprocité, bien connu des manipulateurs, stipule qu'il faut payer en retour les avantages reçus d'autrui. Cette règle s'ancre en nous au fur et à mesure que nous traversons les étapes de notre socialisation. Lionel Tiger et Robin Fox, deux anthropologues américains, expliquent qu'il s'agit d'un mécanisme d'adaptation chez l'homme permettant des échanges de marchandises, tout en créant un lien social efficace. Ce principe a donc un côté utile dans la société. D'ailleurs, chacun d'entre nous a intégré, au cours de son éducation, cette règle liée aux obligations sociales. Et l'envers de ce précepte consiste en des sanctions sous forme de réprobations générales poussant les autres à nous qualifier d'impoli, d'ingrat et de profiteur, chaque fois que nous prenons sans nous efforcer de donner en retour.

Comme nous ne souhaitons pas être mal jugés par nos semblables, nous jouons le jeu la plupart du temps. Nous tombons alors dans le piège des manipulateurs qui cherchent à profiter de notre sentiment de « dette ».

Aux États-Unis, de nombreuses expériences en psychologie sociale ont montré la puissance du *principe de réciprocité.* Ce principe s'applique au-delà même de la sympathie que l'on éprouve à l'égard du quémandeur. Mieux encore : il peut déclencher un sentiment de dette lorsqu'on nous donne quelque chose que nous n'avons pas sollicité. Bien que le *principe de réciprocité* nous engage à rendre, c'est l'obligation de recevoir qui rend la règle si facile à exploiter. Le manipulateur met alors en jeu une asymétrie dans la situation. Par exemple, si vous avez un jour besoin d'argent et que le manipulateur vous le prête, celui-ci est capable, plus tard, de vous demander un « petit service » : le double du montant qu'il vous a déjà prêté. C'est donc *lui qui choisit le moment et la façon* d'acquitter la dette. Il est alors difficile de dire non. Et si nous le faisons, il met en jeu le fameux *principe de réciprocité* : « Quand tu étais dans le besoin, moi, je t'ai aidé. » Nous cherchons, en général, à en finir avec cette situation qui nous pèse. Nous pouvons donc être facilement manipulés par des exploiteurs nous obligeant à accepter un échange non équitable.

Le manipulateur altruiste est capable de nous donner de son temps, des cadeaux, ou de faire des propositions logiques qui nous arrangent sur le moment. Mais il exigera, avec plus ou moins de finesse, des efforts de notre part, en fin de compte *bien plus considérables.*

Cet aspect du manipulateur le rend d'autant plus dangereux que nous sommes inconscients des mécanismes mis en jeu. Il crée la dépendance envers lui. Le « gentil » piège est refermé !

Le manipulateur cultivé

Nous pouvons découvrir un manipulateur derrière un homme (ou une femme) particulièrement *cultivé*. Celui-ci se montre *subtilement méprisant* envers ceux qui ne possèdent pas les mêmes connaissances que lui. Il s'étonne de notre ignorance face à des sujets « pointus » et que peu de gens maîtrisent. Il s'exprime sur le ton de l'évidence. Il mentionne des noms, des dates, des lieux sans donner d'autres explications. Il nous laisse finalement dans le flou malgré notre désir d'apprendre d'autrui. Son ton et sa manière de parler donnent l'impression d'une *grande* culture. Nous disons alors de lui qu'il est *très* intelligent, et nous n'osons pas lui poser de questions. Si nous le faisons, il peut se montrer surpris, irrité, ou encore évasif. S'il connaît véritablement la question (ce qui n'est pas toujours le cas malgré les apparences), il se fait un plaisir de monopoliser la parole pour étaler « sa science ». C'est du meilleur effet, d'autant plus qu'il a son public pour l'écouter. Par contre, s'il parle d'un sujet que vous connaissez vous-même très bien, vous constatez rapidement qu'il se trompe ou ment sur certains points ; si vous ne connaissez pas le sujet, bien sûr, vous ne le saurez jamais.

La différence à noter entre un manipulateur et une personne à la fois intéressante et cultivée est que cette dernière ne vous donnera jamais l'impression d'être inculte, idiot ou inintelligent. Le manipulateur mise sur l'ignorance des autres en mettant en valeur des éléments qui renforcent son autorité : ses diplômes, sa profession haut placée selon les critères sociaux, son âge ou son expérience.

La déférence envers l'autorité

Comment se fait-il qu'un tel individu nous fasse cette impression ? Stanley Milgram, professeur en psychologie et directeur de recherche à l'Université de New York, qualifie ce phénomène de *sentiment de déférence envers l'autorité*. De nombreuses études ont démontré le caractère automatique de nos réactions bienveillantes envers des figures d'autorité très respectées. Nous n'avons naturellement pas le réflexe de douter des propos de personnes dont la profession est de « savoir ». Vous en doutez ?

Voici l'étonnante expérience menée à l'Université Yale (New Haven, Connecticut) par le professeur Milgram. Elle fut exercée sur 40 sujets, tous sains de corps et d'esprit (cela fut vérifié). Un chercheur vêtu d'un sarrau blanc, et portant un badge, présente la situation sous forme « d'étude des effets de la punition concernant l'apprentissage et la mémoire ». Il s'agit, pour un participant appelé le moniteur, d'administrer des chocs électriques d'intensité croissante chaque fois qu'un élève se trompe (l'élève est un autre participant inconnu du moniteur). Avant de participer à cette expérience, l'élève est censé avoir appris une liste de mots couplés. À un mot énoncé par le moniteur, l'élève doit répondre rapidement par le mot correspondant. Des électrodes sont placées sur le bras de l'élève. Le chercheur chargé de l'expérience lui explique, avant de commencer, que les décharges peuvent devenir extrêmement douloureuses, mais qu'elles ne provoquent pas de «lésions permanentes». Le chercheur et le moniteur s'éclipsent dans une pièce voisine, mais ils peuvent entendre l'élève à travers les cloisons du laboratoire. Le moniteur s'assoit devant une table de commande et inflige des décharges électriques à chaque mauvaise réponse. À chaque erreur, le moniteur augmente le courant électrique de 15 volts. Le test commence. Les décharges sont désagréables au début, mais non douloureuses. Entre 75 et 105 volts, l'élève gémit de douleur. Plus l'élève ressent la douleur, plus celui-ci se déconcentre et plus ses erreurs se multiplient. Le moniteur continue. À 120 volts, l'élève hurle que cela devient vraiment douloureux. À 150 volts, l'élève supplie d'arrêter et demande à sortir. Le test commence à donner des résultats fort troublants: le moniteur (85 p. 100 des 40 sujets!) fait fi des supplications et continue à poser les questions. À 165 volts, l'élève supplie de nouveau: «Arrêtez! Sortez-moi d'ici! Sortez-moi d'ici, je vous en prie! Laissez-moi sortir!» Mais le moniteur continue «l'interrogatoire» (à ce stade, un seul sujet moniteur abandonne). À présent, les décharges deviennent si fortes que l'élève hurle en se tordant de douleur. Apparemment imperturbable, le moniteur continue de poser ses questions et passe progressivement à 195, à 210, à 225… Souvent, lorsque le moniteur hésite à continuer à administrer les chocs, il se tourne vers le chercheur et demande s'il doit poursuivre. Celui-ci utilise alors une des «incitations verbales» prévues pour maintenir le moniteur à son poste. Ces incitations sont (dans l'ordre):

1. «Continuez, s'il vous plaît» ou «Je vous prie de continuer».
2. «L'expérience exige que vous continuiez.»
3. «Il est absolument indispensable que vous continuiez.»
4. «Vous n'avez pas le choix, vous devez continuer.»

Le ton du chercheur est ferme et courtois.

L'élève hurle au moniteur de l'aider à sortir de cette situation. Mais le moniteur continue sous les incitations du chercheur. Les décharges passent à 300 volts. L'élève crie alors qu'il ne répondra plus aux questions. Le moniteur considère cette abstention comme une mauvaise réponse et envoie les décharges. Le voltage augmente inexorablement. Le moniteur annonce chaque fois le degré avant de l'infliger. L'élève n'est plus en état ni de crier ni de bouger. Le moniteur active ses leviers jusqu'au dernier voltage : 450 volts !

Fin de l'expérience.

Les résultats de cette expérience sont époustouflants : pas un seul des 40 sujets (des gens comme vous et moi) n'a abandonné sa tâche de moniteur lorsque la victime le suppliait d'arrêter, même quand celle-ci n'était plus en état de répondre. À 300 volts, un seul sujet s'est arrêté. Le plus ahurissant est que les deux tiers des sujets ont mené leur tâche jusqu'au bout (450 volts !).

Les résultats allaient contre toute attente des spécialistes (chercheurs et psychiatres) de l'époque. Ceux-ci évaluaient à 1 ou 2 p. 100 (avant l'expérience) le nombre de sujets (moniteurs) qui iraient jusqu'au bout (voire 1 pour 1000 selon 39 psychiatres). Autant vous révéler maintenant que l'élève était un acteur. Le moniteur ne le savait évidemment pas. Qu'est-ce qui peut bien expliquer qu'un individu moyen comme vous et moi soit capable d'infliger à une victime innocente de tels supplices ? Aucun de ces sujets, je le répète, n'était pervers ou malade psychologiquement. La réponse s'explique par *la présence du chercheur* ayant donné les consignes. Il représente pour les 40 sujets *l'autorité,* celui qui sait ce qu'il fait. Notre instinct naturel ne remet pas en question son statut. On comprend alors comment Hitler a réussi à manipuler des masses sans susciter de véritable opposition.

D'autres études du professeur Milgram[1] ont été menées afin de confirmer cette hypothèse. L'élément qui diffère de cette expérience est que le chercheur a pris la place de l'élève. Les rôles furent intervertis. Dans cette situation, 100 p. 100 des sujets refusèrent d'administrer une seule décharge supplémentaire lorsque *seule* l'ancienne

1. *Soumission à l'autorité,* Stanley Milgram. Voir la bibliographie.

victime le demandait. Le moment devenait critique pour le chercheur sous ses électrodes. Il n'était plus question pour le moniteur de continuer l'expérience. Dans une autre version, c'est le chercheur qui demanda au moniteur de cesser l'expérience malgré le désir de la victime de continuer. Le moniteur obtempéra immédiatement et ne toucha plus aux leviers. D'autres variantes de ce type d'expériences confirment la soumission des sujets aux directives de l'autorité. Je souhaiterais cependant terminer ce paragraphe en vous relatant les fruits d'une expérience qui intéressera sûrement les lecteurs appartenant au monde médical. Celle-ci se déroule dans un hôpital des États-Unis. Vingt-deux infirmières exerçant dans différents services de chirurgie, de pédiatrie et de psychiatrie sont soumises à cette expérience. Les chercheurs (composés de médecins et d'infirmières) désirent étudier le problème de la soumission dans le contexte d'une grave erreur d'ordonnance. De plus, ils veulent savoir ce qui arriverait si l'on substituait à la figure d'autorité habituelle une voix inconnue au téléphone, revendiquant le titre de « docteur ». Dès les débuts de l'expérience, et ceci de manière systématique, le chercheur appelle par téléphone et se présente comme un médecin de l'hôpital. Il demande à l'infirmière d'administrer 20 milligrammes d'un médicament (l'Astrogen) à un malade hospitalisé à l'étage où travaille l'infirmière.

Quatre raisons objectives sont reconnues pour faire alors douter l'infirmière :

1. Le règlement de l'hôpital n'autorise pas les ordonnances transmises par téléphone.
2. L'utilisation du médicament n'est pas autorisée dans le service. Le décret autorisant sa mise en vente sur le marché est inexistant. Il est cependant disponible à la pharmacie centrale de l'hôpital.
3. Le dosage prescrit est excessif et dangereux. La prescription quotidienne maximum inscrite sur la boîte du médicament est de 10 milligrammes, donc la moitié de ce que demande le « docteur » par téléphone.
4. L'infirmière n'a jamais vu ou entendu ce docteur auparavant.

Les résultats sont surprenants: dans 95 p. 100 des cas, l'infirmière se rend à la pharmacie de l'hôpital, prend le dosage prescrit d'Astrogen et se dirige vers la chambre du patient pour lui administrer le médicament. Elle est alors stoppée par un observateur qui lui explique la nature de l'étude dont elle a été l'objet.

Il est intéressant de noter que les chercheurs avaient auparavant pris la précaution de demander à d'autres infirmières ce qu'elles feraient si un tel cas se présentait. Elles avaient toutes répondu qu'elles n'auraient jamais obéi! Intéressant, non?...

Cette expérience a eu lieu aux États-Unis. Toutes les infirmières françaises à qui j'ai relaté l'expérience m'ont affirmé que cela ne pourrait se produire dans leur service et qu'elles s'y seraient opposées. Il serait intéressant de mener une telle étude en France aujourd'hui.

Comme nous avons pu le remarquer, la soumission à l'autorité ou aux symboles de l'autorité (titre, vêtements, accessoires...) n'est absolument pas consciente. Cette expérience explique et démontre le pouvoir d'un manipulateur qui possède une forme d'autorité (même illusoire). Il a le pouvoir de nous subjuguer et de nous faire admettre ce qu'il veut.

Cette influence agit à notre insu. Nous sommes souvent vulnérables, également, tant aux symboles de l'autorité qu'à leurs réalités.

Le manipulateur timide

Ce manipulateur *tranquille* est difficile à déceler parce qu'il est plutôt rare.

Un manipulateur peut se cacher derrière une fausse timidité. Il est en retrait et silencieux quand il se trouve en groupe. Il nous juge par ses silences ou son regard, sans donner son avis quand nous en avons besoin. Sa présence peut devenir oppressante ou être totalement oubliée sur le moment. Le manipulateur timide est souvent une femme. Elle se montre discrète, voire déstabilisée en public. Elle utilise son conjoint ou un collègue pour faire parvenir son avis ou ses critiques à la personne cible. Elle s'attribue ainsi la caution involontaire du messager. Souvent, cette manipulatrice revêt une image de faiblesse, de vulnérabilité et de soumission. Véritable appel à la protection!

Le manipulateur timide se différencie du timide classique ou du passif par sa façon de juger «par-derrière» et de créer ainsi la zizanie ou les soupçons. Il dit détester les conflits, mais les déclenche subtilement. Nous n'imaginons pas alors que la source du malaise puisse venir de ce personnage.

Les lames de fond dans l'océan ne font pas de vagues, mais le courant est puissant...

Le manipulateur dictateur

Le «dictateur» est généralement un manipulateur facilement repérable. Ses critiques, ses attaques et ses comportements sont souvent violents. Quand il a besoin de nos services, il utilise la flatterie. En règle générale, il ne fait pas de compliments. Il est souvent désagréable, agressif et autoritaire. Il est craint de son entourage. Malgré tout, il réussit à obtenir tout ce qu'il exige. La peur qu'il génère y est pour beaucoup. Souvent, les gens le qualifient de caractériel ou d'homme (de femme) difficile à vivre et ne pensent pas à la manipulation. Le manipulateur dictateur peut être pervers et donc conscient de son exigence et de son autorité souveraine. Cela ne le dérange pas outre mesure sur le plan moral. Il est persuadé que la faiblesse affective est un défaut inconcevable dans le cadre professionnel ou personnel. Aucun sentiment ne doit faire d'ombre sur l'efficacité et sur la volonté d'atteindre tous les objectifs prévus. Les «Bonjour, comment allez-vous?», les pauses-café sont pour lui de pures pertes de temps et n'ont aucun intérêt immédiat. Les «s'il vous plaît», «merci» et les compliments sincères subissent le même sort. Ce que vivent, ressentent et pensent les autres ne l'intéresse absolument pas. Pour lui, l'humain ne doit pas être la proie de ses sentiments ou de ses émotions. Le contrôle doit être parfait. S'il y a dérapage ou faiblesse, on tombe dans le domaine de la honte.

Le manipulateur dictateur a décidé (seul!) que ses principes seraient appliqués sur tous les membres de son entourage. Non seulement son entourage professionnel, mais également familial et social. Il applique ses «vérités» pour lui-même, jusqu'à un certain point, comme tout manipulateur qui se respecte. Rien ne l'empêche de vous traiter d'inhumain et de monstre d'égoïsme si vous n'êtes pas aux petits soins pour lui lorsqu'il tombe malade ou subit un deuil affligeant. Cette forme de terrorisme relationnel est assez reconnaissable, contrairement au masque sympathique, timide ou altruiste. Il n'en est pas moins extrêmement difficile à vivre au quotidien pour ses collègues, ses subordonnés (ce type de manipulateur choisit une profession ou un poste de commandement) et sa famille. Malgré les conséquences psychologiques générées par tous les manipulateurs, quel que soit leur visage, il est tout de même plus agréable au quotidien de travailler avec quelqu'un qui dit «bonjour», «merci», «s'il vous plaît», qui prend de vos nouvelles et qui sourit; cela se situe uniquement sur le plan comportemental, mais nous percevons les autres tout autant par leurs attitudes que par leur mentalité. Un comportement social approprié et positif est toujours bon à prendre. Il fait défaut chez cet individu.

Chapitre 2

Les caractéristiques du manipulateur relationnel

Derrière la façade se cache l'homme. Comme nous l'avons vu précédemment, les apparences que peuvent revêtir les manipulateurs sont nombreuses. Ce sont des masques dont ils se servent pour mieux manœuvrer autrui. En vérité, les manipulateurs peuvent utiliser tous les masques : du *sympathique* au *dictateur caractériel.* C'est la raison pour laquelle ils sont si difficiles à déceler. Le manipulateur sympathique ne l'est que jusqu'à une certaine limite. Lorsque nous touchons à son pouvoir ou à son territoire, il se transforme instantanément. Lorsqu'on lui refuse quelque chose, il devient ironique, sarcastique, insistant, voire méchant. Il ne supporte pas plus les remarques ou les reproches que n'importe quel autre manipulateur. En fait, pour être capable de découvrir un manipulateur, il nous faut connaître *très précisément* les caractéristiques qui le différencient d'un autre individu.

Trente caractéristiques

Nous pouvons déterminer 30 caractéristiques, dont quatre sont des conséquences des 26 autres. Un individu que l'on qualifie de *manipulateur* agit *selon au moins 14 des caractéristiques* parmi la liste suivante.

1. Il culpabilise les autres, au nom du lien familial, de l'amitié, de l'amour, de la conscience professionnelle, etc.
2. Il reporte sa responsabilité sur les autres ou se démet de ses propres responsabilités.
3. Il ne communique pas *clairement* ses demandes, ses besoins, ses sentiments et ses opinions.
4. Il répond très souvent de façon floue.
5. Il change ses opinions, ses comportements, ses sentiments selon les personnes ou les situations.
6. Il invoque des raisons logiques pour déguiser ses demandes.
7. Il fait croire aux autres qu'ils doivent être parfaits, qu'ils ne doivent jamais changer d'avis, qu'ils doivent tout savoir et répondre immédiatement aux demandes et aux questions.
8. Il met en doute les qualités, la compétence, la personnalité des autres : il critique sans en avoir l'air, dévalorise et juge.
9. Il fait faire ses messages par autrui ou par des intermédiaires (téléphone au lieu de choisir le face-à-face, laisse de notes écrites).
10. Il sème la zizanie et crée la suspicion, divise pour mieux régner et peut provoquer la rupture d'un couple.
11. Il sait se placer en victime pour qu'on le plaigne (maladie exagérée, entourage « difficile », surcharge de travail, etc.).
12. Il ignore les demandes (même s'il dit s'en occuper).
13. Il utilise les principes moraux des autres pour assouvir ses besoins (notions d'humanité, de charité, racisme, « bonne » ou « mauvaise » mère, etc.).
14. Il menace de façon déguisée ou fait un chantage ouvert.
15. Il change carrément de sujet au cours d'une conversation.
16. Il évite l'entretien ou la réunion, ou il s'en échappe.
17. Il mise sur l'ignorance des autres et fait croire à sa supériorité.
18. Il ment.
19. Il prêche le faux pour savoir le vrai, déforme et interprète.
20. Il est égocentrique.
21. Il peut être jaloux même s'il est un parent ou un conjoint.
22. Il ne supporte pas la critique et nie des évidences.
23. Il ne tient pas compte des droits, des besoins et des désirs des autres.

24. Il utilise très souvent le dernier moment pour demander, ordonner ou faire agir autrui.
25. Son discours paraît logique ou cohérent alors que ses attitudes, ses actes ou son mode de vie répondent au schéma opposé.
26. Il utilise des flatteries pour nous plaire, fait des cadeaux ou se met soudain aux petits soins pour nous.
27. Il produit un état de malaise ou un sentiment de non-liberté (piège).
28. Il est parfaitement efficace pour atteindre ses propres buts, mais aux dépens d'autrui.
29. Il nous fait faire des choses que nous n'aurions probablement pas faites de notre gré.
30. Il est constamment l'objet de discussions entre gens qui le connaissent, même s'il n'est pas là.

N'oubliez pas qu'il faut *au moins 14 caractéristiques* pour pouvoir parler de *manipulateur.*

Sommes-nous tous des manipulateurs ?

Cette question se pose souvent après la lecture de la liste qui précède. L'auto-observation de vos comportements vous aidera à trouver une réponse.

La première différence à souligner est celle qui existe entre *faire* et *être.* Le fait de mentir, de vous faire plaindre « pour un peu » ou d'être jaloux *de temps en temps* ne fait pas de vous un menteur, une victime ou un jaloux pour autant. Cette distinction est capitale, car le processus d'auto-évaluation globale est très fréquent. Il est cependant erroné. La plupart d'entre nous avons tendance à nous définir en fonction de tel ou tel comportement isolé. Par exemple, prendre la dernière banane d'une corbeille de fruits sans vous enquérir auprès de votre entourage si quelqu'un la désire ne fait pas de vous un égoïste. Ce n'est pas parce que vous *faites* que vous *êtes* ! Par contre, si tous vos comportements relèvent du même qualificatif (exemple : égoïste), vous pouvez peut-être vous définir globalement comme tel. Il y a des gens dits « dynamiques » qui le sont effectivement la plupart du temps.

La deuxième différence à envisager rejoint la première : il n'existe pas de commune mesure entre *faire de la manipulation* (de temps en temps) et *être manipulateur.* Il est possible que vous retrouviez chez vous une, deux, trois, peut-être même quatre caractéristiques citées plus haut, sans que cela fasse de vous un manipulateur. La culpabilisation est un phénomène fréquemment observé chez beaucoup d'entre nous. Si vous vous référez à la liste des 30 caractéristiques, posez-vous d'abord les questions qui suivent. Faites-vous transmettre vos messages par autrui ? Êtes-vous flou ? dévalorisant ou méprisant ? exploiteur ? Ignorez-vous les demandes des autres ? Semez-vous des tensions ou la zizanie ? Êtes-vous jaloux ? égocentrique ? menteur ? utilisateur de chantages sournois ? etc. À vous de répondre. Si le doute subsiste, posez ces questions à un proche, mais faites-le *objectivement.*

Un manipulateur ou une manipulatrice n'est pas une personne « comme tout le monde ». Il nous arrive parfois d'utiliser la ruse pour obtenir quelque chose. Il s'agit alors d'une stratégie tout à fait limitée dans le temps, consciente, que l'on applique dans une circonstance particulière et en fonction d'une personne donnée. Par exemple, un parent peut obtenir de son enfant que celui-ci finisse son plat en disant : « Allez, mange. Fais plaisir à maman. » Le chantage est aussi très courant : «Je ne t'achèterai une glace que lorsque tu auras fini tes devoirs. » En retour, un enfant peut être mécontent que sa mère ne lui achète pas les bonbons qu'il voit à l'épicerie et lui donner une tape en gémissant : « Tu es vilaine ! »

Un parent classique, à la personnalité non manipulatrice, cesse ces chantages, ces culpabilisations, dès que l'enfant devient adolescent, puis jeune adulte. Il sait respecter la personnalité de son propre enfant dès que celui-ci adopte des idées et des comportements responsables et autonomes. Le parent sain se fait une raison de l'autonomie grandissante de son enfant et se retient d'exercer somme toute un énorme pouvoir, celui de l'autorité et du savoir.

Il ne faut surtout pas confondre la manipulation qui peut n'être qu'un comportement passager, et la personnalité manipulatrice. Le manipulateur manipule parce qu'il ne peut pas faire autrement. Il s'agit pour lui d'un *système de défense* souvent inconscient. Contrairement à ce que nous pouvons penser, il ne s'affirme pas. En effet, une personne dite affirmée (on dit *assertive* en anglais) est capable d'exprimer clairement et sincèrement ses opinions, ses besoins, ses demandes, ses sentiments et ses refus, sans dévaloriser l'autre, et en fonction du risque encouru. Malgré les apparences, le manipulateur n'a pas confiance en lui. Nous sommes pourtant persuadés que la majorité d'entre eux savent parfaitement ce qu'ils font et donnent l'impression d'être des personnes qui s'affirment.

Un manipulateur ne peut pas exister sans la présence de l'autre. Il se construit toujours en se comparant à l'autre, mais en introduisant une donnée fort néfaste pour son interlocuteur: la *dévalorisation*. Il ne respecte pas l'autre. Les besoins, les droits, les demandes ou les refus d'autrui sont purement accessoires. Il vous affirmera sans aucun doute le contraire si un jour vous osez aborder le sujet. Son art consiste à faire croire, en paroles, à l'image qu'il veut qu'on ait de lui. Il a besoin de toutes les personnes de son entourage professionnel, personnel et social comme une personne sur le point de se noyer a besoin de sauveteurs. La personne «en train de sombrer» panique lorsqu'elle se sent aller vers le fond, le vide, la mort. Elle cherche à s'appuyer sur ses sauveteurs, quitte à les noyer. Tous les secouristes en mer savent cela et se montrent prudents. Nous pouvons comparer le manipulateur à une personne qui se noie. Son entourage n'est qu'un instrument l'aidant à sortir sa propre tête de l'eau. Il ne peut respirer, survivre, exister que s'il prend appui sur la tête des autres. Ce n'est qu'en dévalorisant, en culpabilisant qu'il se valorise et se déresponsabilise. Il se donne l'illusion mais aussi la conviction qu'il est supérieur aux autres.

Son but conscient ou inconscient est d'arriver à nous faire admettre qu'il est plus… intelligent, généreux, compétent, altruiste, au courant, cultivé ou je ne sais quel autre adjectif approprié à la situation. Comment s'organise-t-il? Il observe, teste et s'arrange pour relever nos failles et nos défauts. Il croit ainsi s'en démarquer lui-même! En nous faisant remarquer d'une façon plus ou moins subtile que nous sommes égoïstes, il ne peut qu'être différent et donc généreux ! C'est ainsi que nous nous faisons piéger par une logique erronée et qui pourtant fait son effet. Les psychologues connaissent bien ce phénomène de *projection*. Le manipulateur reproche à son interlocuteur des lacunes ou des fautes qui sont les siennes. Il n'est pas évident, pour la personne non avertie, de déceler ce mécanisme. C'est une logique courante qui nous amène à des considérations du type : « S'il me reproche de l'être, c'est qu'il ne l'est pas. » Notre émotion nous empêche d'accéder à une perception juste de la réalité. Il faut bien comprendre que dans le type de pensée « S'il me reproche de l'être, c'est qu'il ne l'est pas lui-même », c'est le lien qui relie ces « coordonnées » qui se révèle erroné. C'est pourtant cette fausse évidence qui nous piège et nous déstabilise.

Qu'est-ce qui pousse une personne à devenir manipulatrice ?

Une personnalité devient manipulatrice à cause d'un système de défense mis en place dès l'enfance. On ne devient pas manipulateur en lisant un ouvrage consacré à ce thème. La personnalité manipulatrice se caractérise par un fonctionnement psychologique à part. Il s'agit d'un mécanisme de défense comme nous en avons parfois. Certains, par exemple, vont développer ce mécanisme en étant agressifs chaque fois que cela est nécessaire, de façon à préserver leur intégrité psychique face à toute agression de la vie. D'autres, comme le timide, vont fuir la réalité en restant dans des positions de retrait. Certains vont carrément oublier (refoulement) des parties de leur propre vie. D'autres tournent en dérision ou transforment par l'humour systématique toute situation difficile. Certains, finalement, ne veulent pas voir la réalité en face quand elle se fait très critique et conservent leur habituel « tout va bien, il n'y a pas de problème ». Voilà des exemples de mécanismes de défense qui ressurgissent de temps à autre.

Le mécanisme de défense du manipulateur est différent dans le sens où il utilise systématiquement la manipulation comme moyen de survie. Ce mécanisme s'automatise. Il devient un mode unique, le seul qui lui permette de communiquer ! Le manipulateur se forge sa propre personnalité et son mode de communication aux autres *dès l'enfance.* J'ai rencontré des parents inquiets de la personnalité manipulatrice de leur enfant de cinq ans. Il ne s'agit pas de la manipulation classique des enfants envers leurs parents ou envers les autres enfants de leur entourage. L'enfant manipulateur guette les failles affectives de son parent le plus vulnérable et peut le faire souffrir par la culpabilisation, ou par d'autres procédés parmi les 30 décrits précédemment. Il constate rapidement que l'effet produit lui donne du pouvoir. Ses techniques de manipulation se font d'une façon beaucoup plus subtile et intelligente que le banal: *Tu es vilaine d'avoir fumé!* par exemple. Il dira plutôt: «Et si papa savait que tu as fumé cet après-midi...?» Cette dernière phrase relève du chantage pervers tout en conservant les caractéristiques du non-verbal qui mettent tant mal à l'aise (sourire et regard en coin accompagnés d'un silence pesant pour laisser digérer la remarque). Tout jeune déjà, le manipulateur observe. Très bien même. Il excelle dans l'art de repérer les points vulnérables des autres pour exercer ce pouvoir qui le rassure.

Un certain nombre de témoignages démontrent que ces enfants manipulateurs seraient déjà considérés par leurs parents comme plus intelligents que leurs frères et sœurs. Ils sont surtout plus *malins*. Ils créent, beaucoup plus que les autres enfants, des conflits interparentaux, sans que les parents en soient eux-mêmes conscients. Ils obtiennent ce qu'ils veulent des adultes de leur entourage: ces derniers sont à bout de souffle ou complètement subjugués par le petit. Ce sont souvent des enfants-rois, trop admirés (même secrètement par leurs parents). Ils ont, vers quatre ans, une particularité qui *fascine* les adultes de leur entourage. Il peut s'agir de leur beauté naturelle, de leur grande taille, de leur langage très avancé et sophistiqué, d'un don exceptionnel. Ce n'est pas leur particularité par rapport aux enfants du même âge qui leur donne déjà du pouvoir, mais la fascination qu'ils produisent sur certains adultes. Ces derniers, inconsciemment, ne se comportent pas vis-à-vis d'eux de la même façon qu'ils le feraient envers d'autres enfants du même âge.

Sommes-nous entourés de manipulateurs ?

Il existe peu de manipulateurs relationnels comparativement au nombre de personnes que nous côtoyons depuis notre plus jeune âge. Si nous évaluons le nombre d'individus rencontrés depuis ce temps (des amis jusqu'aux simples relations), nous dépassons facilement les 300 personnes. Or, vous pouvez compter sur les doigts de la main les véritables manipulateurs que vous avez pu rencontrer. Le pourcentage ne s'élève pas au-delà de *2 à 3 p. 100* (selon notre observation). *Les manipulateurs sont donc peu nombreux.*

La motivation essentielle de cet ouvrage tient aux *dégâts psychologiques* qu'ils peuvent créer chez les individus de leur entourage. Le fait que les manipulateurs soient peu nombreux ne diminue en rien le danger qu'ils représentent, car on peut les retrouver dans n'importe quel type de classe sociale ou d'environnement. Ce qui veut dire : dans notre milieu familial (père, mère, conjoint, conjointe, frère, sœur, belle-sœur, beau-frère, belle-mère, beau-père, etc.), social (ami, meilleur ami, relation) et professionnel (collègue, supérieur hiérarchique, subalterne, client, patient, etc.). Un manipulateur est en premier lieu *invisible.* Seuls le temps et la fréquentation permettent de reconnaître le mécanisme de défense type du manipulateur relationnel. Avec l'habitude cependant, le repérage se fait de plus en plus tôt.

D'après mes observations auprès de personnes côtoyant des manipulateurs, il n'y aurait pas plus de manipulateurs de sexe masculin ou féminin. Les caractéristiques les définissant sont exactement les mêmes, qu'ils soient hommes ou femmes.

Selon les statistiques, presque 100 p. 100 d'entre nous devrions connaître au moins un manipulateur au cours de notre vie. Autrement dit, ceux qui n'ont pas encore croisé l'un d'entre eux risquent fort d'en rencontrer un ou plusieurs avant la fin de leur existence.

Le manipulateur est-il conscient de l'être ?

Selon mes données, 20 p. 100 des manipulateurs sont conscients de leur état et jouissent de ce pouvoir qu'ils confondent avec l'intelligence. Ceux-là sont assez pervers: ils prennent plaisir à avoir des comportements immoraux, désagréables et déstabilisants pour autrui. Cependant, *la plupart ne sont pas des manipulateurs conscients.* Tout au moins, pas totalement. Par exemple, une décision prise en leur faveur ou un acte engendré pour leur seul bénéfice sera interprété par les manipulateurs comme une preuve d'amour ou d'amitié, ou encore comme un effet valorisant de leur autorité et du respect des autres à leur égard. Ils ne se rendent pas compte des véritables conséquences chez autrui: la dévalorisation, le manque de confiance en soi, le malaise, le stress extrême, voire la destruction psychique avec répercussions sur les plans physiologique et physique.

En vérité, rien ne nous permet d'avancer de façon scientifique que les manipulateurs sont à 100 p. 100 conscients ou inconscients des conséquences néfastes de leur comportement. La grande majorité des vrais manipulateurs ne se reconnaissent pas dans cette description (ou font-ils semblant?). Par contre, ils repèrent très vite quelqu'un de leur entourage ayant les traits d'un manipulateur! Une autre de leur réaction est de s'écrier: «Mais nous sommes tous des manipulateurs!» Cela les rassure probablement de penser ou de faire croire que tout le monde fonctionne ainsi. Ils se rassurent eux-mêmes de ne pas être ce personnage si néfaste en se convainquant que les autres le sont autant qu'eux. Donc, ils n'ont rien à se reprocher.

L'attitude défensive du manipulateur est analogue à celle du paranoïaque. La personnalité paranoïaque relève de la psychose caractérisée par la surestimation du moi, la méfiance, la susceptibilité et l'agressivité. Elle attribue aux autres les défauts et les intentions persécutrices. Le manipulateur ne se remet donc pas en question. Alors, dans ces conditions, quel est son degré de conscience?

Jusqu'à présent, je n'ai rencontré que cinq personnes qui remettaient en question leur personnalité manipulatrice. Deux d'entre elles l'ont annoncé de leur propre gré en public (durant un séminaire de communication). Le premier était enseignant. Il avait la liste des caractéristiques entre les mains et avait noté six attitudes qu'il lui restait encore à modifier pour ne plus l'être. Sa perspicacité et son honnêteté étaient assez surprenantes pour un manipulateur. Cet homme avait fait une grave dépression à la suite d'une rupture. Son médecin lui avait alors conseillé de consulter un psychothérapeute. Sa psychothérapie avait duré quatre années pendant lesquelles son praticien avait découvert son fonctionnement destructeur vis-à-vis des autres et l'avait aidé à reconstruire une confiance en lui bénéfique pour son entourage: «Tout le monde y passait, raconte-t-il, les enfants à l'école en premier, bien sûr. Je n'avais absolument pas confiance en moi, mais personne ne le savait. C'était ma seule manière de me sentir fort. Je ne pouvais pas m'en empêcher. Le changement a été très dur. J'ai beaucoup gagné en confiance personnelle, mais ce n'est pas fini. Il me reste encore six points à éliminer, que je reconnais bien chez moi. C'est dur.»

La deuxième personne était une jeune femme dont la mère elle-même était manipulatrice. Elle s'est tout de suite reconnue à la lecture des caractéristiques, tout en reconnaissant en même temps sa propre mère. Un soir, elle donna la liste des «caractéristiques du manipulateur relationnel» à son mari en lui demandant s'il pouvait nommer quelqu'un qui répondait à cette description. Cela ne fit aucun doute pour lui, avant la fin de la lecture: «C'est exactement toi. C'est incroyable. Pourtant, je t'en avais parlé et tu ne me croyais pas!» La jeune femme participait alors à un séminaire professionnel d'affirmation de soi. Dans les jeux de rôle (mises en situation pour illustrer les explications ou la théorie), chacune de ses interventions était manipulatrice: ses demandes étaient floues et recelaient des pièges, ses refus étaient illégitimes ou souvent accompagnés de mensonges, ses critiques blessaient profondément, etc. Cette femme de 25 ans était passionnée par le thème de la manipulation relationnelle et complétait les descriptions par des exemples vécus. Elle comprit que très jeune, vers huit ans, la déstabilisation et la souffrance créées par sa mère l'avaient amenée à trouver d'elle-même le moyen de s'en extirper. À partir de ce moment, elle avait adopté les mêmes attitudes que sa mère et découvert tous les avantages. Cette réaction avait été instinctive. Malheureusement, elle avait conservé ce fonctionnement à l'égard de son entourage. Cette femme était assurément de bonne foi. Aucun véritable manipulateur ne se dévoile aussi vite, en public encore moins. Elle nous informait des moindres recoins de ses pensées, de toutes les ruses utilisées pour obtenir ce qu'elle voulait. Elle réalisa alors que ses comportements et modes de pensée ne lui appartenaient pas : ils représentaient plutôt une formidable stratégie pour échapper aux griffes de sa mère. Elle prit conscience des dégâts psychologiques qu'elle-même pouvait produire sur son entourage, et décida de poursuivre un entraînement thérapeutique à l'affirmation de soi. Elle demanda même à son mari de l'accompagner.

Un autre exemple montre que ce revirement est plutôt rare. Cet homme d'une cinquantaine d'années rencontré dans le contexte d'un stage professionnel en fait foi (voir également le paragraphe sur les attitudes corporelles, p. 54). En 15 minutes, j'avais repéré chez lui tous les comportements non verbaux spécifiques et presque caricaturaux du manipulateur. Les deux jours suivants confirmèrent ma thèse. Après avoir abordé durant un cours le thème de la *contre-manipulation* (voir le chapitre 14 à ce sujet), il vint me voir avec un très large sourire, les mains dans les poches, l'allure tranquille. Avec un balancement des épaules, il me demanda, en me regardant droit dans les yeux : « Est-ce que je ne serais pas un peu manipulateur, moi ? » Sa question était un test. Il l'était jusqu'au bout des ongles. Il en était parfaitement conscient et semblait fier d'obtenir de tels résultats sur autrui. Je répondis en contre-manipulation : « À votre avis ? » Sans autre commentaire. Échange de sourires, yeux dans les yeux, nous nous étions parfaitement compris. Malheureusement, cette occasion ne lui donna pas le déclic nécessaire pour avoir envie de changer. C'était donc un exemple rare de manipulateur *conscient* qui ne veut absolument pas modifier ses attitudes.

Conclusion : hormis quelques exceptions, les manipulateurs relationnels ne sont pas conscients de leurs attitudes dévastatrices. Il est préférable de le croire tant que nous n'avons pas de données plus précises à ce sujet. Mieux vaut penser que si une mère ou un père est manipulateur, il ne détruit pas la personnalité de son enfant de manière volontaire. L'égocentrisme d'un manipulateur est tellement puissant qu'il est probable que ce seul facteur suffise à expliquer sa non-conscience face à ce que *les autres* ressentent.

Il n'y a donc pas de règle unique. Certains manipulateurs sont conscients de leur état, et dans ce cas, ils confinent à la perversité. D'autres semblent totalement inconscients de ce qu'ils sont. Néanmoins, nous ne devons pas nous laisser influencer par le fait que le manipulateur soit conscient ou non de son problème. Il faut nous en protéger sans excuses excessives à son égard. Nous n'avons pas besoin de comprendre et d'étudier les motivations psychologiques d'un ours sauvage pour savoir que le moyen de sauver notre peau, si on se trouve nez à nez avec lui, est de courir dans la direction opposée le plus vite possible. Cela dit, avec un manipulateur, d'autres stratégies permettent de lui faire face tout en se protégeant. Les qualités de tolérance, d'empathie et de compréhension seront absolument impuissantes à nous protéger, et peuvent même nous faire souffrir encore plus.

Si nous essayons de lui faire part de nos doutes en ce qui concerne ses attitudes manipulatrices, il rétorque immédiatement: «Si tu l'acceptes, c'est que tu le veux bien.» Il nous fait penser que l'on est consentant. Oser refuser, dans tous les cas, constitue un moyen indéniable de sauver notre intégrité. Cela fait partie des démarches à suivre pour lutter contre le manipulateur.

En réalité, le manipulateur s'arrange pour faire en sorte que notre refus soit pratiquement impossible. Il utilise la culpabilisation et les grands principes comme s'il s'agissait de vérités universelles. Par exemple, pour obtenir un service sans que cela apparaisse comme une demande ou une exigence, il dira à un ami: «C'est embêtant que ma voiture se trouve de nouveau en panne. La semaine dernière, c'était la batterie. Heureusement, Jacques, mon voisin, s'est proposé de s'en occuper. Il est très sympathique et généreux. Après tout, il est normal qu'on s'aide entre amis!» Et si finalement la demande réelle est exprimée: «Est-ce que tu peux me prêter ta voiture pour la journée?», la tendance naturelle dans ce contexte serait d'accepter sans condition. Les plus culpabilisés d'entre nous n'attendent même pas la demande. Ils l'anticipent en proposant leurs services, malgré leur propre besoin ce jour-là. Ainsi, ils pourront être considérés comme «très sympathiques» et «généreux», à l'instar du voisin Jacques. C'est du moins ce que le manipulateur veut bien en dire pour le moment. Son opinion sur les autres peut changer d'un instant à l'autre.

Les victimes elles-mêmes attribuent leur disponibilité à une volonté naturelle de leur part, plutôt qu'à un but prémédité de l'exploiteur. À cela, la psychosociologie nous propose une explication : le puissant *désir de cohérence.* En effet, même si une manœuvre manipulatrice nous a poussés à nous engager dans une action non consentie, le simple fait d'avoir agi crée notre désir d'être et de paraître cohérents pour justifier notre comportement. Si on demandait aux victimes de l'exemple précédent pourquoi elles ont rendu ce service, elles répondraient sûrement qu'elles en ont eu envie, que cela leur faisait plaisir ou qu'il est « normal » de rendre service. Nous préférons croire que nous sommes totalement libres de nos choix !

Le manipulateur et l'éthique

Le manipulateur n'est pas réellement animé par un sentiment d'éthique. Parfois même, il exerce un métier qui nous empêche totalement d'imaginer qu'il n'en a pas. Certaines personnes, de par leur profession, offrent une garantie de respectabilité. Il paraît difficile, dans ces conditions, de douter de leur générosité et de leur altruisme. L'image que nous avons de ce type de profession est celle de personnes ayant consacré, « sacrifié » comme ils aiment parfois le dire, leur vie aux autres. La logique est simple : par un raccourci, nous en venons à penser que ces personnes sont des altruistes convaincus et que nous n'avons sûrement pas affaire à des manipulateurs. Et pourtant, nous avons constaté qu'un nombre impressionnant de manipulateurs se cachent derrière ces honorables statuts sociaux. Quelle meilleure couverture que celle d'un policier affecté au secteur des stupéfiants pour s'adonner au trafic de drogues, ou encore celle d'un prêtre catholique au discours cohérent pour se laisser aller secrètement à la pédophilie ? Le manipulateur profite souvent de son statut social afin de nous dissimuler les zones d'ombre de sa personnalité. Il affirme des choses comme des vérités alors qu'il ne fait que les interpréter. Nous y croyons, tout simplement. C'est une réaction automatique et tout à fait normale. Les schémas sociaux nous dictent depuis notre enfance des attitudes qui s'établissent et se maintiennent. L'automatisme fait le reste. Il nous permet de ne pas soupçonner cette figure d'autorité. C'est une bonne chose en général. Imaginez que l'on ait à douter chaque fois de ses professeurs, de ses médecins, des religieux ou de ses thérapeutes !

La plupart du temps, notre confiance est légitime. Mais il arrive parfois que des professions « respectables » cachent des manipulateurs hors pair. Ces êtres-là abusent de leur pouvoir. Vous ne les décèlerez pas d'emblée. Un laps de temps est nécessaire pour confirmer les premiers soupçons. À vous d'être vigilant et d'exclure cette fausse idée de votre esprit, « que derrière une profession respectable se tient toujours un homme ou une femme foncièrement respectable ». C'est à partir de faits anormaux que l'on commence à douter des personnes. Un manipulateur peut même ne pas être aussi compétent qu'on le dit parfois, malgré son titre ou son haut rang hiérarchique. Certains vont jusqu'à falsifier des rapports ou des textes écrits par des collaborateurs. Ceux-ci ont constaté que leurs initiales avaient été recouvertes de blanc par un responsable manipulateur et que ce dernier y avait apposé les siennes avant que le dossier soit remis au grand patron. Bien entendu, pour ce grand patron, le « responsable » en question fait parfaitement son travail et semble même être très efficace !

Comment ces quelques manipulateurs incompétents malgré les apparences continuent-ils à grimper en grade ou à se maintenir à leur poste ? Toujours grâce aux autres. Leurs secrétaires et collaborateurs réparent les dégâts avant que ceux-ci soient connus. C'est également leur intérêt, d'une part pour l'image du service ou de la société, mais également pour éviter les reproches qui vont bien entendu leur être faits par le responsable manipulateur. Celui-ci, malgré son titre de « responsable », reporte « ses » erreurs sur ses subordonnés. Ainsi, il n'entache pas son image personnelle. Il s'y prend avec des mots et des phrases qui masquent une partie de la vérité. Un manipulateur responsable dirait par exemple à sa secrétaire : « Il est normal que je n'aie pas pensé à signer ce dossier. Vous m'avez contrarié ce matin avec votre demande de changement de congés. Vous n'aviez qu'à m'y faire penser! » Exprimée de cette façon, la faute revient à la secrétaire qui semble avoir directement provoqué un oubli. Le manipulateur lui fait croire, par ailleurs, que sa demande n'était pas légitime ou ne tombait pas au bon moment. La culpabilité qu'elle peut alors ressentir est une conséquence logique de ce procédé de manipulation.

Le comportement non verbal du manipulateur

Lorsque nous communiquons, nous utilisons le plus souvent des mots et des gestes. Les mots se rapportent au « contenu ». Il s'agit de la communication « verbale ». Les gestes, les mimiques, les attitudes, le regard et le ton de la voix se rapportent à la « forme » du message. C'est ce que l'on appelle la communication « non verbale ».

Un message classique entre un émetteur (Pierre) et un récepteur (Paul) est donc constitué d'un contenu et d'une forme. Savez-vous dans quelles proportions se situent les influences du non-verbal dans la communication humaine ? Quatre-vingts pour cent ! Oui ! quatre-vingts pour cent de la bonne ou mauvaise communication passe par les gestes, le ton de la voix (volume, débit, intonation), la présence ou l'absence de regard, la nuance de ce regard, les attitudes corporelles, la tonicité musculaire, l'utilisation de l'espace, la respiration (soupir...) et les micro-mouvements. Certains auteurs parlent même de 93 p. 100.

Nous pouvons apprécier une personne même si nous ne partageons pas les mêmes idées, opinions, goûts ou sentiments. Ces derniers, exprimés avec respect et un non-verbal adéquat (non agressif), n'enlèvent rien à la sympathie, à l'amitié que l'on porte à cette personne. Nous pouvons aussi éprouver l'inverse : ne pas se « sentir » bien avec quelqu'un dont les pensées sont proches des nôtres ; quelque chose *ne colle pas*. Ce malaise résulte en général de l'influence du non-verbal. Cette influence est la plupart du temps inconsciente, surtout chez le non-spécialiste.

Des observations ont permis de préciser les aspects du comportement non verbal chez les manipulateurs. Nous allons le comparer à celui d'une personne affirmée.

A. Son **regard** est fuyant ou alors dominateur. Cela dépend des circonstances ou du masque qu'il a choisi de revêtir. Au contraire, le regard d'une personne affirmée assure un bon contact, c'est-à-dire qu'il occupe 60 p. 100 du temps de conversation ou de présence. Une personne affirmée ne fuit pas le regard d'autrui et ne le fixe pas de façon trop prolongée.

B. Le manipulateur a coutume de faire ce que l'on appelle de l'**écoute aversive,** c'est-à-dire qu'il regarde ailleurs pendant que nous lui parlons, et/ou fait autre chose. Il fait de l'écoute aversive si, lorsque l'on apparaît devant lui, il ne lève ou ne détourne même pas la tête en guise de bienvenue. Cette forme de réception est agressive. Elle met mal à l'aise et instaure une sensation de gêne chez l'émetteur. Ce dernier n'aura pas envie de continuer à parler ou se sentira déstabilisé au point de chercher ses mots. Le sentiment de dévalorisation engendré par cette attitude est très fréquent. On peut se dire intérieurement: « Il ne m'écoute pas. Ce que je dis ne l'intéresse pas. Je ne suis pas assez important. » L'écoute aversive est cependant une forme de réception que nous faisons tous parfois. Souvent, nous pensons gagner du temps en menant de front deux activités: regarder la télévision et écouter les histoires de cœur de notre ami. Mais les effets sont les mêmes: cette écoute aversive involontaire provoque un malaise. Nous souhaitons être écoutés, mais essentiellement si le récepteur nous *montre* son écoute. Nous avons besoin d'être regardés quand nous nous exprimons. Dans la relation, il est important d'obtenir une démonstration non verbale de cette écoute.

Chacun de nous fait, de temps à autre, sans s'en rendre compte, de l'écoute aversive. Mais pour le manipulateur, c'est un mode de communication privilégié, une stratégie. Il veut vous donner l'impression que ce que vous dites n'a aucun intérêt, que votre personne ne représente rien d'important. Il ne lève pas la tête à votre arrivée, change brusquement votre sujet de conversation, regarde ailleurs ou d'autres personnes avec plus de curiosité, ou s'affaire à lire son courrier pendant que vous lui parlez. L'effet est garanti. Vous avez l'impression que votre présence lui importe peu ou pas du tout.

Voici un exemple (fait vécu) d'écoute aversive. Fabien n'a pas revu Bernard depuis un an. Ce dernier est un manipulateur de type sympathique (il présente 28 caractéristiques sur 30). Au moment où Fabien entre dans l'appartement de son ex-collègue, celui-ci joue aux échecs dans le salon avec un ami. Il ne répond pas au « Bonjour » enthousiaste de Fabien et ne tourne pas la tête non plus vers lui ! Ce n'est qu'après avoir salué quelques autres personnes présentes dans le salon que Fabien arrive enfin à lui. Bernard lève la tête en souriant pour l'embrasser et se replonge immédiatement dans son jeu. L'arrivée de Fabien aurait dû être accueillie comme un événement pour Bernard, mais celui-ci a préféré laisser croire qu'il n'en était rien.

C. Le **volume de la voix** du manipulateur est soit *plus fort* que celui des autres, soit *plus faible*. Généralement, en groupe, on n'entendra que lui. Il rit fort. Il a l'habitude de monopoliser la parole ou même de couper celle des autres. À d'autres moments, il créera le sentiment qu'il est doux, faible, vulnérable ou malade, en adoptant un volume faible (parfois même peu audible). Il peut vouloir créer un climat d'intimité et de complicité selon son objectif. La personne affirmée a généralement un volume fort mais synchronisé naturellement au volume de voix des gens de son entourage. Il est adapté au volume ambiant. Il ne se démarque pas systématiquement des autres. Le manipulateur, lui, joue d'une voix trop basse ou trop forte selon l'impact qu'il souhaite avoir sur son ou ses interlocuteurs. Le ton utilisé porte des messages non verbaux codés et parfaitement décodés par des pairs de même culture et de même langue. Il est inefficace d'essayer de nuancer sur papier des intonations verbales. Voici une anecdote vécue par William.

« Mon oncle a suivi des études supérieures chez les religieux et est resté catholique pratiquant. Il a épousé une femme de neuf ans son aînée. Elle est manipulatrice. À l'origine, mon oncle devait épouser l'amie de cette femme. N'en supportant pas l'idée, elle (sa femme actuelle) lui jura que s'il l'épousait (l'amie), elle se suiciderait. Mon oncle était à l'époque juge en Afrique où elle-même était professeur. Elle pouvait briser sa carrière et le chantage au suicide face à sa foi religieuse fonctionna à merveille.

« Ma tante, actuellement retraitée, se consacre aux autres en œuvrant au sein d'un organisme catholique venant en aide aux gens démunis. Elle se dit sans cesse prête à aider autrui. Toute la panoplie de la personne insoupçonnable, sauf pour les membres de la famille ! Dangereuse, elle se déplace tel un iceberg et est insupportable à vivre.

« Or, chaque fois que je lui demande de l'aide ou que j'ignore quelque chose, elle s'écrie : *"Ah ! tu ne sais pas ???"*

« Juste en entendant la façon dont elle a appuyé sur le "Ah !", je sens la honte m'envahir comme si j'étais vraiment un *ignorant*. Chez elle, les reproches sont véhiculés par le non-verbal : pas toujours par ce qu'elle dit, mais par la façon dont elle parle aux gens. »

D. Ses **attitudes corporelles** sont souvent différentes de celles des autres. Particulièrement en groupe. Il peut être *imposant* ou au contraire *effacé*. La tonicité corporelle intervient ici. Par exemple, il pourra être le seul au tout début d'une réunion ou d'un séminaire à avoir une attitude totalement décontractée : jambes étendues en avant et croisées au niveau des chevilles, bassin appuyé sur l'avant de la chaise et épaules en contact avec le dossier. Il ne manque plus que les mains dans les poches ! Cette attitude en elle-même est celle de la détente et du bien-être. Nous l'adoptons de manière instinctive au fur et à mesure que le climat créé dans le groupe nous permet une telle confiance et un tel relâchement. Nous savons également que certaines circonstances ne nous autorisent pas, par convenance sociale ou par politesse, à prendre une telle attitude qui peut paraître peu sérieuse ou trop *je-m'en-foutiste*. Par respect pour autrui, nous évitons d'agir de cette façon désinvolte, surtout si nous ne sommes pas dans notre élément.

Quelle est l'attitude physique typique chez beaucoup de manipulateurs lors de séminaires, par exemple ? Ils ne connaissent ni l'animateur ni la plupart des autres membres du groupe placé en demi-cercle. Le manipulateur s'installe souvent face à l'animateur et prend *immédiatement* une attitude décontractée. Beaucoup *trop* décontractée par rapport à une situation de prise de contact. L'attitude des stagiaires est quelque peu différente. Ils sont droits sur leur chaise, genoux dirigés vers le centre, les pieds à plat ou les jambes croisées. La prise de position physique est homogène dans le groupe à l'exception d'une personne : le manipulateur ! L'effet de désynchronisation par rapport au groupe se produit aussi lorsque la personne se place dès le début sur le côté droit ou gauche de sa chaise, les hanches vers l'extérieur du cercle. Souvent, un coude en appui sur le haut du dossier complète la tenue.

Non seulement les manipulateurs ont-ils l'habitude de prendre immédiatement l'une ou l'autre de ces attitudes « hors masse », mais ils la *conservent* tout au long de la réunion (plusieurs heures). La désynchronisation est donc un élément non verbal que nous pouvons facilement repérer.

Le manipulateur ne prend pas non plus de notes lorsque l'ensemble des membres du groupe juge bon de le faire. Il donne ainsi l'impression qu'il sait déjà tout ou qu'il possède une mémoire phénoménale. Il préfère surtout ne pas donner l'impression qu'il apprend d'autrui !

Ne nous trompons pas cependant d'interprétation : le fait de se retrouver dans une position décontractée en groupe n'indique pas obligatoirement un comportement manipulateur ! Être à l'aise au sein d'un groupe que l'on connaît bien est normal, affecter de l'être au sein d'un groupe fraîchement constitué l'est moins.

J'ai le souvenir d'un premier jour de séminaire de formation que je donnais à des cadres d'une grande entreprise. Ce groupe composé de personnes âgées de 25 à 32 ans fut interrompu par l'arrivée d'un homme d'une cinquantaine d'années. Ne s'excusant pas pour son heure de retard, il prit place dans le cercle et adopta immédiatement une posture en décalage avec les autres participants : affalé sur la chaise, les bras croisés et les jambes allongées (première attitude manipulatrice). Un sourire à peine esquissé, deux stagiaires placés devant lui le saluèrent d'un signe de tête. Rapidement, une deuxième attitude significative d'un manipulateur apparut. Toutes les personnes présentes prenaient des notes sur leurs genoux (nous n'utilisions pas de tables), sauf le nouveau venu qui ne prenait aucune note. Or, ce dont nous parlions à ce moment-là ne relevait pas de l'évidence… même pour un cadre. Un sentiment s'empara furtivement de moi : s'agissait-il d'un supérieur hiérarchique venu là pour « voir » comment cela se passait (la différence d'âge devait m'influencer) ? N'ayant aucune preuve sur laquelle m'appuyer, je préférai attendre la pause pour vérifier si son nom était écrit sur la feuille d'inscription. La pause venue, comme par hasard, le cher homme n'y trouva point son nom. Sa première réaction fut alors de feindre une colère contre les responsables de la formation continue au sein de son entreprise : « Mais qu'est-ce qu'ils sont nuls ! Je les ai appelés trois fois pour être sûr d'être bien inscrit. Je m'en doutais. Ce sont vraiment des incapables là-haut !… » Je l'interrompis pour dédramatiser la situation et lui faire signer quand même la feuille d'inscription ; je commençais à comprendre en face de qui je me trouvais. C'est en comptabilisant la somme de ses attitudes physiques et de sa critique verbale dévalorisante pour un organisme pourtant efficace que je fus alertée. La suite de l'histoire étaya la thèse du manipulateur. Il ne changea pas de position pendant quatre jours, ne prenant des notes que très rarement. De plus, il ne pouvait s'empêcher de parler à voix basse à ses voisins de droite, et ce, pour capter sans cesse leur attention. Il se voulait un personnage drôle et employait régulièrement mes expressions pour en faire des jeux de mots (sans finesse, hélas !) ou pour les tourner en dérision. Je remarquai que sa présence déconcentrait l'ensemble du groupe et instaurait un malaise malgré son apparence *sympathique*. Il faussait les résultats de certains exercices faits par petits groupes de trois et me flattait avec des compliments peu justifiés à mon sens (sur mon manteau, par exemple). D'autres détails, liés aux caractéristiques que nous étudierons plus loin, me confirmèrent sa personnalité manipulatrice. Ayant très vite repéré l'autre face de ce monsieur, j'adoptai des attitudes et une démarche ne lui laissant en aucun cas le loisir de semer le malaise au sein de notre groupe.

J'arrêtais moins souvent mon regard sur lui que sur les autres membres du groupe pour minimiser volontairement son importance. Je ne répondais avec intérêt à ses interventions que lorsqu'elles étaient pertinentes par rapport au thème en cours. Je restais indifférente à ses remarques inopportunes en acquiesçant d'un simple sourire, tout en continuant mes propos. Parfois, je confrontais par une technique de questions logiques (tirées de la *Stratégie rationnelle émotive* que l'on verra en fin d'ouvrage) certaines de ses interventions nettement interprétatives. Son processus irrationnel se bloquait alors, et tout rentrait dans l'ordre. J'appris, dès la fin de la première journée, par l'organisme chargé de la formation continue, que ce monsieur était connu pour créer de graves troubles dans les services où il travaillait. Son manque de compétences lui avait valu une mise à pied. Autrement dit, il était payé pour rester chez lui. Cela explique pourquoi l'entreprise n'envisageait pas de lui offrir cette formation.

Il est intéressant de noter l'impression que ce monsieur m'a donnée dès les premières minutes: «Il doit être un supérieur hiérarchique»! À 50 ans, il n'avait pas dépassé un grade que d'autres atteignent à l'âge de 30 ans. Or il provoquait l'impression inverse: les comportements et les attitudes du manipulateur nous donnent souvent l'idée qu'il nous est supérieur. Il se place systématiquement (sauf s'il met le masque de la pauvre victime timide) à des endroits où il est vu et perçu comme un personnage central. Il prend souvent le bout de table, ou s'installe sur un fauteuil, le plus large et le plus confortable possible. Parfois, il nous fait penser au patriarche de ces lieux.

Une personne affirmée cherche aussi son confort, mais elle se fera un plaisir de le partager avec d'autres.

Autre exemple: je dirigeais un séminaire constitué de 10 cadres, essentiellement des directeurs, des directeurs adjoints et des hauts responsables d'une grosse entreprise. Le thème du séminaire était la PNL: la programmation neurolinguistique. Cette technique aborde, entre autres, les aspects inconscients et non verbaux de la communication.

D'emblée, une femme peu souriante, belle mais froide, s'installa de profil sur sa chaise. Les pieds, les genoux, le bassin et le buste étaient dirigés vers le voisin de droite; seule la tête, appuyée sur le poignet, le coude soutenu par le dossier, regardait le centre du cercle. Elle garda cette position (tantôt à droite, tantôt à gauche) durant six heures trente, et cela, pendant cinq jours. Chaque journée de stage était séparée de la suivante par une semaine. Elle gardait le silence de façon inhabituelle: pas d'acquiescement par rapport à ce que je disais ni sur ce qu'avançaient les autres personnes; son regard n'exprimait rien. Il ne s'agissait aucunement du silence fréquemment perçu chez un timide. Elle écoutait (vraiment?) les autres, mais ne donnait aucune information la concernant. Elle ne parlait jamais d'elle quand elle se retrouvait dans un groupe de trois, mais encourageait les autres à se dévoiler; si bien que je lui demandai ce qu'elle allait faire de ses observations. Ma question la gêna.

Rappelons comment se comporte une personne mal à l'aise (mais non manipulatrice) en groupe. Dans 95 p. 100 des cas, elle *ne se démarque surtout pas* du reste du groupe. Ses genoux se dirigent vers le centre, se collent ou se croisent. Les 5 p. 100 restants peuvent éventuellement aller se cacher derrière une table, en retrait du cercle. Ce qui est vrai, nous n'en doutons pas. Mais notons que peu de personnes font cela et pour une bonne raison: il faut créer une dynamique de groupe. Cela oblige chacun à s'intégrer et donc, dès le début, à ne rien faire en opposition aux autres membres de peur de s'en trouver séparé. Lorsque nous ne connaissons pas les membres d'un groupe, son leader (formateur, professeur, conférencier) ou encore le contenu que ce groupe aura à assimiler, nous avons une attitude neutre et adaptée au contexte. Cela s'applique également aux personnes mal à l'aise, timides ou impressionnées.

La différence avec le manipulateur est que celui-ci sera décontracté de façon immédiate et durable. L'exemple le plus caricatural est celui d'un homme qui vous reçoit dans son bureau les deux pieds croisés sur sa table alors que vous ne le connaissez pas ou peu. Ou alors, il se place en retrait de manière immédiate et durable. Dans tous les cas, il se veut hors norme, hors masse.

E. En revanche, les **gestes** du manipulateur sont **variables**. Il se montre affirmatif, passif ou agressif selon la faiblesse de son interlocuteur ou l'effet qu'il souhaite donner.

- Il peut donc avoir des gestes qui se veulent par moments sécurisants et relatifs à son discours. Par exemple, une pression soutenue lors d'une poignée de main, accompagnée de mots excessifs de bienvenue. La plupart des manipulateurs savent être mielleux et hypocrites (sourire, main passée dans le dos ou sur l'épaule).
- Certains gestes sont hostiles et menaçants : taper du poing sur la table, pointer le doigt vers l'autre. Ce qui ne manque pas de créer la crainte.
- Certains manipulateurs, selon les moments et l'interlocuteur, ne peuvent pas maîtriser leur anxiété et font trop ou pas assez de gestes : ils se tordent les doigts, se raclent la gorge, se cachent la bouche, contractent le masséter (muscle de la mâchoire) — on voit ce phénomène surtout chez les hommes — et paraissent peu sûrs d'eux.

F. L'**expression du visage** : le manipulateur ne laisse apparaître que ce qu'il souhaite. Il ne dévoile pas ses objectifs et semble capable de sourire alors que la situation s'avère critique à son égard. Il fait comme si rien ne pouvait l'impressionner ou lui faire peur. Il projette l'image d'une personne qui maîtrise parfaitement la situation. Vous avez certainement déjà pu vous étonner du sourire arboré par certaines figures célèbres impliquées jusqu'au cou dans de sombres procès, à la sortie du Palais de justice !

En vérité, le manipulateur tente de maîtriser parfaitement les manifestations physiques de l'émotion. Que celle-ci soit négative (la colère, la jalousie, l'anxiété, la gêne, la détresse, la peur) ou positive (la joie, l'enthousiasme, la satisfaction), le manipulateur ne souhaite pas dévoiler ses sentiments réels.

La mimique est ce qu'il y a de plus facile à contrôler en ce qui concerne l'expression des émotions et des sentiments. Le visage sait parfaitement mentir. Nous pouvons tous le faire. Nous pouvons tous sourire à la venue d'un indésirable chez nous et lui dire : « Jacques, c'est toi ! Quelle bonne surprise ! Tu as bien fait de passer ! » Mais le corps peut trahir les émotions que la voix et le visage cachent. En fait, il est possible qu'en même temps que nous accueillons notre Jacques, notre intonation de voix décline en fin de phrase, et que nos baisers ou notre poignée de main soient hypotoniques (molles) ou hypertoniques du fait de la rage. Cela dit, Jacques perçoit le sourire et la phrase de bienvenue comme des éléments de joie et de plaisir. Il ne pense pas nous déranger ; sauf s'il est très observateur des autres signaux non verbaux qui ne trompent pas. Mais y fait-il réellement attention ?

Ceux qui côtoient un manipulateur, à la maison ou au travail, peuvent repérer ce décalage entre le sentiment profond et ce qui est montré. La différence d'expression faciale intervient à la seconde où la porte se referme sur les visiteurs. Il peut passer d'un visage souriant (face à des étrangers ou à des visiteurs) à un visage fermé et rébarbatif dès qu'il se retrouve avec sa famille immédiate. Bien entendu, les invités qui viennent de partir ne peuvent pas s'en douter. Ils ont dû trouver par ailleurs le personnage fort sympathique !

CHAPITRE 3

Les dégâts psychologiques et somatiques

Si nous nous intéressons de plus près aux personnalités manipulatrices, c'est à cause des dégâts psychiques qu'elles créent dans leur entourage.

Chacun a le droit d'exister avec le système de défense qu'il peut, mais personne n'a de droit de destruction sur autrui. Cette illusion d'existence agréable que se donne le manipulateur en agissant de la sorte est inadmissible. Les personnes les plus concernées par ce grand sujet ne sont pas celles que l'on croit, mais plutôt celles qui en subissent les effets désastreux.

Les manipulateurs sont indéniablement des rongeurs d'énergie. Quatre-vingt-dix pour cent des gens en sont victimes. Les 10 p. 100 restants montrent une forme d'indifférence affective à l'égard des manipulateurs, et ne sont gênés que par la difficulté de communication avec ceux-ci et éventuellement par leur abus de pouvoir. Ils ne s'en rendent pas malades pour autant et tant mieux pour eux.

Que se passe-t-il donc pour la majorité d'entre nous ?

« Il me ronge », « Il me pompe toute mon énergie », « Elle me rend malade avec ses histoires », « Je suis partie une semaine en vacances, j'étais bien. Je me suis sentie mal dès la veille de mon retour au bureau. Pourtant, j'adore mon travail », « Dès que je l'ai au téléphone et que je raccroche, je me sens mal ou déprimé. Chaque fois, c'est la même chose… ».

Voici les propos que l'on entend régulièrement et qui devraient nous mettre la puce à l'oreille. Si vous ressentez ces malaises avec une personne de votre entourage, c'est qu'il existe un dysfonctionnement dans la relation.Vous n'en êtes pas obligatoirement la cause directe. Pour désamorcer ces malaises, posez-vous les questions adéquates afin de comprendre la situation et de vérifier immédiatement si la personne concernée relève du manipulateur (voir les 30 caractéristiques énumérées au chapitre 2). Si c'est effectivement le cas, la suite vous intéresse.

Un contact prolongé avec un manipulateur engendre des sentiments de culpabilité, d'agressivité, d'anxiété, de peur ou de tristesse. Ces sentiments s'installent et deviennent de plus en plus pesants au cours des mois et des années. Nous mettons alors de plus en plus en échec nos stratégies de réussite et d'épanouissement. Nous nous sentons moins libres mentalement et notre liberté d'action s'en trouve amoindrie. Les conséquences organiques de ces émotions négatives apparaissent de manière plus fréquente : céphalées (maux de tête, migraines), troubles digestifs, *boule* à l'estomac ou à la gorge, tensions musculaires, manque d'appétit, boulimie. Le soir en rentrant chez nous (si le manipulateur est présent au travail), nous continuons à ruminer les événements de la journée, nous en parlons à notre conjoint. L'anxiété devient tellement présente qu'elle provoque des troubles du sommeil. Notre enthousiasme et notre humeur changent. À long terme, la maladie peut s'installer. Elle est la cause d'un absentéisme inhabituel au travail.

La maladie la plus fréquente due à la présence régulière d'un manipulateur est la dépression nerveuse. Les cas de destruction absolue que nous connaissons aboutissent au suicide.

Voici le cas d'une femme qui relate le suicide de ses trois frères et sœurs dont la mère était manipulatrice (elle avait les 30 caractéristiques !). Remplie de désespoir, elle s'apprêtait elle-même à commettre cet acte lorsque sa dernière sœur vivante lui dit : « Je t'en supplie. Moi, c'est déjà trop tard. Il faut que tu te libères de maman. Il faut que tu fasses une psychothérapie. Toi, tu peux encore t'en sortir ! » Ce conseil judicieux lui a permis d'échapper au suicide (elle a fait une psychothérapie). Il s'agit là des conséquences les plus extrêmes de manipulation que nous puissions connaître. Heureusement, la majorité des manipulateurs n'acculent pas au suicide. Le stress qu'ils provoquent peut par contre déclencher une dépression nerveuse ou une consultation auprès d'un « psy » pour « se faire soigner ».

Le stress

Pour la majorité d'entre nous, les manipulateurs sont les plus grands facteurs de stress relationnels. Ce sont des stresseurs. Les stresseurs peuvent émaner de facteurs externes (exemples : un embouteillage, une brûlure, un manipulateur...) ou internes (un souci, les croyances irrationnelles, le manque de confiance en soi, etc.).

Les stresseurs se gèrent de différentes manières. Le but consiste à ne pas en subir les conséquences néfastes. C'est d'ailleurs l'objectif des formations en gestion du stress. Différentes techniques s'avèrent très efficaces et s'adaptent à chaque cas : les relaxations, la sophrologie (relaxation), l'entraînement à l'affirmation de soi, la confrontation des pensées, des croyances ou des principes erronés et anxiogènes, la gestion du temps et du sommeil, la pratique du sport, du plaisir et la saine alimentation. Malgré la variété des approches, gérer la compagnie d'un manipulateur peut passer par un entraînement à l'affirmation de soi *à la base,* mais cela ne sera *pas suffisant.* Il nous faut savoir le reconnaître. Beaucoup d'entre nous sont déjà affirmés, épanouis et calmes. Ils n'ont pas de problèmes de gestion de temps non plus. Cependant, ils ressentent un énorme stress dès qu'ils sont en contact avec un manipulateur. Le plus souvent, ils ne savent même pas qu'il s'agit d'un « manipulateur ». Ils peuvent alors venir à douter d'eux-mêmes et ressentir des émotions inhabituelles et négatives.

Le stress rend malade

Le stress n'est pas seulement un sentiment d'oppression, de nervosité, d'anxiété ou d'angoisse. Le stress est la **réaction de l'organisme** face à une nouvelle situation. L'organisme tente de s'adapter. Quand cela devient trop difficile, les symptômes font leur apparition. Plus le stress est intense, plus les réactions psychologiques, somatiques et comportementales sont importantes. Le processus passe obligatoirement par des déclenchements hormonaux de l'hypothalamus, de l'hypophyse et des glandes surrénales. Les glandes surrénales sécrètent l'adrénaline (entre autres hormones de stress) et les glucocorticoïdes. Toutes ces substances agissent sur le cœur, la respiration, la pression artérielle, les muscles, le foie, la libération du glucose et des graisses, le tube digestif, etc. « Tout » ne se passe pas « dans la tête » ! Le stress provoque une véritable réaction physiologique. Cette réaction est *non spécifique : elle ne dépend pas de la nature du stresseur.*

En fait, nous prenons conscience d'une situation stressante grâce aux symptômes qui apparaissent. Ces symptômes sont variables d'une personne à une autre.

A. **Sur le plan psychologique**, nous pouvons ressentir de l'anxiété, de la dépression, de la démotivation, de la fatigue (70 p. 100 des fatigues ne sont pas d'origine organique), une baisse de l'estime de soi, une perte de confiance, de l'irritabilité.
B. **Sur le plan somatique**, apparaissent plusieurs troubles. Par exemple :
   - *les troubles du sommeil* (réveils au milieu de la nuit, difficulté à s'endormir) ;
   - *les troubles digestifs* (gorge serrée, nœud à l'estomac, douleurs au ventre, ulcère, etc.) ;
   - *les tensions musculaires* (dos, cou, épaules, mâchoires, etc.) ;
   - *les dysfonctionnements biliaires* (douleurs sous les côtes droites, nausées, ballonnements, gastrites, diarrhées) ;
   - *les troubles cutanés* (herpès, boutons rouges, démangeaisons, psoriasis, chute brutale des cheveux, etc.) ;
   - *les troubles sexuels* (inhibition du désir, insuffisance d'érection, etc.) ;
   - *les troubles gynécologiques* (dysfonctionnement des règles, diminution de la fertilité, etc.) ;

- *les symptômes cardiovasculaires* (gêne respiratoire, augmentation de la tension artérielle, trouble du rythme, accélération des battements cardiaques, douleurs autour du cœur, etc.) ;
- *les douleurs articulaires* (arthrose, périarthrite de l'épaule, etc.).

C. **Sur le plan comportemental**, le stressé peut être agressif ou, au contraire, inhibé. On observe, selon les individus, une augmentation de la consommation d'alcool ou/et de tabac ; des troubles alimentaires (boulimie, anorexie) ; mais aussi de l'agitation, de l'hyperactivité et de l'hypotonie (nonchalance) propre au déprimé.

D. **Sur le plan de la performance**, les difficultés de concentration, les trous de mémoire, le ralentissement dans les tâches dû à une perte d'enthousiasme et une productivité diminuée sont le plus souvent observés.

Autrement dit, être en relation avec le manipulateur (stresseur) peut facilement créer l'un ou l'autre de ces symptômes. Plus ce contact est régulier ou permanent, plus les symptômes s'intensifient. Selon les cas, avoir été trop longtemps en relation avec un manipulateur crée des maladies chroniques et graves.

Bien sûr, il existe des gens difficiles dans notre entourage. Mais personne ne pourra créer un tel stress, de telles conséquences, s'il ne s'agit pas d'un manipulateur (à l'exception, bien entendu, d'événements particuliers). Nous connaissons tous une personne très négative, anxieuse et pessimiste, je suppose. Avez-vous déjà vécu des périodes d'angoisse, de ruminations, de manque de confiance en vous ou d'insomnies à cause d'elle ? Si elle n'est pas manipulatrice, sûrement pas. Ces gens sont ennuyeux, fatigants, voire irritants, mais ils ne vous détruisent pas au plus profond de vous-même.

Le contact prolongé avec un manipulateur est une affaire sérieuse. C'est un *stresseur très puissant.*

Aller simple chez le médecin

Le manipulateur envoie souvent l'autre faire soigner sa nervosité, sa déprime, sa maladie ou son problème sexuel. Ainsi le malade, c'est vous ! Vous êtes devenue la personne dont il faut s'occuper, qu'il faut guérir. Et c'est en partie vrai. Vous vous êtes rendu malade. J'ai connu quelques cas d'hospitalisation en psychiatrie de femmes détruites par un mari manipulateur (ou des parents poussant à l'internement leur enfant devenu adulte).

Je me souviens d'une femme d'une quarantaine d'années hospitalisée en psychiatrie. Elle niait la légitimité de son séjour. Mme C. me disait, lorsque nous étions seules, que son mari médecin avait fait contresigner par un confrère, grand ami de celui-ci, la demande d'internement. Que depuis plusieurs années, il la détruisait mentalement à petit feu ; il la dévalorisait, l'insultait, la culpabilisait, la méprisait. Cela la rendait malade. Au point qu'elle devint effectivement, à long terme, extrêmement anxieuse, peu sûre d'elle et nerveuse. Elle explosait en des crises de colère impressionnantes. Celles-ci furent d'excellents prétextes. Mme C. fut qualifiée d'hystérique. Elle l'était peut-être. Mais cette femme était surtout artiste. Non pas que les artistes soient des hystériques — ils sont plutôt capables de comportements apparemment plus libres. Elle s'habillait de façon un peu excentrique et se parait de chapeaux. Mme C. aimait plaire aussi. Elle était parfaitement lucide sur ce qui lui arrivait. Elle s'excusait même de sa difficulté à articuler à cause de la sécheresse de sa bouche provoquée par la prise journalière de médicaments. Son discours était clair et cohérent. Elle n'était pas folle. Elle m'expliquait que son mari avait une maîtresse depuis plusieurs années mais qu'il refusait de divorcer. Mme C. était fortunée. Grâce à elle, son mari avait acquis une position sociale reconnue dans cette ville de province. Rien ni personne ne pouvait plus entacher sa réputation. Mme C. se qualifiait elle-même de naïve et de « trop gentille » pour affronter un tel personnage. Lorsque je lui suggérai d'en parler au psychiatre du service, elle me répondit qu'elle l'avait déjà fait mais qu'on ne la croyait pas. De plus, elle était réellement devenue vulnérable et dépressive, ce qui ne facilitait pas sa défense. Elle ajouta : « Pensez-vous que cela soit facile pour eux de disqualifier le diagnostic de deux confrères, dans une petite ville ? »

La manipulation menée avec autant de subtilité, dans ce cas, peut être totalement invisible aux yeux mêmes d'un psychiatre.

On ne peut l'en blâmer. Juste le regretter. L'art de la manipulation réside dans son invisibilité première. Lorsque j'ai rencontré Mme C., je n'avais aucune notion de ce qu'était un manipulateur et de ce qu'il était capable de faire. Je savais, je sentais cependant qu'elle disait la vérité. Lorsque je tentai de plaider en sa faveur auprès d'une des infirmières, celle-ci me répondit : « Mais non, Mme C. est une hystérique. C'est tout. Elle est hystérique ! » Cette histoire, pourtant ancienne, m'a profondément marquée, probablement parce que je me sentais impuissante. Mme C., selon moi, n'était pas seulement hystérique : elle était victime d'une machination semi-invisible. Ni moi ni personne dans le service psychiatrique n'était cependant capable de mettre un nom sur cette machination.

Penchons-nous maintenant sur le cas d'une autre tentative de rendre le conjoint responsable de ses maux. Il y a quelque temps, un ingénieur de 37 ans, M. R., consulta un spécialiste en thérapie comportementale dans l'espoir de traiter un problème d'ordre sexuel. Nouvellement marié, le couple se heurtait à l'impuissance de M. R. Pendant l'analyse indispensable au premier entretien, il s'avéra que M. R. n'avait jamais éprouvé de difficultés de cet ordre avec d'autres partenaires, jusqu'à sa rencontre avec sa femme. M. R. était un homme sain, affirmé et bien dans sa peau. Il était depuis longtemps ouvert à une recherche personnelle et pratiquait régulièrement la sophrologie (relaxation). À la suite de ses problèmes d'impuissance, il s'était décidé à prendre rendez-vous dans un laboratoire pour passer quelques tests afin de vérifier le fonctionnement physiologique de ses organes génitaux. Les sexologues et autres thérapeutes savent que 80 p. 100 des problèmes sexuels sont reliés à des difficultés de communication au sein du couple. Les questions s'orientèrent rapidement dans cette optique et il apparut que la nouvelle Mme R. provoquait, par ses attitudes et ses réflexions, une anxiété croissante chez son mari. L'acte d'amour devenait un défi. Or, l'érection chez l'homme n'est possible que grâce au fonctionnement d'un système neurologique spécifique (système parasympathique), lui-même lié à un état de détente mentale. La crainte, l'anxiété, les soucis, le stress empêchent tout naturellement l'érection. Le thérapeute découvrit alors que les attitudes dévalorisantes de Mme R. existaient également *en dehors* du domaine sexuel.

La confiance de M. R. s'écorchait petit à petit. Il se sentait coupable et endossait tout bonnement les fautes que sa femme rejetait sur lui. En continuant l'investigation, on constata que sa femme avait les caractéristiques indéniables d'une manipulatrice. Lorsqu'on finit par lui faire partager cette conclusion, M. R. répondit: « Oui, cela ne m'étonne pas. » Relevons que M. R., victime de sa femme manipulatrice, était venu consulter et devait régler seul son problème. Il n'avait pas imaginé qu'elle puisse être la cause de son problème et était persuadé que cela ne pouvait venir que de lui. Une personne affirmée comme lui n'a pas de tendances habituelles à s'auto-accuser. Le manipulateur fait en sorte que cela puisse se produire: il a l'art de se démettre de ses responsabilités et de se montrer convaincant. M. R. s'était lui-même persuadé d'avoir un problème organique (il réalisa pendant l'entretien qu'il n'y avait pas d'impuissance lors de la masturbation en solitaire... mais il l'avait *oublié* ou occulté). Ainsi, il décida d'annuler son rendez-vous avec le laboratoire. M. R., là encore, n'avait aucun problème à l'origine, mais il finit par en avoir réellement un!

Finalement, deux autres entretiens lui permirent de réagir correctement à sa situation et, surtout, aux manipulations de sa femme. Grâce à sa compréhension rapide du phénomène, tout rentra dans l'ordre en deux semaines. Délai, précisons-le, extrêmement rapide.

Ce qui est arrivé à Myriam peut nous montrer aussi jusqu'où peuvent aller certains manipulateurs pour atteindre leurs buts.

Myriam, réceptionniste dans un petit hôtel depuis trois mois, annonce à ses patrons (M. et Mme Martial, tous deux manipulateurs) qu'elle est enceinte. Sans le montrer, ils sont furieux d'avoir embauché une femme qui les laisse tomber pour assumer une maternité. Quelques jours après cette nouvelle, les problèmes commencent. Il manque de l'argent dans le tiroir-caisse de l'hôtel. L'incident se reproduit quelque temps après: cette fois, une somme beaucoup plus importante disparaît du coffre-fort! D'après les horaires du personnel, Myriam était présente à chacun des méfaits. Pour donner plus de crédibilité à ce *coup monté,* Mme Martial décide d'expliquer la situation à un collègue de Myriam en nommant clairement les membres du personnel qui ne peuvent être incriminés pour ce vol. Par déduction, Myriam se révèle vite la seule responsable possible, à l'exception, bien sûr, des deux patrons eux-mêmes que l'on ne peut légitimement pas soupçonner. Cependant, une partie du personnel n'est pas dupe.

Quelques jours plus tard, Myriam est de nouveau soupçonnée de vol au restaurant de l'hôtel. Plus précisément l'après-midi où elle travaille et où Mme Martial est présente. Lorsque le personnel du restaurant arrive, en début de soirée, Mme Martial fait remarquer à tout le monde que la clé de la caisse du restaurant est restée sur la caisse. Elle demande à ce qu'on en vérifie le contenu. Bien entendu, un montant a disparu. Le chef cuisinier, ayant compris la manigance depuis un certain temps, décide d'appeler la police. Mme Martial l'en empêche, invoquant une quelconque raison. Cela risque, on peut l'imaginer, de perturber son plan ! Un peu plus tard, M. Martial dit à une amie de Myriam, également membre du personnel, que celle-ci est victime… de troubles psychologiques, de cleptomanie et qu'il serait souhaitable qu'elle consulte un psychiatre !

La pression psychologique est telle que Myriam décide de démissionner avant la fin de sa grossesse. Vous l'avez deviné, et tous ses collègues encore mieux, Myriam n'a aucune responsabilité dans ces vols. Et elle était équilibrée jusqu'à ce fameux coup monté dont elle se souviendra sa vie durant.

Le manipulé a-t-il une part de responsabilité ?

Ces anecdotes ne sont pas vécues à la légère par les personnes victimes de manipulateurs relationnels. Rares sont celles qui échappent complètement aux effets de leur influence. Cependant, il est possible de s'en protéger. Déceler un manipulateur relationnel est la première étape pour regagner sa liberté ou sa sérénité à 50 p. 100. Diminuer son taux de culpabilité, sa vulnérabilité et changer ses croyances et ses attitudes comportementales résoudront le reste. Cela prend du temps : entre trois mois et trois ans en fonction de notre lien affectif avec le manipulateur. Sommes-nous également responsables de cette influence ? Des spécialistes en psychologie et des psychanalystes peuvent répondre que nous sommes seuls responsables si nous nous laissons manipuler, culpabiliser et détruire. C'est en partie exact, mais le problème est plus compliqué qu'il n'y paraît.

La manipulation se branche directement sur des circuits codifiés et préétablis socialement. Nous sommes régis par des codes sociaux et des principes que le manipulateur sait utiliser à son bénéfice en les détournant de leurs valeurs réelles. La culpabilité est, par exemple, fortement utilisée comme arme d'influence par le manipulateur. Or, que deviendrait une société humaine sans les notions de bien et de mal ? À la moindre occasion, par colère ou frustration, nous serions libres moralement d'éliminer l'objet de nos souffrances. Par le meurtre tant qu'à faire ! Il n'y aurait aucun devoir moral. Les enfants seraient abandonnés à la moindre gêne, l'égoïsme ferait fureur.

Nous cultivons tous une dose minimale de culpabilité. Les problèmes surviennent quand cette culpabilité devient exagérée, dépasse les limites du rationnel et nous empêche de vivre heureux. Or, la plupart des individus non affirmés ne perçoivent pas cette limite. Les manipulateurs repèrent rapidement ce type d'individus et exploitent leurs lacunes. Mieux encore, ils s'arrangent pour que cette frontière n'existe plus afin d'utiliser ces gens à leur guise.

Ce procédé explique pourquoi Sophie, âgée de 32 ans, se sentit si mal d'avoir « abandonné » sa mère (manipulatrice) lorsqu'elle partit pour 10 jours en Turquie avec son amoureux au sein d'un groupe organisé. La mère manipulatrice avait réussi à obtenir, par les collègues de Sophie, le numéro de téléphone du responsable du voyage organisé. Elle exigeait que sa fille lui donne *au moins* de ses nouvelles… pour savoir si tout allait bien ! Depuis que Sophie est toute petite, sa mère, manipulatrice, l'a éduquée selon ses propres valeurs. Sophie ne repérait pas les frontières entre les devoirs moraux d'un enfant envers sa mère et les devoirs moraux propres à sa personne. Elle commence à reconnaître cette limite depuis deux ans, grâce au groupe d'entraînement à l'affirmation de soi et à la psychothérapie auquel elle participe. Comment Sophie, à l'époque, pouvait-elle *seule décider soudain* de ne pas répondre à l'appel de sa pauvre mère ? Pour elle, cela était *mal* de la faire souffrir. *On ne fait pas souffrir sa mère.* C'est cette valeur prioritaire qui agit pleinement dans ce cas. Son bonheur de vivre une expérience d'intimité avec un ami (que la mère sabotait par ailleurs) ou des relations amicales avec un groupe passait immédiatement au second plan. Il aurait été *inadmissible* pour la mère que sa fille ne l'ait pas appelée !

Nous portons *en partie* la responsabilité des manipulations que nous subissons. Le manque de discernement et notre présumé besoin du jugement d'autrui pour favoriser notre épanouissement sont les causes principales de notre naïveté. Un bon nombre d'entre nous ne semblent vouloir vivre qu'à travers le regard et le jugement de l'autre. Or, il nous faut apprendre à exister pour nous-mêmes, tout en incluant les autres dans notre vie. Ainsi l'influence des autres ne s'exerce pas de façon permanente et systématique.

Un concept irrationnel et inconscient nous fait craindre de nuire à autrui lorsque nous nous faisons plaisir. Plus nous sommes passifs, soumis et *uniquement* attentifs au bien-être d'autrui, plus nous sommes vulnérables à la manipulation. Hélas, cela n'empêche nullement un être habituellement affirmé de se faire exploiter ou traiter comme un petit garçon ou une petite fille par un manipulateur.

A priori, rien ne nous oblige à nous laisser exploiter, infantiliser, dévaloriser et stresser par quiconque. Mais le manipulateur exerce souvent un pouvoir sur les autres. Un pouvoir réel et psychologique puisqu'il fait appel au domaine sentimental. Les raisons pour lesquelles ce pouvoir destructeur fonctionne vont être progressivement développées dans ce livre. Je vais expliquer comment et pourquoi la manipulation permanente aboutit à de tels résultats. Pourquoi elle peut si bien fonctionner. Ces observations nous aideront à 50 p. 100 à ne pas retomber dans le piège. Mais cela ne suffit pas. Il nous faut *appliquer* les moyens de se désengager d'un tel processus. C'est ce que nous verrons dans la dernière partie du livre.

En fait, nous pouvons diminuer l'influence d'un manipulateur, comme nous pouvons modifier notre perception d'un quelconque « stresseur ». Un entraînement régulier en sophrologie, en relaxation ou autres techniques comportementales (affirmation de soi) peut modifier notre perception des stresseurs et améliorer notre vie quotidienne. Notre évaluation d'un problème change d'elle-même. Si nous modifions notre perception du manipulateur et décidons de réagir face à lui, après l'avoir repéré, nous avons des chances d'en éviter les effets les plus néfastes.

Pour en revenir à notre part de responsabilité si nous nous laissons influencer et manœuvrer par des manipulateurs, je crois qu'il faut rester extrêmement prudent et éviter de juger, trop hâtivement, la victime du manipulateur. L'art de manipuler n'est pas donné à tout le monde (heureusement), mais il n'en reste pas moins subtil. Contre toute attente, le manipulateur dépasse l'éthique en général et notre éthique en particulier. Celle que nous a inculquée notre culture judéo-chrétienne. Cette éthique, profondément ancrée en nous, qui nous fait croire depuis toujours qu'une mère ne peut pas vouloir de mal à ses enfants, qu'un médecin ou un thérapeute ne peut pas exploiter financièrement et mentalement ses patients, qu'un mari ne peut pas détruire moralement la femme qu'il a choisi d'aimer pour la vie. « Mais non ! c'est pour mon bien et parce qu'il m'aime, m'a-t-il dit. Si, si, il l'a dit ! Il le dit tout le temps d'ailleurs… » Face à de telles phrases, nous sommes vulnérables : nous ne pouvons imaginer que ces proches de qui nous attendons tant puissent nous détruire à petit feu.

Chapitre 4

Il culpabilise les autres

Culpabiliser autrui est un processus fort courant. Il correspond au report d'une responsabilité sur l'autre, espérant que celui-ci éprouve le sentiment en question. De cette culpabilité naissent des attitudes et des comportements avantageux pour l'auteur de la culpabilisation. Qui n'a jamais eu recours à ce procédé pour amener l'autre à réagir selon son bon vouloir ou ses valeurs morales?

L'utilisation systématique de la culpabilisation produit des effets dévastateurs. Nous verrons que le manipulateur réussit à vous rendre coupable de fautes imaginaires. Cependant, certaines personnes culpabilisent les autres à outrance sans être nécessairement des manipulateurs. Démantelons divers mécanismes couramment utilisés par le manipulateur (conscient ou inconscient) à travers les exemples suivants.

Fautes réelles ou imaginaires

La mère de Clara est manipulatrice. Clara travaille dans un service administratif d'un hôpital situé dans une grande ville. Un jour, la grand-mère maternelle de Clara se fait hospitaliser à l'extérieur de cette ville (dans une banlieue assez éloignée) pour des difficultés respiratoires. Celle-ci supporte mal l'absence de sa fille, car elle se sent seule. Or, au même moment, la mère de Clara suit une cure et dit ne pas pouvoir se déplacer au chevet de la malade. Clara perçoit la culpabilité de sa mère lorsque celle-ci l'appelle par téléphone :

« Ta grand-mère n'est pas bien. Il faut qu'elle fasse des analyses et peut-être qu'on va devoir l'opérer. Il faut qu'elle ait un bon chirurgien, parce qu'à son âge... Tu dois te renseigner pour savoir qui s'occupe d'elle et faire attention qu'on la traite bien. Moi, tu comprends, je suis en cure et je ne peux rien vérifier. »

Clara, au contraire, est rassurée par l'hospitalisation. Elle sait que sa grand-mère est entre les mains de spécialistes et ne s'inquiète pas. La situation n'est pas critique.

« Ne t'inquiète pas, cela va bien se passer. À l'hôpital, il n'y a aucun problème. On s'occupe d'elle.

— Tu *dois* t'inquiéter, c'est ta grand-mère, quand même ! Tu dois t'en occuper. Moi, je suis coincée ici et si je le pouvais je serais auprès d'elle.

— Mais je ne peux pas quitter mon travail comme ça. Je te dis qu'elle est entre de bonnes mains.

— Si tu ne peux pas faire d'efforts pour ta grand-mère, pour qui le feras-tu alors ?... »

Dès cet instant, Clara sent le déplacement de la culpabilité sur ses épaules. Dans le reste de la communication (non retransmise), la manipulatrice utilise le fait que Clara soit membre d'un personnel hospitalier pour supposer que celle-ci peut régler des problèmes liés aux soins prodigués. Mais Clara, qui n'est pas infirmière, se sent impuissante face aux demandes de sa mère. La manipulatrice cependant ne veut pas l'entendre. Ce recours lui permet de déplacer les responsabilités qui lui incombent.

En de multiples occasions, la mère de Clara se sert du processus de culpabilisation. Il y a quelques mois, Clara en découvre les conséquences terrifiantes chez sa nièce de 14 ans, petite-fille de la manipulatrice. À la suite de la mort de son grand-père, la petite fille n'arrive pas à se débarrasser d'affreux cauchemars qui hantent ses nuits. Elle consulte un psychologue qui, à la longue, découvre la cause de ses troubles. Ils auraient été déclenchés par une phrase formulée à la petite-fille par la manipulatrice :

« Ton grand-père est décédé pour que toi tu puisses naître. »

Les effets sont désastreux. Une seule phrase. Une seule. La petite se sent coupable par sa naissance d'avoir provoqué la mort de son grand-père. Son inconscient l'a enregistré ainsi et lui fait revivre ce crime imaginaire presque chaque nuit.

Cette même femme (mère de Clara) est une intellectuelle brillante. Elle ne cesse de répéter à Clara :

« Ah ! moi, à ton âge, je faisais ceci, je faisais cela... »

Clara a été imprégnée très jeune par ce discours et pense qu'il fut une cause importante de son retard de lecture dans sa jeunesse. La mère se compare fièrement à sa fille comme si elle représentait un modèle de talents. Elle pourrait faire croire à un encouragement alors qu'il s'agit en fait de dénigrement. La manipulatrice attaque indirectement les choix et les actes de Clara. Le dénigrement constant provoque le plus souvent une baisse de confiance et donc une diminution de certaines performances. La nièce de Clara qui a 14 ans subit le même sort, car le même discours revient sans cesse. Elle aussi a de grandes difficultés à réussir.

La culpabilité est un état propre à celui qui commet une faute. La faute, cependant, peut être *réelle ou imaginaire.*

La culpabilité réelle, objective, émane d'une violation majeure d'une règle sociale (ne pas tuer, escroquer, mentir, exploiter, faire volontairement du mal...). Notre société occidentale, marquée par la culture judéo-chrétienne, a mis en place des règles culturelles qui sont devenues des règles morales. En fait, chaque microsociété sur notre planète, qu'elle soit animale ou humaine, comporte des règles de savoir-vivre.

Notre développement corporel et psychique va donc s'effectuer sous l'influence de notre milieu socioculturel. Dès la naissance d'un individu, les règles sont inculquées de plusieurs façons : mode de vie familial et social, modèles, sanctions, compliments, discours, explications, principes émis verbalement, etc. La famille initie l'individu aux lois culturelles du groupe social. Tout petit, l'enfant est face aux modèles du père et de la mère. Puis, à un environnement social plus élargi : celui de la famille, des enseignants, des figures religieuses, des médias et des amis. C'est ainsi que notre personnalité définit les notions de bien et de mal.

Les psychanalystes disent aussi que ce sentiment trouve sa source dans le *complexe d'Œdipe.* Un assassin ou criminel (violeur par exemple) qui n'aurait aucun sentiment de culpabilité après son acte est considéré comme un grand malade. Il devient alors dangereux pour la société, car il n'existe chez lui aucune limite restrictive à ses pulsions vis-à-vis d'autrui. Le sentiment de culpabilité, dans son sens réel, est un sentiment normal et sain chez l'être humain. Mais il devient pathologique lorsqu'il ressemble à un sentiment plus ou moins net de faute *subjective.* Cette culpabilité s'exprime inconsciemment dans le comportement, ou inspire cette angoisse de l'être traqué pour un crime imaginaire. Lorsque le sentiment de culpabilité devient intense, il détermine la névrose. La culpabilité est alors la source d'un des problèmes psychologiques les plus graves.

Un type particulier de sentiment de faute subjective consiste à croire secrètement que nous avons fait du mal à nos parents ou à nos frères et sœurs (surpasser les siens, être un fardeau, voler l'amour de ses parents ou les abandonner, trahir les siens, être mauvais profondément). Cette culpabilité est profonde et inconsciente. Elle fait des ravages terribles puisqu'elle peut saboter tout succès dans les domaines social, conjugal ou professionnel. Elle peut nous empêcher de connaître le bonheur, la détente ou tout simplement le plaisir. Nous diminuons notre estime de nous-mêmes, notre propre valeur ; nous doutons de nos instincts les plus sains et de nos intentions les plus pures. Le seul moyen mis à notre disposition pour éviter d'affronter les situations reste la fuite. Nous acceptons alors sans mot dire les accusations injustes ou les mauvais traitements que nous ne méritons pas (ici, il n'y a pas de faute réelle). Ce sentiment de culpabilité peut se manifester par des malaises divers — troubles digestifs, difficultés respiratoires, tensions dans tout le corps, troubles du sommeil ou de l'alimentation, d'anxiété latente et presque permanente — mais il diminue à chaque forme d'autopunition et de sabotage.

Ce qu'il y a d'étonnant dans l'existence de ces crimes imaginaires, c'est qu'ils nous rendent inconsciemment fautifs d'attentions et d'aspirations que nous approuvons consciemment : nous voulons tous réussir professionnellement; nous voulons tous être indépendants et heureux; nous voulons tous avoir de bonnes relations avec autrui. Mais c'est comme si le fait d'effleurer ces objectifs nous faisait penser inévitablement (inconsciemment) que nous faisons du mal aux autres.

Cette deuxième forme de culpabilité se retrouve chez de nombreux individus et le manipulateur sait la repérer de façon intuitive. Il tente de la créer (ce qui est très facile pour un parent vis-à-vis de son enfant) ou de la maintenir. Il amène à croire que ce crime imaginaire n'est pas illusoire mais qu'il existe bel et bien (envers lui tout au moins). À partir de cet instant, la confusion s'installe. Elle est difficilement décelable puisqu'une partie de cette culpabilité n'est pas consciente et que certains d'entre nous en sont victimes. La forme de logique que va utiliser le manipulateur va donc s'inscrire sur des rails préétablis.

La phrase: «Ton grand-père est décédé pour que toi tu puisses naître» s'inscrit dans le registre de la culpabilité du survivant. Elle aboutit à une logique de cause à effet tout à fait évidente. À trois ans, on ne distingue pas ce qui est de l'ordre de la faute réelle ou de l'imaginaire. Et puisque c'est un adulte qui le dit, pourquoi mentirait-il ou dirait-il n'importe quoi?.

En fait, cette pseudo-logique peut être retenue comme normale et vraie pour la majorité d'entre nous, quel que soit notre âge!

Sylvie se souvient de cet aspect très culpabilisant chez sa mère manipulatrice. Cette femme, mère de trois enfants, consacrait 10 heures par jour à son métier de chirurgienne-dentiste. Elle ne voyait ses enfants que vers 20 h. Ceux-ci, lorsqu'ils passaient du temps avec leur mère, avaient envie de lui parler de leur journée ou de lui poser des questions (auxquelles elle ne voulait pas toujours répondre). Immanquablement, elle répondait: «Que tu me fatigues!» Tous les jours, ou presque, cette femme se plaignait de sa fatigue. Elle en attribuait la cause directe à ses enfants, en oubliant presque les 20 patients qu'elle avait vus défiler dans son cabinet au cours de la journée!

Sylvie a longtemps cru être de trop pour sa mère. Il est vrai que se sentir un fardeau pour l'un ou les deux parents peut facilement devenir un crime imaginaire classique. Mais ce sentiment peut-il disparaître si la manipulatrice répète sans arrêt: «Qu'est-ce que tu me fatigues!» Cela est dit et prononcé clairement. Il serait difficile de ne pas y croire. Ce n'est que 10 ans plus tard que Sylvie réalisa que sa mère était fatiguée à cause de ses patients, avec lesquels elle entretenait des relations très conviviales. Que le peu de temps qu'elle consacrait véritablement à ses enfants, pourtant très calmes et sans histoires, ne pouvait donc pas la fatiguer. C'est cette même manipulatrice qui avait l'habitude de se rendre victime et qui déclarait comme une évidence: «Si je n'ai pas divorcé de votre père plus tôt, et Dieu sait qu'il m'a fait souffrir, c'est à cause de vous.» Ce qui semble être l'énoncé d'un principe moral chez l'émetteur devient une culpabilisation chez le récepteur. C'est aussi un moyen de ne pas se responsabiliser totalement, de se retrouver de nouveau pauvre victime… pour faire le bien! Cette manipulatrice n'avait qu'à répéter sa plainte ennuyeuse et monotone plusieurs fois par an pour obtenir de ses enfants ce qu'elle voulait. Bien sûr, d'autres principes manipulateurs entraient en jeu (29 autres caractéristiques), mais la culpabilisation faisait partie de ses points forts. Elle disait aussi que si elle s'était mariée avec le père de Sylvie alors qu'elle n'en avait aucun désir, c'était à cause de sa fille dont elle était enceinte!

Cette notion de *sacrifice* est un atout apprécié des manipulateurs:

«J'espère que tu te rends compte que c'est moi qui te permets de prendre tes vacances, puisque je reste travailler dans le service alors que je suis déjà si fatiguée… Mais ne t'inquiète pas pour moi, ça me fait plaisir que tu partes!»

Le manipulateur ne peut s'empêcher *d'exprimer bien haut ce que d'autres auraient gardé pour eux afin de ne pas créer de malaise.* Il se veut bon Samaritain, mais chacun *entend* ce que cela lui coûte et combien il souffre. Ce n'est qu'après avoir exprimé la plainte qu'il demande de ne pas en tenir compte!

Un parent manipulateur utilise, sans complexes, la culpabilité sur fond de sacrifices pour ses enfants (même adultes).

«Si je travaille comme un fou, c'est pour que vous ayez tout ce qu'il faut. C'est pour vous, pour vos études. Tu as donc intérêt à bien travailler pour réussir ton examen en juin.»

Quand les enfants arrivent à une certaine autonomie, la notion d'abandon est fort bien exploitée par un parent manipulateur. Où est la faute ? Vous souhaitez devenir plus indépendant dans vos actes, vos choix, vos pensées. Vous souhaitez être plus responsable de votre vie et un jour vous séparer d'eux. Il n'y a aucune faute à ces désirs. Vous êtes déjà adulte mais le manipulateur va considérer ces désirs comme illégitimes. Il se comporte de telle façon ou tient un tel discours que si vous gagnez en autonomie (vous voulez partir en vacances sans eux, habiter seul ou en couple, ne pas rentrer à heures fixes), cela tient alors de la cruauté, de l'ingratitude et de l'injustice. Vous devenez coupable de leur malheur, comme si leur bonheur dépendait de vous, et surtout de votre présence physique auprès d'eux.

La cousine de Joyce invita un jour celle-ci à passer un mois de vacances chez elle, à l'étranger. Joyce avait 20 ans et était la dernière d'une fratrie de trois enfants dont les deux aînés étaient partis vivre en couple. Lorsque la cousine fit la demande aux parents, le père, très grand manipulateur et possessif, s'esclaffa :

« Et nous, qu'est-ce qu'on va devenir ? »

Finalement, Joyce a pu partir en vacances un mois sans ses parents, à force d'arguments, mettant en déroute ceux du père manipulateur.

Cette même Joyce affirme, par ailleurs, qu'elle est tout à fait libre de ses mouvements et qu'elle fait ce qu'elle veut. En fait, il n'en est rien : elle doit encore mentir pour justifier une après-midi passée avec son petit ami, pourtant envisagé par la famille comme son futur époux. Son autonomie semble devoir se gagner en secret par le mensonge et l'hypocrisie. Ce qui est intéressant, c'est que Joyce ne semble pas consciente que les stratégies qu'elle a mises en place sont justifiées uniquement parce qu'au fond d'elle-même, elle craint d'afficher son indépendance. C'est la culpabilité d'abandonner ses parents. Il ne lui est pas permis de faire de petits boulots pour gagner son argent de poche. En privant le jeune adulte (car il ne s'agit pas ici d'enfants) d'expériences extra-familiales, on le retient dans un milieu sécurisant, mais on lui enlève aussi toute vraie possibilité d'indépendance. Les prétextes classiques sont: «Je gagne assez d'argent pour toute la famille. Si tu en as besoin, tu me le demandes, c'est tout» et «Ne perds pas ton temps à aller donner des cours ou à garder des enfants, il faut que tu réussisses ton examen». Cela semble logique, et c'est tout de même pratique pour le jeune adulte. Celui-ci n'insiste pas, et l'affaire est réglée pour plusieurs années.

Joyce fait partie de ces cas-là. Le problème du lien entre culpabilité et dépendance est présent aussi lorsqu'elle sort le samedi soir avec son frère et quelques amis, tous des jeunes de confiance. Elle est autorisée à sortir (il n'y a aucune interdiction *clairement* exprimée comme telle), mais chaque fois, à son retour en pleine nuit (finalement pas trop tard), son père est dans le salon pour l'accueillir. Autrement dit, chacune de ses sorties implique une bonne insomnie volontaire pour son père. Ce dernier s'empresse aussi de faire remarquer que sa femme ne se sent pas concernée par ses propres enfants puisqu'elle dort lorsqu'ils sortent! Dans cet exemple, le manipulateur sait créer la culpabilité de deux manières: par le comportement auprès de sa fille et par le discours devant ses enfants (adultes) à propos de la mère (qui pourtant prend l'attitude la plus saine dans cette situation).

Le manipulateur qui culpabilise réussit même à inverser une situation. Ainsi, Charles prête une armoire à un couple d'amis dont la femme est manipulatrice. Ces amis ont repris en location l'appartement que Charles et sa famille quittaient. Ayant besoin d'une armoire et étant sans grandes ressources à ce moment-là, ils demandent à Charles et à sa femme s'ils peuvent leur laisser l'armoire pendant un ou deux mois, le temps que le mari fabrique lui-même une penderie. L'accord est pris. Huit à neuf mois plus tard, l'armoire n'a toujours pas été rendue à ses propriétaires. Ces derniers en ont maintenant absolument besoin et préviennent le couple qu'ils se préparent à aller chercher leur bien. Volontairement, Charles prévoit un laps de temps supplémentaire pour permettre à son ami de construire une penderie ou bien d'acheter l'armoire dont ils ont besoin. Douzième mois: au début de la semaine, Charles prévient le couple qu'ils (Charles et sa femme) passeront récupérer leur meuble au cours de la fin de semaine suivante. Arrivés sur les lieux, il leur faut débarrasser l'armoire des vêtements et entièrement la démonter (cela n'avait pas été fait) ! Son ami est au travail et seuls la femme et les enfants les accueillent. Le lendemain, Charles apprend par son ami que sa femme l'a appelé juste après leur passage, absolument furieuse et en tenant des propos du genre :

« Tu te rends compte, ils arrivent *comme ça* ; ils *fichent* toutes les affaires par terre ; ils ne s'occupent même pas de savoir si on est dans la m... Maintenant, on n'a même plus de quoi accrocher les robes et les costumes... sympa tes copains ! »

Il est remarquable de constater avec quel art le manipulateur sait retourner une situation jusqu'à son extrême contraire. Car enfin, lequel des deux couples a été « sympa » dans cette affaire ? Vous devenez presque victime de ce que vous possédez et en plus vous êtes considéré comme « sans cœur » et « inhumain » lorsque vous mettez enfin une limite à votre générosité. Étonnant, non ? Si vous êtes face à ce genre de situation un jour et si on veut vous culpabiliser pour une faute que vous n'avez pas commise, n'hésitez pas à regarder votre interlocuteur dans les yeux et à lui poser calmement la question :

« Mais dis-moi, de nous deux, qui a donné quelque chose à l'autre ? Toi ou moi ? »

La réalité est là pour aider à trouver la bonne réponse. D'ailleurs, un manipulateur ne répondra pas clairement à votre question, malgré qu'il en comprenne parfaitement le sous-entendu. Il est coincé parce qu'il ne vous a pas donné grand-chose ou il vous fait le coup du principe de réciprocité et vous rappelle qu'il vous a rendu des services aussi. Profitez alors de l'occasion pour lui demander si justement vous en aviez abusé, vous ?

La double contrainte

La culpabilité peut être présente dans une situation dite de « double contrainte » (*« double bind »* pour les spécialistes). Il s'agit pour le manipulateur d'utiliser simultanément deux messages opposés qui font que si vous obéissez à l'un, vous désobéissez à l'autre. C'est une situation aliénante et perturbante si nous ne décelons pas le paradoxe et n'en faisons pas part immédiatement à l'instigateur. Rappelons-nous cependant que celui-ci peut très bien ne pas en être conscient.

Voici l'exemple classique pour comprendre ce qu'est la double contrainte :

« Je voudrais que tu m'embrasses spontanément. »

Quoi que vous fassiez, le demandeur vous montrera son insatisfaction : soit que vous ne l'embrassez toujours pas, soit que lorsque vous l'embrassez, il rétorque que ce n'est sûrement pas spontané puisque vous le faites à la suite de sa demande. Dans les deux cas, vous avez tort.

Henri quitte le domicile familial à l'âge de 30 ans. Il s'installe dans un studio situé dans un autre quartier que celui de ses parents. Cependant, il leur rend toujours visite deux ou trois fois par semaine. Ces derniers se disent contents pour lui, mais ils estiment qu'il lui serait plus facile de venir dîner et de laisser son linge sale chez eux. Sa mère lui répète que cela ne la gêne pas. Celle-ci a pris l'habitude d'offrir à Henri, chaque semaine, un sac rempli de divers aliments et de conserves, ce qui s'avère pour Henri une source d'économies non négligeables. Mais un jour, de retour chez lui, il découvre un paquet de savon à lessive dans le sac surprise. C'est une surprise pour lui, en effet ! Car la présence de ce paquet représente un message inverse au discours de sa mère. Faut-il qu'il s'occupe seul de son linge ou doit-il encore le donner à sa mère ? Après quelques jours de confusion, il prend l'*acte manqué* (en est-il un ou est-ce volontaire ?) comme étant le message le plus valable. Il décide alors de s'acheter une machine à laver et d'assumer son indépendance, tout comme sa mère devait finalement le souhaiter.

Le *« double bind »* ou la « double contrainte » n'est pas le fait exclusif des manipulateurs. Il nous arrive d'en faire à notre entourage sans nous en rendre compte. Ainsi, une femme peut fort bien demander à son mari de tout faire pour bien gagner sa vie (et donc d'être courageux au travail), tout en se plaignant auprès de lui de ne pas suffisamment le voir car il travaille trop ! Grave décision pour le mari : à quel message obéir ? Dans les deux cas, sa femme n'est pas satisfaite. Il ne reste plus au mari qu'à définir les limites de ce qui est «trop» ou «pas assez». L'idée est de trouver l'équilibre.

Le manipulateur est le roi des contradictions. Et la double contrainte fait partie d'un ensemble de processus paradoxaux que le manipulateur manie fréquemment. Patrick, veilleur de nuit dans un petit hôtel, est confronté depuis quelques années à ses deux patrons (mari et femme), malheureusement tous deux manipulateurs. À propos de la double contrainte, il raconte:

«Un mardi soir, le propriétaire de l'hôtel, M. Martial, vint me voir. Il me demanda si j'avais vu ou entendu quelque chose le soir où je travaillais: la vitre donnant sur la rue avait été barbouillée de graffitis. Je n'étais pas au courant, car du comptoir de réception, je ne pouvais voir la vitre en question. Je sortis donc dans la rue pour constater les dégâts. Effectivement, la vitre était remplie de graffitis. M. Martial me demanda de nouveau si je n'avais rien remarqué d'anormal, car il était certain que cela s'était passé la nuit où je travaillais.»

Je lui répondis en le sentant manœuvrer:

«Lorsque Cyril était encore à l'hôtel, vous ne vouliez pas qu'il sorte dans la rue.» (Cyril était un veilleur de nuit qui avait été licencié six mois plus tôt parce qu'il sortait la nuit sur le pas de la porte; M. Martial ne l'acceptait pas pour des raisons de sécurité.)

M. Martial se mit en colère: «Qu'est-ce que cette réponse que vous me faites! Je vous demande si vous avez vu ou entendu quelque chose, et vous me répondez que je ne voulais pas que Cyril aille dans la rue!»

Patrick commente: «Toujours le même scénario! Il fait semblant de ne pas comprendre. Il affirme que ces graffitis ont été faits durant la nuit où je travaillais. Cela m'étonnerait, car la nuit avait été très calme. Par ailleurs, il n'était pas là durant la fin de semaine, il ne pouvait donc pas savoir si cela s'était passé durant la nuit où je travaillais. M. Martial a voulu provoquer la culpabilité chez moi en me disant: "Cela s'est passé la nuit où vous travailliez." Même quand je lui répondais que je n'étais au courant de rien, il a continué d'insister pour savoir si j'avais vu ou entendu quelque chose.

Il me proposa même des remarques à faire, dans le cas où je surprendrais quelqu'un en flagrant délit, du genre : "Écoutez, les gars, soyez sympas, et allez gribouiller ailleurs" ! Il suivait son idée et prêchait le faux pour savoir le vrai. Pour apercevoir ces graffitis peu élaborés qui n'avaient pas été faits en plus de trois secondes, il aurait fallu me lever et aller vers la porte de sortie. Selon M. Martial, j'aurais dû être sacrément intuitif ! » Dans ma repartie, j'envoyais deux messages à ce manipulateur :

1. Cyril a été licencié sans raison valable (il savait des choses et donc gênait).
2. Sachant qu'il reprochait à Cyril de sortir dans la rue, que fallait-il choisir ?
   a) Sortir dans la rue et peut-être voir des individus en train de faire des graffitis ; et en sortant, s'exposer aux critiques de mon employeur.
   b) Rester à l'intérieur comme le souhaitait M. Martial, mais dans ce cas, il lui était impossible d'avoir une vue sur la surface couverte de graffitis.

Quelle que soit votre attitude lorsqu'il y a présence de double contrainte dans une relation, le manipulateur vous accusera de ne jamais choisir la bonne solution.

La première fois que Patrick a rencontré ses deux employeurs, M. et Mme Martial, une atmosphère de double contrainte s'est installée immédiatement :

« Cela faisait un mois que je travaillais à l'hôtel et je n'avais parlé aux propriétaires que par téléphone. En revanche, leur fille venait à l'hôtel. Un soir, elle était avec son mari et tous deux avaient rendez-vous avec M. et Mme Martial au salon. J'étais au courant.

« Parmi les clients qui entrent dans l'hôtel et traversent le hall, un couple s'avance et passe devant la réception *sans même me regarder,* et se dirige vers le salon. Aussitôt, intrigué par leur comportement et ne les ayant pas reconnus comme clients, je quitte le comptoir avec l'intention de leur demander leur numéro de chambre. Lorsque je m'aperçois que l'homme et la femme commencent à parler à la fille Martial, j'en déduis qu'il s'agit des propriétaires. Les propriétaires, en personne, venaient d'arriver! Quatre ans plus tard, je peux affirmer aujourd'hui que cette attitude est toujours identique. Je reste persuadé que par cette arrivée "commando", ils ont voulu me tester et savoir si j'étais capable d'intervenir auprès de personnes qui entraient à l'hôtel sans se présenter à la réception. Mais en même temps, si j'avais eu le temps de leur demander leur numéro de chambre, ils se seraient esclaffés: "Mais nous sommes les patrons de cet hôtel!"

Je me serais couvert de honte et de ridicule, avec le sentiment d'avoir fauté. Imagine-t-on un employé demandant aux propriétaires de l'hôtel ce qu'ils viennent y faire!»

Sylvie se souvient des reproches de sa mère manipulatrice concernant son manque d'initiatives et d'autonomie. Lorsque, à 21 ans, elle prenait la voiture pour aller voir sa meilleure amie sans en informer sa mère, celle-ci appelait chez l'amie pour vérifier que sa fille était là. La mère trouvait *inadmissible* le fait de ne pas être au courant des faits et gestes de sa fille. Lorsque Sylvie rentrait plus tard que d'habitude, sa mère lui lançait: «Ici, ce n'est pas un hôtel!» Nous retrouvons dans ce cas deux messages opposés: deviens adulte et surtout reste un enfant. L'attitude légitime de Sylvie, désirant être plus autonome à 21 ans sans renier sa famille, devient pour sa mère un acte de cruauté et d'ingratitude.

Le manipulateur démontre à sa manière que la faute imaginaire est en fait une faute réelle et donc passible de sanctions morales. Il veut vous persuader de l'existence d'une faute de comportement, comme lorsqu'un père manipulateur dit à ses enfants: «Chaque fois que vous partez, votre mère grossit!» Face à la culpabilisation, votre arme de défense consiste systématiquement à remettre en question le lien de cause à effet. Vous obliger à réagir comme il le souhaite est le but de celui qui vous manœuvre. Démontez les cas de double contrainte et demandez-lui alors ce qu'il préfère. Que cela soit dit clairement une fois pour toutes. Cela ne signifie pas pour autant que vous êtes obligé de répondre par l'obéissance au choix de l'autre. Cette confrontation au paradoxe n'est là que pour faire repérer au manipulateur l'illogisme du problème et lui imposer une position claire. Cette démarche vous permet également de lui montrer que vous n'êtes pas dupe et qu'il ne peut vous manœuvrer à sa guise. La rationalité est notre principal outil de défense. Dans la dernière partie de cet ouvrage, on apprendra à bien se servir de cet outil afin de contrer la manipulation.

CHAPITRE 5

Le manipulateur et la responsabilité

La démission

La démission face aux engagements, aux promesses et aux tâches incombant à son rôle spécifique (professionnel, parental) est fréquente chez le manipulateur. En se démettant de ses responsabilités, il les reporte sur autrui ou sur un système (société, loi, entreprise, supérieur hiérarchique, etc.). Malgré les apparences, il craint d'endosser ses responsabilités.

La manipulatrice que connaît Céline utilise son pouvoir de décision à des fins personnelles. Céline est surveillante dans un hôpital et relate son entrée en fonction dans un service de chirurgie. Le premier jour, elle a rendez-vous avec Mme M., l'infirmière en chef. Céline raconte: «Je suis seule dans le hall. Mme M. se dirige vers moi. Je m'avance vers elle pour la saluer mais elle m'ignore, le regard fixe. Malgré notre entretien de la veille, en tête-à-tête, elle ne semble pas m'avoir reconnue. Je m'avance alors un peu plus, mais elle m'évite à la manière d'un obstacle qu'elle contourne, pour aller s'enfermer dans un bureau dont elle claque la porte (vous reconnaissez ici l'évitement du regard et l'ignorance). Stupéfaite, je me demande si je ne vais pas me diriger aussitôt vers le bureau du personnel pour refuser le poste qui vient de m'être proposé. Après une demi-heure d'attente, la porte s'ouvre et Mme M. s'avance vers moi… *souriante,* comme si de rien n'était: «J'ai à peu près fini ce que je voulais faire… mais je compte sur vous *pour me soutenir.* » Puis elle enchaîne: «Je vais vous confier à Mme Untel pour vous expliquer le service, mais vous *comprenez bien* que moi je *n'ai pas le temps*; d'ailleurs, ajoute-t-elle, vous êtes une ancienne et l'on m'a dit que vous aviez l'habitude… »

Mme M., par sa fonction, a la charge de présenter le service à Céline, nouvelle responsable de l'équipe. Sous prétexte d'être débordée de travail, Mme M. se démet de ses responsabilités auprès d'une autre collègue et de Céline elle-même, puisqu'elle lui dit qu'elle est assez expérimentée pour se débrouiller. Quelque temps plus tard, Céline repère chez Mme M. de nombreuses «démissions» face à ses responsabilités; notamment le jour où Céline revient d'un mois de vacances:

«Je n'ai pas le temps de vous faire le rapport, car je dois partir au plus tard à 16 h», déclare Mme M.

Céline la retrouve à 19 h 30 en train de bavarder dans un bureau!

Une autre fois, à Noël, Mme M. s'absente pour les fêtes et confie le service à Céline sans aucune consigne. Les horaires n'ont pas été planifiés puisqu'un agent doit venir travailler avec son enfant le jour de Noël, alors qu'une jeune collègue sans enfant se retrouve libre ce jour-là!

Une autre fois, Céline s'apprête à gérer les rendez-vous de Mme Dupont (une patiente) avant une prochaine intervention chirurgicale. Mme Dupont doit reprendre un avion à 13 h ce jour-là.

«N'en faites rien, lance Mme M., je m'en occupe avec le Dr Cutter qui me l'a confiée et je l'attends personnellement.

— Très bien», répond Céline.

Mais à 11 h 30, Mme M. surgit:

«Je vous la confie», annonce-t-elle en disparaissant aussitôt!

Nous notons le caractère inattendu de la démission de Mme M. face à ses engagements. Que penser, raconte Céline, de Mme M. qui écrit et fait paraître un article sans se nommer, mais sous la dénomination : *équipe d'encadrement,* sans même prévenir les membres de ladite équipe ?

Les formes de démission face à la responsabilité sont multiples chez le manipulateur. Échapper à des entretiens ou à des réunions en est une facette.

L'évitement

Échapper aux confrontations, qu'elles soient pacifiques ou hostiles, évite au manipulateur de s'engager (réunion), de se positionner (décision), de cautionner (formation) ou de résoudre un problème (conflit).

Le manipulateur ne dit pas clairement qu'il ne veut pas se rendre à telle réunion, à tel stage de formation, à tel dîner ou à telle réception. Il a un empêchement et l'annonce (ou fait faire le message par un intermédiaire) au tout dernier moment. Le plus souvent, il arbore des excuses démontrant sa conscience professionnelle : il est pris par une tout autre tâche qu'il place en priorité. Il utilise des prétextes tantôt le *valorisant* (un intermédiaire dit : « Mme E. fait dire qu'elle ne pourra pas suivre le reste de la session, pour raison de travail : il manque du personnel à son bureau. »), tantôt le plaçant en *victime* (« Oh ! je n'ai pas pu venir à votre soirée hier, j'ai été submergée de travail. La secrétaire est partie en me laissant tout un dossier à préparer pour ce matin. Heureusement que je m'en suis aperçue à temps ! Il était 22 h quand j'ai enfin réussi à tout terminer. J'étais exténuée et je n'ai pas voulu arriver si tard, comme un cheveu sur la soupe. Vous me pardonnez, n'est-ce pas ? »).

Comment un manipulateur peut-il s'échapper de situations qui le dérangent ?

1. Il n'y va pas.
2. Il est présent les premières minutes (rendez-vous, réunion, entretien) mais part, prétextant que cela ne le concerne pas (alors que cela le concerne pleinement) ; ou bien assiste au premier jour d'un séminaire de formation mais ne revient pas le deuxième jour.

3. Il arrive systématiquement en retard et se fait donc attendre le plus souvent.
4. Il est là, mais il s'endort (insultant pour les personnes présentes).
5. Il est présent, mais se débrouille pour capter l'attention individuelle de ses voisins, sans suivre réellement ce qui se passe au sein du groupe.
6. Il reporte le sujet à plus tard : « Je n'ai pas le temps », « Laisse-moi dormir », « Ne m'embête pas avec cela maintenant, je suis fatigué », « Attends, j'écoute la radio », ou autre prétexte, pour ne finalement *jamais* aborder le sujet en question.
7. Il refuse de résoudre un conflit qui le concerne directement, puisqu'il émane d'une erreur grave causée par un de ses employés : « Je ne veux pas prendre part à vos histoires. M. Tellier ne m'en a pas parlé lui-même ! »
8. Il ne veut soudain plus continuer à parler d'un sujet avec vous : « *On* ne peut pas communiquer avec vous ! »

L'appropriation

Le manipulateur est très fort lorsqu'il s'agit de s'approprier seul les résultats positifs ou efficaces d'actions mises en œuvre par son entourage.

L'exemple suivant nous permet de comprendre avec quel aplomb certains manipulateurs peuvent réagir.

Patrick a remarqué un passage de fourmis à la cuisine de l'hôtel où il travaille. Il a donc placé des pièges adhésifs anti-fourmis. Un soir, alors qu'il se trouve seul avec son patron, M. Martial, il lui fait remarquer que l'invasion de fourmis s'est considérablement réduite. M. Martial reprend aussitôt :

« J'ai effectivement remarqué que depuis que j'ai placé les pièges adhésifs anti-fourmis, cela va beaucoup mieux. »

Outré, Patrick ne peut se retenir de lui dire qu'il les a lui-même placés. M. Martial ne semble même pas surpris d'être pris au piège de ce mensonge : « Ah ! c'est vous qui les avez placés ! » Une anecdote tout à fait analogue, à propos du réglage de la climatisation, s'est à nouveau produite avec ce même M. Martial, quelque temps plus tard.

L'appropriation de résultats positifs obtenus par les autres ne se fait pas toujours aussi ouvertement. Une directrice et fondatrice d'une société de services a été interviewée sur ce qu'elle proposait aux clients. Elle fut très fière d'annoncer un nouveau service qu'elle avait conçu *personnellement* au grand plaisir de ses clients. Quelle ne fut pas la surprise de son assistante lorsqu'elle lut cet article de magazine, tout à fait par hasard : elle seule avait conçu du début à la fin le service en question et sa directrice n'en connaissait que le nom ! À aucun moment de l'interview la directrice n'avait mentionné le travail de son équipe. Par ailleurs, elle évitait soigneusement de joindre par téléphone les clients qui la réclamaient personnellement.

Le report sur autrui

Une autre tactique du manipulateur est de reporter la responsabilité sur l'autre quand les choses ne vont pas tout à fait comme il le souhaite. Ainsi, le mari manipulateur de Vanessa n'aime pas recevoir du monde à la maison mais déclare aux amis : « On a du mal à recevoir, car Vanessa n'est libre qu'un week-end sur deux et elle a des horaires de travail compliqués. » En vérité, il lui faudrait rendre des invitations qu'on leur a faites et il n'en a aucunement l'intention.

Un manipulateur se voyant soudain déchu de son pouvoir de manœuvre sur un ami peut lui dire : « Qui t'a monté la tête ? » Celui-ci a changé d'avis et refuse une chose que le manipulateur veut lui voir faire. Ne peut-il pas envisager que son ami puisse décider seul de son propre avenir ?

Voici un autre cas de report de responsabilité. Olivier donnait un coup de main à son oncle agriculteur (manipulateur), lorsque le tracteur s'embourba sérieusement. Impossible de mouvoir le véhicule. On ne trouva aucune branche d'arbre dans la nature pour se sortir de cette situation. C'est alors qu'Olivier proposa à son oncle d'essayer de dégager le véhicule avec de vieux pneus trouvés à proximité. Il accepta. L'oncle monta sur le tracteur et commença à avancer, lorsque tout à coup, la valve d'un pneu du tracteur s'arracha. L'oncle devint furieux :

« Oh ! là ! là ! Quelle idée !... Quelle idée ! Mettre des pneus ! Regarde un peu le travail maintenant ! »

Il ne cessait de se lamenter, accusant son neveu d'avoir eu une idée stupide. Bien entendu, l'oncle ne mentionna pas qu'il avait été le seul à décider de mettre cette idée en pratique. Olivier se sentait tellement coupable qu'il était prêt à lui dire qu'il allait prendre en charge les frais de réparation !

La non-décision

Lors de réunions décisionnelles avec leurs collaborateurs, certains manipulateurs peuvent rester en retrait. Ils restent flous sans communiquer leurs opinions, ce qui leur évite de prendre une part réelle à la décision. Ils formulent alors des phrases comme « Je ne sais pas », « Vous faites comme vous voulez », « Vous savez ce que vous faites, je n'ai pas besoin de toujours décider à votre place », « Vous savez décider aussi bien que moi », ou il reste tout simplement silencieux. Si les événements rendent la décision discutable, le manipulateur se décharge rapidement de la responsabilité du problème : « Vous êtes des professionnels, oui ou non ? Vous n'êtes pas fichus de prendre la bonne décision ! » (dévalorisation, fait croire qu'ils *auraient dû* le savoir). Ou alors : « *Vous* avez fichu en l'air ce projet sur lequel j'ai tant travaillé, *vous* nous avez fait perdre notre client le plus important. » Les collaborateurs ont cependant repéré que le décideur responsable ne répondait pas à certaines questions. Prétextant de multiples rendez-vous ou une autre occupation, le manipulateur ne se rend pas disponible pour régler les difficultés. Ses collègues n'ont pas toutes les informations et autorisations indispensables pour mener à bien le travail demandé.

Collaborer avec un supérieur hiérarchique manipulateur engendre un grand stress. L'incertitude sur ce qu'il est bon de faire ou de ne pas faire devient une constante et provoque le doute quant aux capacités de chacun. Cela rappelle la situation du *double bind* (double contrainte) : si vous ne prenez pas d'initiatives ou de décisions (à la place du manipulateur), vous avez tort, vous êtes qualifié d'incapable. Mais quand vous décidez seul et que cette décision n'amène pas les résultats escomptés, vous avez aussi tort et vous donnez une occasion supplémentaire au manipulateur de vous faire croire que cela est une *preuve* de votre incapacité. Tout se joue comme si vous *deviez* avoir tout pouvoir sur les événements. Cette situation est horriblement confuse pour celui qui la vit.

L'exemple de ce mari subissant les sulfureuses manœuvres de son épouse nous le montre : celui-ci, en voiture, demande à sa femme de vérifier sur la carte la prochaine route à prendre. Elle répond :

« Je ne sais pas, moi ! C'est toi qui sais où c'est. Tu n'es pas au courant du chemin ? »

L'homme opte pour la route de gauche. La direction s'avère erronée. Sa femme s'exclame :

« Ah ! Je n'ai pas voulu le dire, mais j'étais sûre que ce n'était pas la bonne route ! J'ai préféré me taire parce que je me suis dit : "Si je parle, on va encore dire que je me suis trompée." Mais comme toujours, une fois de plus, j'avais raison ! »

Le mari a entendu cela une centaine de fois au cours de leur vie commune !

Saviez-vous qu'un manipulateur peut saboter votre processus décisionnel afin que vous obteniez de mauvais résultats ? Bien entendu, s'il fait partie de l'équipe dans laquelle vous travaillez, il tiendra un discours sur la souffrance de vous voir si minable et incapable, plutôt que d'assimiler la situation à sa propre responsabilité. Pour se décharger de toute culpabilité, il reportera la responsabilité d'une décision sur les autres (même si c'est lui qui les a fortement influencés à prendre cette décision). Il suffit pour lui de ne pas donner les informations indispensables. Il n'est pas clair, il fuit les questions, il fuit les personnes et retient les informations de son côté. Le manipulateur agit de manière que vous vous sentiez responsable des erreurs en utilisant les *croyances* mises en place depuis votre plus tendre enfance. Penser systématiquement que *vous n'auriez pas dû faire ce choix* et que vous avez donc agi *stupidement* est votre première faiblesse. Il va l'exploiter immédiatement comme s'il s'agissait d'une vérité, et va s'arranger pour entretenir le malaise. Apparaissent alors de puissants sentiments de culpabilité et de dévalorisation. Vous pouvez vous les créer tout seul ; mais ils sont indéniablement amplifiés par cet être qui insistera sur votre incompétence et votre responsabilité dans un choix qui se révèle être mauvais pour tout le monde et pour lui-même, bien sûr.

Si vous souhaitez lutter contre les manipulateurs, remettez en cause vos propres croyances. Ces fausses idées sur la responsabilité et la culpabilité vous rendent incroyablement vulnérable aux attaques d'un manipulateur. Ces idées sont le plus souvent irrationnelles. Mais vous ne le savez pas, car vous y croyez. La protection face aux manipulateurs de notre entourage implique une sérieuse remise en question de notre interprétation de la réalité. Le manipulateur est doué pour nous faire entrevoir la réalité comme il le souhaite. Si nous ne la percevons pas correctement, il réussira très facilement à le découvrir et utilisera nos propres croyances pour nous déstabiliser !

L'utilisation d'intermédiaires

Le meilleur moyen de ne pas s'engager est de se tenir loin de tout le monde. Le manipulateur qui a besoin de vous ou d'informations que vous pouvez détenir emploie des intermédiaires.

Ces intermédiaires peuvent être matériels ou humains.

Les fameux *mémos autoadhésifs (Post-it)* laissés sur votre table qui vous prient d'accomplir une tâche alors que votre interlocuteur était avec vous un peu plus tôt et était en mesure de vous parler directement, ça vous dit quelque chose ? Dans ces conditions, le manipulateur ne vous laisse aucun droit de réponse. *Faites cependant la différence* entre un message laissé dans le but de vous réduire à l'impuissance et celui qui permet une coordination efficace entre plusieurs personnes. Repérez cette nuance à travers l'exemple suivant.

Bernadette héberge depuis quelques semaines une amie manipulatrice à la recherche d'un emploi et d'un logement. La cohabitation est très mal vécue par Bernadette et celle-ci attend avec impatience le départ définitif de son amie. Enfin, le départ est prévu pour le lendemain d'un soir qu'elles passent ensemble. L'amie manipulatrice doit prendre le train à l'aube et se rendra seule à la gare pour laisser Bernadette dormir. Lorsque, le lendemain, Bernadette entre dans son salon, elle y découvre un mot de remerciements auquel s'ajoute: «Je reviens le 10 de ce mois. Est-ce que je peux venir dormir chez toi?» Bernadette se sent piégée, car cette amie n'a laissé aucun numéro de téléphone où la joindre. Bernadette va donc s'arranger pour que cette femme puisse de nouveau bénéficier de son aide, au détriment de sa propre organisation et de ses désirs. Cette demande pourtant clairement formulée ne laisse aucune possibilité à l'autre de répondre librement, voire de refuser.

Certains manipulateurs utilisent le téléphone plutôt que le face-à-face dans les mêmes circonstances. Un grand nombre d'entre nous, mal à l'aise au téléphone et plus influencés par la manipulation, vont tendre à répondre sans réellement réfléchir.

Cependant, l'intermédiaire le plus courant reste le collègue de travail, le conjoint, l'ami ou un membre de la famille.

À son insu, le messager devient «responsable» de ce qu'il transmet. Malgré l'illogisme de ce phénomène inconscient, cela se passe comme si l'intermédiaire cautionnait le message du manipulateur de par la tâche qu'il accomplit (il est lui-même manipulé le plus souvent). C'est, pour le manipulateur relationnel, un excellent moyen pour, d'une part, dévier symboliquement sa propre responsabilité et, d'autre part, empêcher le récepteur de refuser. L'exemple que nous rapporte Patrick a été choisi parmi des dizaines d'autres.

Patrick est un employé d'hôtel dont les propriétaires, M. et Mme Martial, dont nous avons déjà parlé, sont tous deux manipulateurs. Patrick fait part à M. Martial des dates de ses congés d'été, mais son patron lui dit qu'il va prendre un temps de réflexion pour étudier au mieux sa demande. Rendez-vous est pris pour le surlendemain. À l'heure prévue, M. Martial est absent mais il a laissé une lettre pour Patrick. Les dates de congés sont acceptées mais Patrick réalise rapidement que deux journées fériées travaillées ne lui sont pas rémunérées. Il existe un litige que l'employeur manipulateur ne tient pas à affronter directement. C'est une pratique très courante chez ses patrons. Patrick ajoute à l'anecdote que M. Martial prétextait un temps de réflexion injustifié et d'autant plus inutile qu'il savait que Patrick bénéficiait de réductions importantes sur ses trajets d'avion lorsque les réservations étaient faites tôt. « M. Martial aurait pu me faire signer n'importe quoi, sachant cela ! » se souvient Patrick.

Chapitre 6

Le manipulateur et la communication

J'entends régulièrement, à propos des manipulateurs, des gens exprimer des sentiments tels que: « Il n'y a qu'avec lui que je n'arrive pas à communiquer », « Rien n'est clair avec lui, il faut tout deviner ! », « Il dénature les choses et joue avec les mots... C'est très déstabilisant. À quoi cela lui sert-il ? », « Il détourne la communication de son vrai but et fait croire que c'est moi qui communique mal ! ».

Le manipulateur ne communique pas de façon claire et directe ses besoins, ses demandes, ses sentiments ou ses opinions. Pourtant, nous avons l'impression qu'il passe son temps à nous communiquer ses propres besoins, ses jugements sur nous et sur autrui, et ses opinions sur le monde (à l'exception du manipulateur « timide »). La plupart du temps, nous *décodons* ses formules verbales et l'aspect non verbal (ton de la voix, mimiques, regards, attitudes, etc.) de ses messages. Nous devinons ce qu'il veut dire, soit parce que l'aspect non verbal nous indique la teneur du message, soit parce qu'à force de le côtoyer nous percevons un deuxième discours se situant derrière le premier. Par exemple, il boude sans nous adresser la parole depuis des jours (but : nous culpabiliser) mais nous jure qu'il ne nous fait pas la tête !

Une des caractéristiques inhérentes au manipulateur est l'absence d'une communication simple et saine avec autrui. Les dialogues composés d'une écoute respectueuse existent rarement chez lui, sauf s'il a quelque chose à y gagner. Ses idées sont arrêtées comme s'il s'agissait de vérités universelles. Le manipulateur est habile à faire glisser un propos du particulier au général. Son discours semble logique mais il s'appuie le plus souvent sur une croyance ou un postulat erroné. Une fois les arguments avancés, nous oublions de revenir à la base même du problème. Nous voilà alors embarqués dans des discussions qui n'ont aucun sens, malgré l'apparence. Il n'y a donc pas de véritable communication avec lui, et plusieurs observations à son sujet aboutissent à cette conclusion. Pour les gens de son entourage, la mauvaise communication devient un problème dérangeant, car les conséquences peuvent être graves.

Opacité

Avant d'aborder les mécanismes d'une mauvaise communication, il est important de définir brièvement les critères d'une bonne communication.

Un émetteur envoie un message à un récepteur. L'émetteur est porteur d'une intention appelée « A ». Le but de l'émetteur est en général de bien se faire comprendre. Il fait alors en sorte que le récepteur reçoive correctement le message « A » correspondant à son intention. Dans un premier temps, la bonne communication va dépendre de l'expression du message par l'émetteur. Le message est souvent véhiculé par un contenu sous forme de mots et de phrases, mais il peut aussi être capté par le non-verbal : le ton de la voix, l'attitude du corps, le regard, etc. Le message s'entend par l'enchaînement des mots les uns par rapport aux autres et par la signification à laquelle il se rapporte. L'intention, quant à elle, reste toujours mentale et interne à l'émetteur. Si le message énoncé ne correspond pas à l'intention (par exemple : intention A et message B), il y a eu interférence de la part de l'émetteur. Ces interférences appelées *parasites* ou *filtres* sont : l'anxiété, les émotions, les expériences passées, les préjugés, la culture et, bien entendu, le *manque de clarté.* Si l'émetteur domine la présence éventuelle de ces filtres, il exprime un message clair pour le récepteur. Ce dernier reçoit effectivement le message A. *La bonne communication est celle où l'effet perçu par le récepteur correspond à l'intention émise.* Si ce n'est pas le cas, le filtre vient de l'émetteur, comme nous l'avons vu, ou du récepteur (manque d'écoute, interprétations, émotions, préjugés, etc.), ou des deux interlocuteurs en même temps.

Rappelons que toute émission non claire d'un message ouvre le champ à l'interprétation. Prenons le cas où l'intention s'exprime mal. Le refus de communiquer (ne pas parler ou ne pas répondre) est en fait une sorte de communication. Il revient au récepteur de décoder cette forme de communication parallèle. Le manipulateur peut fort bien choisir de passer sous silence une partie de la réalité. Comme ce silence peut lui servir, lors d'une réunion, pour ne pas prendre position. Les autres décident et il n'est plus responsable des éventuels dégâts. Par contre, si les résultats sont concluants, il justifiera son silence, lors de la décision finale, par la confiance qu'il leur témoignait alors et, bien entendu, signifiera son accord. Exemple : « Nous avons bien fait de ne pas attendre, je savais que nous réussirions. » Le silence et le flou peuvent donc lui permettre, quand cela s'avère utile pour lui, de modifier ses attitudes, ses prises de positions ou ses opinions en fonction de la tournure des événements.

La seule manière de bien communiquer pour chacun d'entre nous est donc de clarifier notre message pour que l'effet ressenti chez notre interlocuteur soit égal à l'intention émise. Être clair, c'est être clair *d'emblée.* Une personne s'exprimant de manière claire n'appelle pas des questions supplémentaires. Être clair, c'est dire où, qui, quoi, quand, combien, comment ; et éventuellement le pourquoi de la demande, de l'explication ou de la consigne s'il s'agit de donner une consigne à des collègues ou à des subordonnés. Toutes les informations nécessaires doivent être soumises d'emblée pour qu'il n'existe aucun quiproquo, aucune mauvaise interprétation possible. Le but est de bien se faire comprendre pour que l'efficacité soit *optimale.* Si une information manque, les questions de base s'imposent : « D'accord, mais *où* dois-je la trouver ? », « *Pour quelle heure* exactement en avez-vous besoin cet après-midi ? », « De *combien* de personnes avez-vous besoin pour préparer la salle ? », « De quel fils parlez-vous ? », etc. Ce type de questions sert à éviter l'interprétation. La demande de clarification part d'une intention saine, dans le but d'une plus grande efficacité ou compréhension. Elle sert aussi à préciser la demande pour que vous puissiez être libre de prendre une décision appropriée, pour vous également.

Certaines personnes s'exprimant de manière floue peuvent mal comprendre votre souci de clarification, et s'en trouver irritées. Les manipulateurs en font partie. En agissant ainsi, vous leur enlevez une arme usuelle et les obligez à se positionner clairement. La manipulation fonctionne quand elle opère dans le domaine du mystère. Lorsque vous demandez un complément d'informations, le manipulateur peut réagir de manière ironique et vous donner l'impression que votre question est idiote. Il vous rétorque que cela est *évident.*

Dans le registre de l'opacité, il existe une technique qui consiste à *ne donner qu'une partie de l'information dans le but « d'accrocher » l'interlocuteur.* Une ancienne relation de Frédéric lui téléphone après 10 ans de silence. Cet ancien collègue doit se rendre à Paris et espère pouvoir le rencontrer. Il ajoute qu'en plus il aimerait lui parler d'une proposition de travail. Frédéric, intrigué, *ne parvient pas à en savoir plus au téléphone.* Lorsque l'ami arrive, il répète le mot « affaire » sans en dévoiler l'objet. La situation énigmatique met l'eau à la bouche de Frédéric, au point que celui-ci le conduit partout en voiture : l'ancien collègue va chercher diverses personnes impliquées dans l'*affaire.* Après maintes manœuvres, le but apparaît : introduire Frédéric dans un système de vente pyramidale dont l'ex-collègue (soudain sorti de l'oubli pour devenir un *ami)* est responsable de réseau. Ce système consiste à *parrainer* des futurs vendeurs qui vont générer un chiffre d'affaires sur lequel le *parrain* prélève un pourcentage.

La démarche manipulatrice de ce type d'*affaires* est passionnante à décrypter. L'histoire entière vécue par Frédéric nous l'aurait bien représentée si cela avait été le sujet précis de cet ouvrage. Des livres et des articles complets ont été consacrés à cet embrigadement massif. Vous pouvez inclure les récits relatifs aux sectes, bien entendu. Après s'être fait dire: « Si on te contacte, c'est pour ton bien! » (et le leur?) et avoir longuement hésité, Frédéric analyse son sentiment mitigé d'attrait et d'inquiétude et décide, soulagé, de se retirer de l'*affaire*.

Voici un second exemple de manque de précision volontaire.

M. Martial, directeur d'hôtel, manipulateur et employeur de Patrick, demande à ce dernier de prendre la clé de l'armoire privée pour y chercher des formulaires. M. Martial ne veut généralement pas qu'on ouvre l'armoire et garde souvent la clé sur lui ou dans des endroits divers. Patrick lui demande donc:

« Où vais-je la trouver?

— *À sa place* (réponse floue).

— Je ne sais pas où est sa place.

— *Depuis combien de temps travaillez-vous ici,* Patrick? (déplacement du sujet, culpabilisation).

— Vous ne voulez pas qu'on y touche, donc je n'utilise jamais la clé.

— *Eh bien! vous devriez être au courant quand même. »* (double contrainte).

Sur ce, M. Martial ouvre un tiroir d'où il sort une petite clé sur laquelle ne figure aucune indication.

Dans ce dialogue, interviennent le manque de clarté, la culpabilisation de ne pas être au courant d'une chose tenue secrète jusque-là, et la notion de double contrainte (deux messages contradictoires: la cachette de la clé est tenue secrète de tous, mais en même temps il *devrait savoir* où elle se trouve!).

Le manipulateur reste souvent flou pour:

1. Ne pas se sentir coincé ni découvert.
2. Se donner une forme d'autorité et donc faire croire qu'il sait mieux que les autres.
3. Nous laisser interpréter de manière à changer d'opinions.
4. Nous dévaloriser si nous nous trompons.
5. Se déresponsabiliser.
6. Séduire par le mystère (cela en fait fantasmer certains, il est vrai).

Comment procède-t-il ?

A. Le manipulateur *ne complète pas ses phrases* ni sa pensée de manière à nous laisser imaginer le reste. Si vous exprimez tout haut votre interprétation, il peut ainsi vous dire qu'il n'a jamais dit cela ! Voici un exemple extrait du film *Une étrange affaire.*

Un jour, un chef du personnel présente les membres du service de la comptabilité au nouveau directeur d'un grand magasin (manipulateur).

« Voici M. Josse, Mme Ditou et Mme Lamarque.

— Vous êtes trois à la comptabilité ? » s'exclame le directeur, sans rien ajouter.

Que signifie exactement cette remarque ? est-ce trop ou pas assez ? Il crée le doute et le malaise, si bien que personne n'ose lui répondre.

B. Le manipulateur utilise *des mots vagues à significations multiples.*

« Tu ne trouves pas que ton mari est *bizarre* parfois ?

— Bizarre ? Que veux-tu dire par là ?

— Bizarre ! Que veux-tu que je te dise de plus ? Je ne sais pas... Il est bizarre.

— Non, je ne vois pas.

— Eh bien ! tu ne t'en rends pas compte... »

Le caractère équivoque du mot employé est suffisant pour attiser l'intérêt dans un premier temps, puis la suspicion et le malaise dans un second temps, puisque le mystère reste entier. Le *non-dit* crée alors le trouble et la réflexion. Et puisque cela n'est toujours pas explicite, il y aurait donc du négatif à camoufler ! (interprétation naturelle). C'est alors que commence une observation soutenue du sujet suspecté (ici, c'est le mari ; cela pourrait être une bonne collègue ou une amie). Mais cette observation sera teintée d'attentes plutôt négatives, à la recherche du défaut démontrant bien qu'il peut être perçu comme *bizarre.* Doit-on ajouter que cet aspect du manipulateur lui permet de créer la zizanie entre les membres d'un groupe uni ?

L'amie d'enfance de Sylvie ne donne plus beaucoup de nouvelles depuis quelques mois. Sylvie s'en inquiète auprès de sa mère (manipulatrice qui a 29 caractéristiques sur 30) :

«Je me demande bien pourquoi Agnès ne vient plus me voir et qu'elle préfère me téléphoner.

— Tu lui as peut-être *fait quelque chose…* »

La mère, manipulatrice, s'est exprimée d'une manière qui laisse entendre qu'elle sait quelque chose (intonation, regard et attitudes). En restant évasive, elle crée le doute et la culpabilité chez Sylvie. Cette dernière ne réalise pas que sa manipulatrice peut, tout naturellement, inventer une raison. Pourquoi ? La mère et l'amie d'enfance se connaissent depuis 20 ans. Il s'avère, au bout de quelques mois d'anxiété et de questionnements pour Sylvie, que son amie n'a aucun grief contre elle, mais qu'elle traverse une passe professionnelle difficile. De nombreux petits voyages d'affaires expliquent la diminution de ses visites. Sylvie nous fait remarquer qu'au moment où elle expose la question à sa mère, elle se trouve inquiète mais sans exagération. Une amitié de 20 ans ne disparaît pas d'un seul coup. Mais lorsque la manipulatrice intervient, son inquiétude, qu'elle cotait à 25 p. 100, approche alors des 90 p. 100 ! L'intervention de la manipulatrice a provoqué un regain d'anxiété au lieu d'un sentiment de soulagement. Si l'on faisait remarquer cet état de choses à la manipulatrice elle-même, celle-ci s'en défendrait immédiatement : «Mais il ne s'agit que d'une question ! Je n'ai pas dit que c'était cela ! »

En restant suffisamment équivoque sur le plan verbal, le manipulateur a le loisir de changer facilement son intention. À la moindre réaction, il devient la personne la plus bienveillante qui soit ! Il est difficile pour la victime de détailler l'aspect non verbal apparaissant simultanément, pour expliquer la raison de son malaise. Tout le monde peut réfuter ses observations, car il n'y a plus de trace de manipulation.

Le directeur général d'un grand magasin, auquel nous faisions référence plus haut, nous donne également un exemple du même ordre. Celui-ci s'adresse à la femme de son collaborateur, Louis :

Le directeur : «Vous avez des enfants ? »

La femme : «Non. »

Le directeur : «Vous devriez avoir des enfants… Après *il peut arriver n'importe quoi !* »

Louis et sa femme se regardent avec malaise, incapables de réagir à ce que l'on ne peut comprendre de façon certaine.

C. Le manipulateur peut aussi s'exprimer avec un *jargon spécifique* ou professionnel face à des interlocuteurs qui ne peuvent pas tout comprendre (les intérêts ou les professions peuvent être différents). Toute la panoplie des noms propres, des lieux, des sigles spécifiques et peu connus, des termes médicaux compliqués, des termes boursiers non explicités, etc., fait partie du jeu. Le jeu consiste donc à ne pas être compréhensible. En tant qu'interlocuteur, nous avons la conviction qu'il sait beaucoup de choses et qu'il est très cultivé. Le manipulateur se donne la sensation d'en savoir plus que ses interlocuteurs, mais il est le plus souvent dans un monologue qui ne profite qu'à lui-même.

Si vous l'interrompez pour lui demander des précisions sur *ce fameux Héraclite* ou sur ce que représente cette date si particulière de 1682, attendez-vous à ce qu'il s'étonne ouvertement de votre ignorance :

«Vous ne savez pas qui est Héraclite ?

— Non.

— Non ?

— Non.

— Vous n'avez jamais entendu parler d'Héraclite ?

— Peut-être, mais je n'y ai pas prêté attention.

— Cela m'étonne tout de même !

— ...

— C'est vrai qu'on n'apprend plus rien à l'école ! Héraclite, le grand Héraclite, est un philosophe qui a vécu 500 ans avant Jésus-Christ, mais qui est aussi connu que Socrate ! »

Autrement dit, vous auriez dû le savoir ! L'effet est encore plus saisissant si cela se passe en public.

Ne nous vexons pas de ces manœuvres ; le manipulateur a le talent d'être très flou sur les thèmes que peu de gens connaissent. Que vous ne sachiez pas qui est Héraclite est tout à fait normal, mais le manipulateur tente de vous faire croire l'inverse. Il vous remet ainsi personnellement en cause, même s'il semble attaquer la pauvre société dans laquelle nous vivons (dans ce dialogue, c'était l'école).

Les gens n'osent pas poser de questions en groupe. La preuve sociale vous convainc que si personne n'intervient, c'est que tout le monde comprend... sauf vous! En vérité, peu de gens sont capables de suivre une conférence, un article ou un ouvrage jusqu'au bout s'ils sont truffés de concepts trop abstraits. À plusieurs reprises, j'ai testé la réaction de stagiaires et de patients en leur faisant une simple lecture du résumé d'un livre (que je lisais d'une voix très sérieuse). J'avais acheté ce livre par correspondance et *a priori* le titre m'intéressait. J'eus la mauvaise surprise de ne pas y trouver ce que je cherchais et, surtout, de n'y rien comprendre: chaque phrase était une énigme! À la fin de la lecture, les gens étaient impressionnés par la teneur du discours et s'interrogeaient sur leurs propres facultés de compréhension. Presque tous se sentaient idiots de ne pas avoir compris. Ils ne remettaient pas l'auteur en question mais doutaient davantage de leur niveau d'intelligence! Vous constatez comme il est facile, en utilisant un jargon savant, de vous faire douter de vous. De plus, un pourcentage important d'entre vous seraient à la fois mal à l'aise et séduits par un émetteur si... intelligent et cultivé!

Un professeur de théâtre profite largement de sa position pour écraser, «casser» les élèves de sa classe. Ces élèves ont entre 20 et 32 ans. Les caractéristiques de sa personnalité sont celles d'un manipulateur. Il va jusqu'à faire faire ses courses de cigarettes et de boissons par certains élèves. Voici une anecdote en rapport avec le thème de ce chapitre:

Au tout début d'un cours, il se tourne vers une nouvelle élève et lui dit:

«Vous m'apporterez un caprice.

— Un caprice?

— Oui, un caprice.

— Un Caprice des dieux*, un caprice... c'est quoi votre caprice?

— Vous ne savez pas ce qu'est *Un caprice*? De qui c'est?

— Non.

— Mais on va voir cela.»

---

* Marque de fromage.

Puis, s'adressant à tous les élèves:

«De qui est *Un caprice*?»

Personne ne répond.

«Vous ne savez pas qui a écrit *Un caprice*? On aura tout vu! C'est Alfred de Musset!»

Il se retourne alors vers l'élève et répète avec une attitude désolée:

«C'est donc Alfred de Musset, si vous ne le saviez pas!

—Vous savez, je sais beaucoup d'autres choses. Maintenant, je le sais. Et puis... je suis là pour apprendre», répond calmement l'élève avec un large sourire.

Constatez la confusion d'une telle phrase: le professeur n'a pas fait d'arrêt signalant un titre entre «vous m'apporterez...» et «... un caprice». Cela aurait pu être le fameux fromage ou un vêtement ancien dont la dénomination n'est plus usuelle. Qu'est-ce qui empêchait cet homme de dire d'emblée: «Vous m'apporterez le texte de la pièce *Un caprice,* d'Alfred de Musset, s'il vous plaît.» Comprenez bien qu'avec une demande aussi claire, il ne peut plus jouer et se moquer de l'ignorance des autres. Il a eu besoin de dévaloriser 25 personnes pour, en contrepartie, valoriser sa propre personne. Il fait croire aux autres qu'ils doivent tout savoir. Tout en espérant qu'ils ne sachent pas. L'élève prise à partie lui a simplement et calmement rappelé qu'une lacune littéraire ne signifie en rien un manque de culture générale. À chacun son métier. De plus, la logique veut que des élèves apprennent au fur et à mesure de leurs années d'études, et ne sont donc pas censés tout savoir dès les premiers mois.

Si la communication ne sert plus à informer correctement le récepteur, alors à qui cela profite-t-il?

Les demandes détournées

Le manipulateur ne fait pas de demandes claires, nettes et précises. Il se débrouille pour qu'il nous soit difficile de refuser ou de nous dérober.

«Qu'est-ce que tu fais en fin de semaine?

—Je ne sais pas encore.

— Oh! ça tombe bien, dis donc! On déménage justement en fin de semaine et on a besoin de nos bons copains pour nous donner un coup de main.»

Autre exemple:

Une manipulatrice à sa sœur:

«Tu prends ta voiture samedi matin? (question manipulatrice, demande non claire).

— Non, je ne crois pas.

— C'est bon alors, tu pourras me la laisser!

— Ça ne m'arrange pas vraiment, parce qu'il est possible que j'aille faire des courses au supermarché.

— Eh bien! ça tombe pile. J'en ai besoin pour y faire toutes les courses du mois et, surtout, pour acheter le vélo de ton neveu. Depuis qu'il a vu celui de ton fils, il en réclame un aussi. Tu sais comme je suis, je ne peux pas le lui refuser. Il m'a harcelée toute la semaine, donc, il est temps que je le lui achète, tu comprends?

— Oui.

— Si tu veux, on y va toutes les deux. Ce sera plus sympa. Tu passes me chercher, d'accord!?

—…»

Il ne demande pas. Il impose. Et ce, de manière intelligente puisqu'il commence par poser une question. Le récepteur pressent une demande. Ensuite, le manipulateur utilise sa logique pour coincer l'interlocuteur. Nous verrons plus loin comment ne pas se laisser piéger ainsi par un manipulateur. Attention, un bon nombre d'entre nous souhaitent inviter leurs amis à dîner et le demandent d'une façon peu claire également:

«Que faites-vous samedi soir?

— Rien de spécial.

— Très bien. Voulez-vous venir dîner à la maison?»

Par habitude, par rituel des dîners chez les uns et les autres, vous pouvez très bien percevoir sous la question «Que faites-vous samedi soir?» l'invitation à dîner. Il n'y a pas de manipulation. Cependant, nous installons ici un système de cause à effet pas toujours pratique à détourner pour notre interlocuteur: ce n'est pas parce qu'ils ne font *rien de spécial* samedi soir qu'ils peuvent, veulent ou doivent venir à la maison, même pour dîner. Il ne leur reste qu'à refuser poliment l'invitation s'ils ne souhaitent pas venir. Mais la démarche telle qu'elle est décrite plus haut rend la tâche moins facile. Il est donc plus souhaitable de faire une demande directe :

« Dis-moi, on fait un dîner à la maison samedi soir, avec un autre couple d'amis, vous pouvez venir ? »

Ou bien :

« Allô ? C'est Georges. Bonsoir. Martine et moi aimerions vous avoir à dîner ce samedi, est-ce possible ? »

Au début de ce chapitre, j'ai expliqué qu'être clair consiste à donner immédiatement toutes les informations utiles. Savoir demander veut dire, en bonne communication et lorsque nous sommes affirmés, demander clairement d'emblée. Voici une demande typique des manipulateurs :

« Tu ne travailles pas samedi ?

— Non.

— Tu peux m'accompagner à l'aéroport ?

— Oui, à quelle heure ?

— Mon avion part pour New York à 7 h 30.

— Du matin ? !

— Oui, bien sûr !

— Ça fait tôt.

— D'accord ?

— Bon, ça ne m'arrange pas, mais c'est d'accord.

— O.K., passe me chercher à 5 h 10.

— Attends, pourquoi 5 h 10 ?

— Parce que je vais à New York !

— Je ne vois pas le rapport.

— Mais enfin, il faut être à l'aéroport deux heures avant, *tu sais bien*. Et encore, *tu* as de la *chance* : il y a certaines compagnies qui demandent à ce qu'on soit là-bas trois heures à l'avance !

— Mon Dieu, ça fait vraiment tôt. Surtout que je suis fatigué de ma semaine et...

— Eh bien ! tu dormiras dimanche ! Tu es jeune, toi ! Allez, tu es sympa. Je ne pars pas à New York toutes les semaines quand même.

— Non heureusement. Bon, à samedi 5 h 10 chez toi. O.K. »

Le dialogue semble simple. Mais il n'est pas vraiment banal si nous prenons le temps de détailler les processus mis en jeu ici.

Premièrement, la première question est fermée et la réponse est déjà connue du manipulateur (sinon, il l'aurait formulée de façon positive: «Est-ce que tu travailles samedi?»). Une question fermée amène une réponse unique, courte comme «oui» ou «non» et non développée. Une question ouverte, au contraire, permet à celui qui y répond d'amener un développement et des nuances de point de vue.

Deuxièmement, la deuxième question est une demande évasive. L'interlocuteur sans méfiance y répond positivement et donc s'engage. Ce n'est qu'au fur et à mesure que nous découvrons les éléments manquants: *quand* (heure de départ et donc heure de lever)? Ces notions supplémentaires changent du tout au tout les données du problème. L'interlocuteur aurait sans doute refusé s'il en avait été informé dès le début. Le manipulateur le sait et c'est la raison pour laquelle il ne dévoile pas tout. Il laisse son interlocuteur s'engager. Des études ont prouvé qu'il est difficile de se désister lorsqu'on s'est engagé, même si les données sont inverses aux éléments qui nous ont poussés à promettre quelque chose à quelqu'un. Le manipulateur n'a pas besoin des résultats d'études scientifiques pour le savoir intuitivement. Savoir refuser est un comportement affirmé. Il est indispensable de savoir refuser malgré les pressions psychologiques d'un manipulateur.

Pour terminer, voici des demandes mal formulées par un manipulateur et cependant entendues par ses interlocuteurs au niveau de leur subconscient. Les interlocuteurs (dans les trois exemples qui suivent) sont absolument convaincus que le manipulateur ne leur a rien demandé, mais qu'ils ont offert leurs services ou ont agi *de leur propre initiative*!

«Vous fumez?» demande Michel à Louis, son nouveau collaborateur.

Louis sort alors immédiatement son paquet de cigarettes pour lui en offrir une. La vraie demande n'a jamais été faite. Louis a compris et se précipite pour faire plaisir à Michel, son patron en l'occurrence. (Exemple issu du film *Une étrange affaire*.) Ce dernier aurait dû poser une deuxième question : « Est-ce que je peux vous demander une cigarette ? »

Sylvette, 37 ans, relate une stratégie courante chez sa sœur manipulatrice. Celle-ci, que l'on appellera Jeanne, vient d'avoir un petit accident de voiture. Sa voiture est hors service. Elle appelle chez son frère de un an son aîné. Cependant, elle commence par parler à son frère cadet âgé de 14 ans. Jeanne suggère ensuite à son jeune frère de demander au plus grand de prendre l'écouteur s'il le souhaite afin de pouvoir suivre la conversation. Ce que le frère aîné fait. Jeanne continue sa conversation avec le jeune garçon, mine de rien : « Ma voiture a été abîmée. Je ne sais pas quoi faire, j'ai besoin d'aller travailler et je n'ai pas assez d'argent pour la faire réparer tout de suite… » Elle est en train de poursuivre sa conversation de tout à l'heure avec son frère cadet quand l'aîné, exaspéré, prend le combiné et lui dit :

« Mais qu'as-tu ? Tu as vraiment un problème ? Si c'est le cas, tu me demandes la voiture. Je peux te la prêter, ça ne me pose pas de problème.

— Non, je n'ose pas utiliser ta voiture ; j'aurais trop peur de l'abîmer, et puis je n'ai pas l'habitude de conduire des grosses voitures et…

— Mais tu as quand même un certain nombre d'années de pratique, donc je pense que je peux te faire confiance. Si tu prends ma voiture, j'en prends la responsabilité.

— Oui, mais je ne voulais pas te l'enlever, ce n'est pas moi qui te la demandais. C'était juste un peu pour parler… Pour vous faire part de mes problèmes. Enfin, si tu pouvais me la prêter, ça me dépannerait bien. Bon alors, c'est convenu ! »

But atteint !

Patrick raconte qu'un soir, à la réception de l'hôtel où il travaille, son employeur M. Martial passe devant le comptoir et dit suffisamment fort :

« Il me faudrait trouver quelqu'un pour faire le bricolage. »

Or le C.V. de Patrick (que M. Martial a parcouru avant de l'embaucher) montre clairement que Patrick aime le bricolage. M. Martial ne lui demande rien directement : il laisse Patrick se proposer de lui-même. C'est ce que fait Patrick, heureux de relever le défi et de rendre service.

Prêcher le faux pour savoir le vrai

La tactique qu'utilise le manipulateur pour obtenir sournoisement des informations sur vous ou votre entourage relève carrément de l'art. L'art de noyer le poisson. Prêcher le faux pour savoir la vérité est une des techniques de manipulation les plus notoires.

La pratique la plus courante consiste à *poser une question incluant un élément erroné.*

Exemple : une voisine d'immeuble vous rencontre dans le hall et vous dit : « Vous venez d'arriver ? C'est vous qui êtes juge ? » Elle parie sur un élément qui va vous faire réagir : « Non, pas du tout. Je suis comptable. »

Elle repart avec une information que vous ne lui auriez pas donnée spontanément ou qu'elle n'aurait pas osé vous demander directement. Votre réaction est toujours très rapide et c'est la raison pour laquelle vous rétablissez la vérité. C'est une forme de justification qui vous met plus à l'aise qu'un simple « Non. Ce n'est pas moi. »

Prêcher le faux pour savoir le vrai évite à la personne de poser clairement une question (exemple : « Quelle profession exercez-vous ? ») et lui donne l'impression d'exercer un pouvoir sur autrui : elle sait des choses à son insu.

Voici une histoire de « poisson noyé » dans un bain de… complicité :

M. Martial, patron d'hôtel et manipulateur, s'adresse avec un ton étrangement complice (modification de l'aspect non verbal habituel) à son veilleur de nuit Patrick.

« Cyril nous demande une augmentation parce que vous lui avez dit que vous étiez mieux payé ! Ma femme voudrait vous voir. Il aurait mieux valu que cela reste entre nous… »

Cette fois-ci, aucune agressivité ne transparaît. Il tente au contraire de créer un climat de confiance. Dans les dix minutes qui suivent, Mme Martial et Patrick discutent dans le salon à propos de la réclamation de Cyril. En fait, elle fait glisser le sujet afin de savoir si Patrick travaille dans un autre établissement. Clairvoyant, Patrick déjoue le problème. Plus tard, celui-ci demande à son collègue Cyril s'il leur a parlé de salaires. Cyril nie avoir jamais abordé ce sujet avec ses patrons !

Nous constatons à travers cette anecdote que le manipulateur sait installer une forme de complicité pour diminuer la vigilance de l'interlocuteur. Il *peut mentir* pour camoufler le problème qui le tourmente. La tactique est plus sophistiquée que le simple élément erroné introduit dans une question. L'interlocuteur ne soupçonne pas le mensonge et, sans méfiance, donne des informations apparemment *accessoires.* Noyées au milieu d'autres considérations, elles sont en fait le *principal* objet d'intérêt du manipulateur.

Jusqu'où va un manipulateur comme M. Martial pour camoufler ses intentions ? L'histoire suivante nous montre une voie intéressante :

Un employé de l'hôtel se sert du whisky au bar en cachette et remet du thé dans la bouteille pour compenser le niveau. Un collègue fait remarquer discrètement à Patrick que le liquide est trouble et dévoile le nom du fautif. Un soir, M. Martial arrive et s'exclame : « Ah ! J'aurais envie d'un whisky ! Vous me le servez ? » Patrick comprend aussitôt où M. Martial veut en venir, car d'habitude celui-ci se sert seul. À peine Patrick a-t-il pris la bouteille, que M. Martial lui fait remarquer l'aspect trouble du liquide. Il lui demande s'il s'en était aperçu. Patrick feint l'ignorance et prend une seconde bouteille pour comparer. M. Martial goûte une gorgée de chaque bouteille qu'il recrache. Il n'a, semble-t-il, aucune envie de boire un verre de whisky, quelle que soit la bouteille. Le manipulateur recherche dans la réaction de Patrick des indices de gêne ou de culpabilité. Il fait mine de n'avoir rien remarqué par lui-même pour prendre Patrick à témoin d'une malversation dont il pourrait même l'accuser. Il tenait à vérifier l'état émotionnel de Patrick en découvrant par *inadvertance* le méfait.

Un jour de dispute, ce même manipulateur tint les propos suivants à Patrick :

« Vous savez, il y a un proverbe qui dit : "Pour faire parler l'âne, il s'agit de lui donner du son !" » En fait, le vrai proverbe est :

«Faire l'âne pour avoir du son.» Ce qui veut dire qu'il faut faire l'imbécile pour obtenir une information utile. Constatez que le manipulateur ici modifie le proverbe pour traiter l'autre d'âne puisqu'il se fait piéger.

Une chose est sûre: extorquer des informations en prêchant le faux est d'une extraordinaire efficacité. Soyez vigilant!

Les réponses évasives

Laurence et sa collègue Delphine (manipulatrice) sont vendeuses dans un grand magasin. Delphine y travaille depuis de nombreuses années. Lors d'une pause, elle demande à Laurence le montant de son salaire. Celle-ci le lui annonce et Delphine réplique alors:

«Ah! vous gagnez plus que moi!» (mensonge)

Laurence, doutant de sa réponse, lui retourne la question. Elle sait que Delphine gagne plus qu'elle. Mais celle-ci prend un air indigné et répond:

«Je n'ai pas à vous le dire. Ces choses-là ne se disent pas. C'est très indiscret.»

Delphine est à l'origine de cette conversation mais refuse à présent d'équilibrer l'échange. En ne répondant pas à la question, la manipulatrice laisse penser que celle-ci n'est pas légitime. Il est vrai que dans l'absolu, cette question peut ne pas l'être. Elle le devient à partir du moment où l'un des interlocuteurs émet des questions personnelles comme un outil d'échange. Un déséquilibre s'est donc créé et celle *qui a donné* subit une injustice quelque peu désagréable.

Ce type de malaise, alors que l'on souhaiterait au contraire créer une complicité et une relation authentique, a été vécu par une des élèves du professeur de théâtre dont nous avons déjà parlé. À la suite d'une longue journée d'examen, les élèves et le professeur devaient se retrouver au restaurant. Le professeur arriva avec deux heures de retard, si bien qu'il commençait à dîner au moment où certains élèves devaient rentrer. Qu'à cela ne tienne, une des élèves voulait lui tenir compagnie. Elle s'installa face à lui et lui demanda:

«Ça n'a pas été trop dur de faire partie du jury toute la journée?»

Elle s'attendait à ce qu'il commente un peu sa journée, lorsqu'il répondit :

« À votre avis ? »

La réponse embarrassa et irrita l'élève. Mais elle souhaitait démarrer une vraie conversation et poursuivit :

« Je ne sais pas. Je pense que oui ; d'autant plus que vous restez dans le noir toute une journée.

— Oh non ! cela n'est rien !

— Ah bon ! »

La conversation, qui n'avait de toute évidence plus aucun intérêt, s'arrêta là. Le professeur avait même fait ressentir à l'élève que sa question était idiote. En rétorquant : « À votre avis ? », on sous-entend que *l'on devrait connaître* la réponse et que la question n'avait pas lieu d'être posée.

Ce « À votre avis ? » est un des renvois favoris du manipulateur. Il ne se dévoile pas, mais oblige en quelque sorte l'autre à dévoiler l'idée qu'il peut avoir. Il y a une inversion rapide de la situation : le questionneur devient le questionné. Ce processus de renvoi de questions, sans donner aucune information, met mal à l'aise la personne qui tient à une interaction saine et authentique. L'élève du professeur manipulateur, dans l'interaction décrite plus haut, aurait dû répondre à la réponse manipulatrice *« À votre avis ? »* par *« J'ai le mien, mais c'est le vôtre qui m'intéresse. »* Ainsi, elle aurait marqué une résistance à l'inversion de la situation. Cette forme logique de réponse s'appelle de la *contre-manipulation.*

Rajoutons deux exemples pour démontrer comment un manipulateur peut rester vague dans ses réponses :

Exemple n° 1

Benoît : « Est-ce que Roland est venu rendre le dossier hier ? »

Manipulateur : « Oh ! Tu sais, Roland… *Il va, il vient…* »

Benoît n'obtient aucune réponse sérieuse du collègue manipulateur sur la venue de Roland !

Exemple n° 2

Florent cherche en vain son assistant Guy dans les bureaux avoisinants et demande à un collègue (manipulateur).

« Où est Guy ?

— Où il est d'habitude ! »

Le manipulateur le sait-il ou non ? Qu'importe. Sa réponse fait croire qu'il est au courant et que Florent devrait faire preuve de plus de perspicacité.

La tentation du hors sujet

Face à certains sujets, le manipulateur détourne le contenu de la conversation. En une ou deux phrases, nous ne parlons plus de la même chose !

Le manipulateur s'éloigne de la conversation quand :

1. Le sujet de la conversation ne lui est pas assez familier et qu'il ne veut pas qu'on le décèle.
2. Le sujet de la conversation est mené brillamment par quelqu'un d'autre que lui.
3. Le sujet le gêne ou devient « dangereux » pour son image.
4. Il ne peut pas démontrer ce qu'il avance. Ses arguments manquent de poids.
5. Il veut attaquer, provoquer, critiquer ou dévaloriser son interlocuteur.

Imaginons que vous êtes en train de lui expliquer comment les déficits budgétaires, l'endettement des ménages et les risques de surchauffe en Chine peuvent peser sur la croissance de nos pays. Le manipulateur n'est pas d'accord avec vous et vous dit soudain : « De toute façon, il n'y a pas que l'économie qui est en jeu. Il n'y a pas que l'argent dans la vie. Il faut être un peu humain ! » Non seulement le manipulateur change de propos en introduisant soudain une critique à votre égard (générale comme « Il faut être humain ! »), mais il peut fort bien le faire pour ne pas poursuivre une discussion sur un sujet qu'il ne connaît pas (par exemple, l'économie mondiale). Au lieu d'écouter et de poser des questions pour s'instruire, il préfère nier en quelque sorte les informations que son interlocuteur lui apporte, quitte à dévaloriser la manière de penser de celui-ci.

Imaginez-vous à présent en réunion d'entreprise, de parents d'élèves ou assistant à une conférence. Vous posez une question claire et pertinente dans la ligne droite du sujet. Il est possible que les autres membres du groupe s'interrogent de la même manière mais n'osent pas intervenir.

Le manipulateur (dans ce cas-ci chef d'entreprise, directeur d'école ou conférencier) peut vous répondre :

1. « Ce n'est pas le moment. »
2. « Nous n'avons plus le temps d'en parler. »
3. « Je crois que les personnes présentes sont peu préoccupées par des questions bassement matérielles ! »
4. « Je ne pense pas que cela soit primordial. »
5. « Vous êtes hors sujet. Vous comprendrez que je ne prenne pas le loisir de vous répondre. »
6. « Nous verrons le dossier une autre fois, ce n'est pas le plus important. »
7. « Je ne vois pas le rapport avec notre question ! »
8. « Ce n'est pas de cela dont nous parlons. »

Un autre moyen pour le manipulateur de détourner la conversation consiste à transformer vos dires et vos intentions. Cela se traduit par l'*interprétation* en communication.

François demande à son nouveau propriétaire d'établir un bail pour la location de la chambre qu'il vient d'obtenir. Le propriétaire (manipulateur) le lui avait proposé quelques jours auparavant, ce qui ne l'empêche pas de répliquer : « Pourquoi ? Vous ne me faites pas confiance ! »

La façon dont le manipulateur utilise l'interprétation met mal à l'aise l'interlocuteur. Ce dernier se défend bien naturellement de nourrir les pensées que lui prête le provocateur. C'est ainsi que le directeur manipulateur dans le film *Une étrange affaire* dit à M. Coline :

« Alors, M. Coline, il paraît que je ne vous aime pas ?

— Non, je n'ai jamais dit cela : j'ai dit qu'on ne se voyait pas souvent ! »

S'agit-il d'une simple interprétation ? Ou d'une stratégie qui se sert de l'interprétation pour prêcher le faux afin de connaître la vraie pensée de son interlocuteur ?

La différence entre prêcher le faux, le mensonge, la demande déguisée et le sujet détourné est parfois inexistante dans les procédures de certains manipulateurs. Il convient de repérer toute forme de communication malsaine à partir des différentes stratégies qu'il peut utiliser en même temps. J'ai tenté de les dissocier afin de les nommer. *Pouvoir nommer, c'est reconnaître.* La reconnaissance est la première étape vers le discernement.

CHAPITRE 7

Il sème la zizanie

Semer le doute, la suspicion et la zizanie dans l'entourage permet au manipulateur de manier les fils des marionnettes comme il l'entend et sans que ces dernières s'en aperçoivent !

L'éventail des moyens lui laisse une marge d'actions souvent subtiles que peu de gens soupçonnent. Pourtant, la scission progressive d'une équipe, d'une famille ou d'un groupe d'amis *depuis l'arrivée d'un nouveau membre* devrait vous mettre la puce à l'oreille. Si, jusque-là, vos relations au sein du groupe étaient bonnes et que depuis peu un malaise s'installe (soupçons, quiproquos), si vous entendez dire : « Avant, nous nous entendions bien » ou « *Je ne comprends pas* ce qui se passe ! », sonnez l'alerte et recherchez celui ou celle qui serait à l'origine de cette dégradation relationnelle.

Les cas de manipulations en entreprise sont malheureusement fréquents. Surtout lorsque la hiérarchie est en jeu. Un nouveau responsable d'équipe manipulateur est capable, en quelques mois, de provoquer des distorsions entre les membres de l'équipe. Pourquoi le suspecterait-on d'être à l'origine de la zizanie puisque ce n'est pas l'intérêt logique d'un responsable !

Ainsi Mme D., haut responsable d'un service financier, charge Antoinette (cadre) de la gestion d'un secteur particulier de l'établissement. Antoinette découvre rapidement que Mme D. met en place, dans le même secteur, d'autres intervenants, *sans la prévenir,* niant ainsi la responsabilité qu'elle lui a confiée. Antoinette a alors l'impression d'avoir été sous-estimée et se sent trahie. Depuis, elle vit un malaise vis-à-vis de ses collègues responsables du même secteur. Eux aussi, on s'en doute!

L'art de créer la suspicion

Le meilleur moyen pour créer la zizanie est *d'introduire la suspicion.* Le manipulateur s'y applique en une seule phrase, du style «Ton mari a une maîtresse! Autant que tu l'apprennes par un membre de la famille.» Le paradoxe de cette phrase consiste à blesser moralement tout en laissant croire qu'on désire le bien de l'autre. Le manipulateur utilise une fausse logique: faire croire au parent qu'il lui épargne une douleur, qui se révélerait plus grande encore s'il avait appris cette terrible nouvelle d'une autre manière. L'attention étant détournée par le choc de la mauvaise nouvelle, on ne pense pas à incriminer l'auteur de son intention.

Examinons un autre exemple dans le milieu professionnel. Le manipulateur qui vous dit: «... Je ne peux pas tout faire non plus! À chacun ses responsabilités! Marie aussi en a assez que vous preniez du retard pour tous ces dossiers! Chacun doit faire son travail correctement, sans surcharger les autres!» Votre collègue Marie, avec laquelle vous êtes en excellente relation depuis longtemps, vous critiquait sans vous en parler directement?! Il y a de quoi être déçu et peut-être penserez-vous qu'on ne peut faire confiance à personne...

Commencez par donner votre confiance à ceux qui vous semblent la mériter. Le doute et ses techniques de questionnements sont une bonne arme pour venir à bout de pensées irrationnelles et de faux schémas de perception. La personne qui vous dit cela prend-elle autant de responsabilités qu'elle le dit? Elle vous culpabilise en laissant croire que les conséquences de vos lacunes s'abattront sur beaucoup de monde *(surcharger les autres).* Si cette personne en fait moins qu'elle le prétend et si Marie a de bonnes relations avec vous, ces deux faits sont suffisants pour confirmer l'aspect manipulateur de la réplique. Malgré cette mise au point, il est probable que vous en vouliez encore à Marie. La manœuvre est très puissante sur tout ce qui est du registre: « *On* m'a dit que... » Le doute peut encore subsister. Dans ce cas, il faut libérer son anxiété et ne pas craindre d'aller en parler avec la personne en question (Marie, dans l'exemple précédent). Ne la confrontez pas d'emblée d'une manière agressive. Si vous avez eu affaire à un manipulateur, celui-ci a menti ou déformé le sens de la remarque, si remarque il y a eue. C'est en allant chercher la vérité à sa source que vous pourrez porter des conclusions. Allez calmement voir la personne et demandez-lui: « Est-il vrai que tu t'es plainte de moi parce que je... ? » Cela est valable même s'il subsiste un zeste de doute et lorsque votre attitude n'est plus aussi bienveillante envers votre partenaire qu'auparavant.

Grâce à cette méthode, vous pouvez démanteler le réseau de suspicion qu'un manipulateur a pu créer en noyautant un service, une famille ou un groupe d'amis.

Le fin du fin consiste non pas à énoncer une chose par l'affirmative, mais à poser une question qui implique une situation suspecte. C'est ce qui s'est passé pour Clara.

Clara interrompt son séjour aux sports d'hiver afin de régler un problème professionnel. Son mari décide de rester sur place. La mère de Clara (manipulatrice), comme à son habitude, lui a demandé d'appeler dès son retour. Plutôt que de se conformer à ce désir, Clara laisse passer quelques jours avant d'obtempérer. C'est alors que la mère s'indigne: « Tu te rends compte ! Tu laisses ton époux seul avec ton amie Isabelle. » Clara lui répond avec agressivité: « Ça ne te regarde pas », puis raccroche.

En quelques minutes, Clara ressent une forte douleur au plexus ainsi qu'une baisse d'énergie soudaine se traduisant par une énorme fatigue. Les ruminations mentales commencent et Clara ne peut les enrayer avec sa technique de rationalisation habituelle (une Stratégie-Rationnelle-Émotive pour changer les pensées automatiques, les scénarios catastrophes). Alors que la jeune femme n'a jamais douté de son mari, la voici aux prises avec une jalousie tenace; si tenace qu'après une journée, ce malaise profond l'incite à appeler son mari et à lui demander de rentrer.

Conséquence courante: l'insinuation amenée par le manipulateur oblitère dans notre conscience les faits véritables. En effet, le mari de Clara n'est pas resté seul avec Isabelle, comme le laissait entendre la manipulatrice. Il était accompagné de quatre autres amis! Ils se retrouvaient donc à six dans le même chalet. La probabilité d'une aventure extraconjugale semblait donc bien faible dans ces circonstances. Clara le savait, mais la manœuvre a réussi. La manipulatrice a distillé son venin en faisant croire que l'absence du sentiment de jalousie n'est pas normale au sein d'un couple!...

Cette anecdote doit nous rappeler qu'être en contact (prolongé ou fréquent) avec un manipulateur représente un danger. Celui *d'entendre* des réflexions sur notre entourage. Même si nous ne voulons pas y porter attention, le message est capté et interprété par notre cerveau. Comme ce message est généralement chargé d'affects, il ne peut être oublié totalement. Les affects sont à la base de l'affectivité qui comprend l'ensemble des sentiments et des émotions chez chacun d'entre nous. La remarque: «Dis donc, heureusement que tu es là, parce que je ne sais pas comment ton mari peut réussir dans la vie!...» vous fait nettement percevoir le message dévalorisant derrière ce pseudo-compliment (tu es bien, mais tu as quand même choisi un mari minable). Vous pouvez vous fâcher ou bien bafouiller quelques mots en prétextant quelques excuses. Qu'importe. Le danger de ces remarques auxquelles vous ne donnez sur le moment aucun crédit repose dans le fait qu'elles refont surface au premier signal semblant corroborer ces dires. Le message a été entendu et, malgré tout, enregistré.

Le manipulateur peut nourrir cette suspicion durant des mois, voire des années. Pour en revenir au contexte d'un groupe, tant que les membres ne perçoivent pas la source des problèmes ou n'osent pas s'y frotter, ils en subissent les dégâts. Les plus fréquents sont: la mésentente, la division en clans, la dévalorisation de membres du groupe envers d'autres, le manque de solidarité, une recrudescence de dépressions nerveuses, la nervosité et l'hypersensibilité aux conflits.

Si les membres du groupe ont des personnalités peu affirmées, le manipulateur en prendra la tête (même s'il n'en est pas le responsable légitime). Il dirigera ce groupe à son gré et sans encourir de résistance. Il peut alors y avoir l'illusion d'une forme d'unité des membres. Une nouvelle famille se crée! Cela peut être tout à fait explicite: «Ici, on est une grande famille, tout le monde s'appelle par son prénom et se tutoie. On peut tout se dire.» Ou bien: «Entre nous, la confiance est de rigueur.» En prêtant les clés de son armoire personnelle afin qu'un collègue puisse y déposer ses effets personnels. Et si l'unité du groupe ne se reconnaît pas par moyen verbal, il y a toujours les croissants offerts en arrivant au bureau, les services rendus qu'il faudra bien rendre, les flatteries et autres éléments propices à créer cette suggestibilité: la sécurisation, la mise en confiance qui entraîne une baisse des mécanismes de défense et donc de la vigilance, la répétition de comportements agréables pour le groupe, la foi (l'esprit d'entreprise, par exemple) ou la création de l'idée d'une mission en commun.

Tous les membres sont alors manipulés sans qu'ils le sachent. Des liens affectifs scellent le tout. C'est pour cela qu'il est difficile de faire entendre raison à un individu manipulé... surtout pour lui faire reconnaître qu'on s'est allègrement servi de lui! Il a souvent du mal à admettre qu'il a été manœuvré à des fins différentes de celles dont il est conscient. Deux raisons à cela: notre ignorance bien naturelle en la matière et les particularités de la technique manipulatrice (subtile ou indécelable pour qui n'en connaît pas les caractéristiques). Cela ne remet nullement en cause notre intelligence, notre capacité de discernement, notre honnêteté ou notre vigilance habituelle. Comment pouvions-nous deviner qu'il s'agissait de manipulation? Le contexte semblait flou et la manipulation fonctionnait grâce à des comportements communément acceptés dans notre société. C'est le cas, par exemple, de tous les principes institués par notre code moral (par exemple: il faut s'entraider). Il s'agit d'un leurre. Et comme tout piège, il ne porte son nom que parce qu'il crée des réactions instinctives identiques à celles qu'aurait créées un stimulus véritable en des circonstances analogues.

Vous ne devez en aucun cas vous sentir honteux d'avoir été la proie d'un tel personnage. Contournez les défenses ou la culpabilité des membres de votre groupe quand vous voudrez rétablir la confiance et l'unité. Il existe pour cela deux méthodes:

1. La méthode *choc*;
2. La méthode progressive.

Voici une mise en situation:

Imaginons qu'un manipulateur sévisse au sein de votre équipe de travail. L'ambiance est altérée depuis un certain temps lorsque vous comprenez soudain ce qui se passe. Le malaise, les conflits et la division se font de plus en plus sentir. Certains de vos collègues souffrent manifestement de cette situation, mais ne semblent pas réaliser que le problème ne vient pas de leur incompétence, de leur inintelligence ou de tout autre défaut. Il provient d'un problème caractéristique lié à la présence d'un manipulateur. Peu de gens connaissent avec précision la façon de procéder des manipulateurs. Ils ne sont donc pas en mesure d'analyser la situation de façon objective. Si la mésentente n'a pas encore atteint son paroxysme, vous aurez peut-être le désir de soulager votre collègue le plus proche pour commencer.

L'application de la méthode choc consiste à consacrer deux à trois heures, en dehors du contexte professionnel, à votre collègue.

En premier lieu, vous lui demandez de lire attentivement la liste des caractéristiques du manipulateur, dont vous faites une photocopie en cachant le titre du livre. Une fois la lecture terminée, vous lui demandez si ces comportements et ces attitudes lui font penser à quelqu'un de votre entourage commun. Avec cette méthode, il arrive fréquemment que la personne ait déjà, au tiers de la liste, l'image de votre manipulateur. Ce n'est que lorsque vous avez tous deux nommé le même personnage que vous lui révélez qu'il s'agit en fait d'une *personnalité manipulatrice.* Vous lui expliquez clairement de quoi il s'agit, tout en prenant le temps de débattre de chaque caractéristique présente chez cette personne.

En deuxième lieu, abordez les conséquences naturelles de telles manœuvres. La suspicion entre vous, et le malaise dans l'équipe.

Finalement, élaborez une stratégie claire entre vous pour ne plus vous faire piéger. Démontrez également l'intérêt de la contre-manipulation (voir le chapitre 14) pour parer les attaques ponctuelles.

Vous vous demandez sans doute pourquoi il ne faut pas révéler d'emblée le terme *manipulateur* avant de faire prendre connaissance à l'autre des caractéristiques. Il est préférable de laisser opérer la fonction de discernement et d'analyse de votre partenaire au cours de la lecture. Il découvre par lui-même la conclusion et l'accepte d'autant mieux. C'est parfois une douloureuse prise de conscience. Pour que celle-ci soit efficace et constructive, il est nécessaire de prendre son temps pour permettre l'intégration de cette nouvelle idée.

L'application de la méthode progressive consiste à désamorcer devant votre collègue les différentes manœuvres du manipulateur au sein du service. Cependant, vous devenez soudain la personne qui critique sans cesse en remarquant du négatif là où les autres n'en voient pas. Vous donnez l'impression d'avoir un bouc émissaire et celui-ci devient une victime légitime, que vos collègues (manipulés) défendront. Par sa lenteur dans la résolution des problèmes vécus au quotidien, cette méthode paraît moins efficace. Plus vous attendrez pour prendre à bras-le-corps ce problème crucial, plus la souffrance s'accumulera au fil des mois.

En revanche, le fait de désamorcer au fur et à mesure les pièges du manipulateur devant votre collègue peut se révéler indispensable lorsque celui-ci ne semble pas convaincu de votre « diagnostic ». S'il ne fait aucun doute pour vous que vous êtes en contact avec un manipulateur, vos démonstrations successives vont avoir raison de sa résistance première.

En ce qui concerne le manipulateur au sein de la famille, les démarches pour informer les autres membres sont identiques à celles énoncées plus haut. Surtout s'il s'agit d'un père ou d'une mère (il est souvent bien difficile de s'avouer avoir un père manipulateur ou une mère manipulatrice). Soyez attentif à l'émergence de conflits couverts ou de rancœurs secrètes qui n'auraient pas lieu d'être. Pour empêcher ces effets, communiquez avec les membres de votre famille !

Le risque en amitié

Un conjoint manipulateur fait fréquemment le vide autour de son épouse ou de son époux. Cela concerne soit les amis, soit la famille, ou encore les deux.

Le manipulateur fait en sorte que son conjoint ne maintienne pas un réseau amical qui lui est propre. Surtout si les amis sont antérieurs à la fusion du couple. En général, il ne l'interdit pas ouvertement. Peut-être même qu'il reprochera à son conjoint de ne pas avoir assez d'amis! (*double contrainte*).

Exemple:

«Ça ne m'étonne pas que les gens ne viennent pas chez nous, tu n'as aucune conversation intéressante!» Repérez le transfert de responsabilité d'un faux problème puisque le conjoint n'est évidemment pas le seul à savoir tenir une conversation... à moins que...

Les différentes attitudes pour faire le vide autour de son couple sont reconnaissables. Par exemple, à chaque rencontre avec d'autres, le manipulateur se montre désagréable. Comment?

- En attaquant les gens pour qu'ils justifient toutes leurs opinions;
- En leur faisant perdre la face en public;
- En restant muet et en faisant mine de n'être intéressé par aucune discussion;
- En se montrant impatient de les voir partir;
- En prenant la fuite en présence de *ses* amis (du conjoint).

Il peut aussi tenir un discours dédaigneux par rapport aux amis et aux collègues de son conjoint:

- «*On* ne peut pas dire que ton groupe de copains soit bien intéressant. Quand *on* les écoute, ça ne vole pas haut!»
- «J'avoue que je suis déçu. Je pensais que tu avais des amis mieux que *ça*!...»
- «*On* ne dirait pas qu'ils sont ce que tu dis quand *on* les entend parler!»

Lors d'une discussion houleuse, il ou elle réplique: «Martine, ce n'est pas une référence. C'est une vraie idiote!»

Mal à l'aise vis-à-vis de sa famille et de ses amis, le conjoint ou la conjointe diminue la fréquence des rencontres et s'isole ainsi rapidement.

Le risque en amour

À long terme, un manipulateur ne sait généralement pas maintenir son couple dans l'harmonie. Il échoue. Cela peut prendre la forme d'un divorce, d'une séparation, de disputes en public (attention, ne confondez pas : beaucoup de couples divorcent sans qu'il y ait présence d'un manipulateur) ou d'un malaise ignoré par l'entourage. En fait, l'harmonie de son couple ne nous intéresse pas. En revanche, son sentiment d'échec peut le rendre jaloux de votre vie amoureuse ou conjugale. Aussi absurde que cela puisse paraître.

Exemple : « Mais pourquoi pars-tu déjà ? (il est minuit vingt). Tu n'es pas capable de sortir tout seul sans accourir comme un toutou dès que ta femme te siffle ! »

L'épouse n'a jamais appelé pour demander à son mari de rentrer de chez cet ami (manipulateur). Le mari souhaitait rentrer et rejoindre sa femme à cette heure tardive. Occultant la notion d'amour ou le désir de ne pas inquiéter le conjoint, le manipulateur déplace la situation, en une seule phrase, sur une notion de virilité. Il crée la confusion dans l'esprit du mari qui ne veut surtout pas ressembler à un *toutou* répondant aux ordres ! Deux attitudes possibles surviennent : le mari reste encore un peu (et démontre ainsi qu'il est libre) ou bien il sent le besoin de justifier son départ immédiat. Imaginez que la situation se reproduise souvent : la femme est privée de son conjoint en soirée et les reproches ne tardent pas... Le manipulateur peut agir indirectement sur l'harmonie de *votre* couple.

Le film *Une étrange affaire* de Pierre Granier-Deferre retrace parfaitement les différents moyens qu'utilise un manipulateur pour détruire progressivement le couple d'un de ses employés. Le manipulateur, directeur d'un grand magasin, fait travailler l'homme sur des projets publicitaires le dimanche. Il lui supprime ses vacances d'hiver prévues avec sa femme, sans même lui demander son avis. Lorsque celui-ci se rebiffe, il lui demande ironiquement :

« Et au ramadan, vous faites quoi ?… Allons, soyons sérieux ! »

Immanquablement, la discorde apparaît dans le couple qui finit par se séparer. Ajoutons encore une manœuvre du fameux directeur lorsqu'il profite de l'absence de l'épouse pour inviter une pulpeuse créature lors d'un dîner où l'homme est convié (l'invitation d'ailleurs est présentée comme une obligation).

Le manipulateur sait séparer physiquement les deux membres d'un couple et trouve toujours de bonnes raisons pour le faire. Dans l'exemple précédent, le manipulateur directeur exploitait l'ambition décelée chez l'homme et lui laissait entendre que la réussite professionnelle (même à son modeste niveau) s'obtenait au prix de nombreux sacrifices. L'art de manipuler consiste aussi à faire croire qu'il ne s'agit pas d'un réel sacrifice ! Il faut savoir ce que l'on veut, n'est-ce pas ?

Une femme manipulatrice avait réussi à accaparer pendant les soirées et les fins de semaine le mari de Marilyn. Celui-ci venait faire gratuitement de menus (et multiples) travaux à son domicile. Ils étaient ex-époux et elle prétextait cette relation pour l'utiliser ! Excédée par la solitude et la désorganisation dues à ses absences, Marilyn somma son mari de faire plus attention à elle avant que leur couple éclate. Elle lui démontra les mécanismes de manipulation dont il était victime. Il lui donna raison et prit conscience du fait qu'il n'osait rien refuser à la manipulatrice mais que cette situation devait effectivement cesser.

Le manipulateur peut subtilement ignorer la présence d'un membre du couple en s'adressant au couple à la deuxième personne du singulier. Voici un exemple pour illustrer cette anomalie de communication. Lorsque le message s'adresse à la fois au mari et à la femme, le manipulateur dit : « Je t'attends, viens » (pour entrer dans un ascenseur) ou bien : « Tu peux profiter de la piscine si tu veux » (en regardant uniquement le mari). La femme était, dans ce contexte précis, aussi désireuse de profiter de cette piscine privée (pendant que son mari travaillait toute la journée avec le personnage en question !).

Voici une deuxième anecdote à propos du « personnage » mentionné au paragraphe précédent. Cela vous fera comprendre à quel point ce manipulateur (que j'appellerai Martin) était doué pour semer la discorde au sein du couple Albert/Brigitte. Cela se passe dans une grande métropole d'Asie où habite Martin et où Albert travaille par périodes. Les deux hommes rentrent du travail et passent devant l'hôtel d'Albert et de Brigitte. Le domicile de Martin se trouve à 200 mètres de l'hôtel. Albert souhaite voir sa femme qui devrait être rentrée. Martin rentre donc seul chez lui et y trouve Brigitte en discussion avec sa femme. Il s'exclame : « Ah ! c'est bien fait pour lui ! » Albert les rejoint quelques minutes plus tard. Martin ne cesse de répéter « C'est bien fait pour toi ! » Depuis plusieurs années, Martin met en doute (sous forme de blagues, de railleries ou d'ironies) l'amour et l'attachement réciproques d'Albert et de Brigitte. Leur sincérité est mise à l'épreuve. Albert apprécie être en compagnie de sa femme. Il va donc la chercher à l'hôtel puisqu'ils ne se sont pas vus de toute la journée. Martin met en doute l'utilité d'un tel besoin, puisque Brigitte n'est même pas là pour l'attendre, elle ! Il semble jubiler de cette situation pourtant banale. Il est bien le seul à savourer sa victoire. Contre quoi ? Contre qui ?

Pour semer la zizanie et le doute au sein d'un couple, le manipulateur peut manœuvrer le sentiment de jalousie. Ce sentiment peut apparaître même s'il n'a jamais été là auparavant. Il suffit qu'on le stimule. Voici un exemple.

Une collègue s'approche de Lou.

« C'est bizarre, lui dit-elle. Cela fait trois fois que je t'entends dire que ton mari n'est pas avec vous la fin de semaine. Pourtant, la distance n'est pas si grande de la ville où il travaille à ici. Il pourrait très bien parcourir 300 km pour passer la fin de semaine en compagnie de sa femme et ses enfants !

— Oui, et qu'est-ce que cela peut te faire ?

— Rien, mais quand même, je me dis que ce n'est pas très sympa ni responsable de sa part. Je ne sais pas, moi, *quand on aime* sa femme et ses enfants, on passe au moins les fins de semaine avec elle ! (Transformation soudaine du *eux* en *elle*.)

— C'est comme ça ; il travaille beaucoup. Il ne peut pas toujours nous rejoindre, répond Lou, de plus en plus agressive.

— Oui, mais enfin, c'est pas une raison. C'est tout de même bizarre... »

Lou ne répond pas (la confusion opère). La manipulatrice insiste.

« Tu ne trouves pas cela bizarre, toi ? »

Lou comprend le sous-entendu. Mais si elle s'avisait de dire clairement :

« Pourquoi ? Tu penses qu'il a une maîtresse ? »

La manipulatrice répondrait aussitôt :

« Oh non ! Ce n'est pas ce que j'ai voulu dire. Je trouve ça étonnant et dommage pour toi, c'est tout ! » (Elle devient soudain compatissante, mais reste évasive puisque son véritable but a été découvert. Elle ne peut pas avouer avoir eu une telle intention.)

Si Lou avait pu déceler le processus de déstabilisation de sa collègue manipulatrice plus tôt, elle aurait pu immédiatement répondre (à la place de : « Oui, et qu'est-ce que cela peut te faire ? ») : « Ah ! si tu savais ce que ça fait du bien d'être tranquille de temps en temps ! » ou bien « Pourquoi ? Il te manque ? » Cela aurait coupé l'herbe sous le pied de notre manipulatrice. Elle n'aurait pas pu appliquer son pouvoir de déstabilisation. Lou aurait dû montrer son indifférence par une réplique douce et souriante, ironique ou humoristique, comme le suggèrent les deux réponses citées.

Des parents manipulateurs peuvent gravement influencer leur enfant (devenu adulte) pour que celui-ci ne trouve pas l'âme sœur. Chaque fois que son fils présente une jeune fille à son parent manipulateur, celle-ci ne convient jamais. Imaginons qu'une mère manipulatrice ait depuis de longues années créé chez son fils le besoin de se référer à ses opinions ou à ses sentiments. Il aura systématiquement recours à l'opinion de sa mère en ce qui concerne ses conquêtes. Ses opinions pourront être du style :

Exemple n° 1

« Tu sais, je connais ce genre de femmes, il est évident qu'elle en veut à ton argent. »

Elle laisse penser que son expérience de femme lui permet de déceler des choses qu'un homme ne peut découvrir rapidement. En même temps, ce type de réflexion insinue qu'il ne peut pas être aimé pour lui-même.

Exemple n° 2

« Oui, elle est gentille. Je ne sais pas ce que cela donnera plus tard. Elle ne fait pas partie de notre milieu. Mais tu n'es pas obligé de te marier avec elle, bien sûr. »

La manipulatrice prend alors le visage d'une mère compréhensive et tolérante concernant les aventures de son fils. Elle écarte l'idée d'un projet de mariage en lui faisant déjà savoir qu'elle n'appréciera pas cette femme en tant que belle-fille.

Exemple n° 3

« Alors maman, qu'est-ce que tu en penses ? »

La mère fait la moue sans répondre.

« Alors ?

— C'est ton choix ! (La mère hausse les épaules.)

— Tu ne la trouves pas bien ?

— Elle est gentille… Ne te fais pas avoir, c'est tout !… »

La réplique de la mère produit dès lors une méfiance dans l'esprit de son fils : il n'avait jusqu'à présent pas considéré les choses sur ce plan. Elle suggère également que l'intuition féminine vient de parler !

Exemple n° 4

« Excuse-moi de te dire ça, mon chéri, mais tu mérites mieux que ça. »

Elle dévalorise la femme tout en complimentant son fils. Comme beaucoup de parents, elle aime à penser que sa progéniture est exceptionnelle. Le risque est qu'aucune femme ne semble être à sa hauteur !

CHAPITRE 8

Le manipulateur et la dévalorisation

Choisir un titre résumant le contenu de ce chapitre n'a pas été chose aisée. En effet, le propre du manipulateur consiste à dévaloriser autrui afin de donner l'illusion de sa supériorité. Pour cela, tous les moyens sont bons. De la critique la plus directe à l'ironie la plus subtile, tout en passant par des attitudes d'indifférence à votre présence ou bien encore en misant sur votre ignorance.

Il met en doute la qualité, la compétence et la personnalité d'autrui.

La critique directe

Le manipulateur ne peut s'empêcher de critiquer ou, mieux encore, de faire passer une qualité pour un défaut.

Au cours de sa vie commune avec son ex-conjoint, Vanessa a subi des critiques à plusieurs reprises. Un jour, Vanessa revient d'une après-midi passée à faire des courses et montre à son conjoint (manipulateur) un ensemble jaune et noir qu'elle vient de s'offrir. La réaction de son compagnon ne se fait pas attendre.

« Tu vas avoir l'air d'un clown ! s'esclaffe-t-il.

— Peut-être, mais il me plaît ! » répond Vanessa (contre-manipulation).

Le conjoint de Vanessa prend à témoin chaque étranger qu'il rencontre en insistant pour lui faire dire que les clowns se sont toujours habillés ainsi !

Ce conjoint manipulateur prend plaisir à dévaloriser Vanessa. Il lui dit souvent :

« Tu n'es pas intelligente » ou encore « J'aime mieux le chat que toi ». Si elle ne rentre pas à l'heure, il lui assène des réflexions désobligeantes.

Lorsque le couple reçoit des amis (ceux du manipulateur, car il refuse de recevoir ceux de Vanessa), il monopolise la parole. Lorsqu'il se met à parler santé et médecine, il énonce des énormités que Vanessa, infirmière de profession, n'ose pas contredire. Si, en revanche, elle parle de son travail ou donne des informations concernant la médecine, le manipulateur lui dit rapidement : « Bon, tu peux passer à autre chose ! »

Il nous arrive à tous d'oublier les œufs durs dans l'eau, le lait sur le feu, ou d'oublier de mettre les pâtes dans l'eau bouillante. C'est ce qui arrive parfois à Vanessa, qui fait toujours la cuisine pour elle et son ami après avoir mis la table. Le manipulateur relève la moindre erreur et en profite pour se mettre en colère : « Tu ne surveilles rien ! Tu ne sais rien faire, ma pauvre ! » Vanessa répond à l'agressivité par l'agressivité. Alors son conjoint part immédiatement se coucher sans toucher au repas déjà prêt et laisse sa compagne digérer *sa faute* !

Le manipulateur a la particularité de répéter inlassablement des critiques, le plus souvent non justifiées. Nous nous sentons alors coupables de fautes irréelles et insignifiantes. Il répète des petites phrases comme : « Tu ressembles à ton pauvre oncle » (qui a fini sa vie à l'hôpital psychiatrique), « Tu es égoïste », « Tu es nul », « Tu ne peux pas garder un homme », « Tu es bien comme ton père (ou ta mère) », « Qu'est-ce que tu peux être agressive ! » (et pour cause : face à un manipulateur !...), « Tu es laide », « Tu ne réussiras jamais rien », « Heureusement qu'il n'y a pas que l'intelligence qui compte ! », etc.

La répétition de ces phrases sur des mois ou des années provoque un ancrage catastrophique sur la valeur de soi. Les compliments, par ailleurs, ne suffisent pas à rétablir l'estime de soi. Imaginez les dégâts que ces critiques répétées peuvent produire sur des enfants au moment de la construction de leur personnalité ! Les séquelles persistent à l'âge adulte. Les psychothérapeutes le constatent quotidiennement. Si vous avez reçu peu de compliments pendant votre enfance, et beaucoup d'affirmations négatives et répétitives sur votre personne, votre confiance en vous ne peut qu'être affaiblie. Il vous reste, à l'âge adulte, à prendre conscience que vous avez une valeur et qu'elle est aussi positive que celle des autres. Il faut travailler sur soi en évacuant les anciens schémas pour enfin vous estimer et vous reconnaître comme valable.

Le manipulateur a le don de vous conduire dans le chemin exactement inverse ! Il ne lui faut que quelques mois pour vous amener à douter de vous, même si votre enfance n'a pas été assombrie par les critiques négatives. L'étude de la personnalité manipulatrice semble confirmer le fait que les manipulateurs ne sont pas conscients des dégâts causés par leurs critiques. Aussi vives et destructrices soient-elles ! Les critiques envoyées aux autres leur permettent de se concevoir comme *tout à fait différents*. Ce n'est pas le cas, puisque la plupart des critiques qu'ils nous font ressemblent étrangement à leur propre comportement. Les psychologues appellent cela une *projection*. Le manipulateur projette sur autrui son propre comportement. L'avez-vous remarqué ? Quand il vous reproche : « Que vous êtes agressif! » il vous a bien souvent agressé d'une quelconque manière auparavant (ironie, culpabilisation, attitude non verbale, etc.). Lorsqu'il vous lance : « Tu ne peux pas garder un homme » et qu'il a lui-même divorcé plusieurs fois et eu bien des aventures amoureuses, il peut toujours parler ! Le conjoint manipulateur de Vanessa était bien incapable de faire la cuisine lui-même...

Ne considérez aucune critique de la part d'un manipulateur comme digne de réflexion. Si votre comportement ou manière d'être dérange votre entourage, écoutez plutôt les critiques de ceux qui vous veulent du bien. Attention, le manipulateur *dit* aussi qu'il vous veut du bien. Sachez reconnaître les critiques justifiées, claires (non évasives ni ironiques) et constructives ; et relevez *par qui* elles sont émises.

L'illusion de la perfection

Vous pourriez être *Superman* ou *Wonderwoman,* autrement dit parfait, le manipulateur chercherait quand même à déstabiliser votre confiance en vous en relevant le moindre défaut ou la moindre erreur (selon lui).

Bon nombre d'entre vous ont de fortes compétences dans un ou plusieurs domaines importants de leur vie. Vous pouvez vous attacher à faire votre travail avec beaucoup de conscience professionnelle. Vous pouvez par ailleurs contribuer avec vigilance à la bonne éducation et à l'épanouissement de vos enfants. Vous mettez peut-être un point d'honneur à assumer une vie sociale fournie et agréable en donnant ce que vous avez de mieux. Et tous les fruits de vos efforts, même si cela vous paraît naturel, sont reconnus par votre entourage.

Cependant, il arrive qu'une seule personne vous fasse des réflexions désobligeantes à propos de la petite erreur qui s'est infiltrée dans votre belle organisation. Le manipulateur veille à vous faire réaliser que vous n'êtes pas un individu parfait. Qui a dit que vous devriez l'être à ce point ? Lui ! Puisqu'il met le doigt sur la moindre erreur au lieu de la passer sous silence et de remarquer ce que vous faites déjà de très appréciable. Ainsi, un supérieur hiérarchique manipulateur prend plaisir à se tenir physiquement derrière ses employés, à l'affût de la moindre faute d'orthographe ou d'un formulaire qui n'a pas encore été classé. Certains employés consciencieux et en poste depuis plus de 10 ans se sont vu reprocher par un nouveau responsable (manipulateur) des comportements tout à fait banals (corbeilles non vidées, troisième exemplaire inutile jeté, etc.) et n'entravant aucunement leur travail impeccablement accompli jusqu'ici. Il y a de quoi être perturbé. Et voilà que le doute sur votre niveau de compétence au travail fait son apparition.

Céline raconte qu'en l'absence de sa responsable, Mme M. (manipulatrice), elle effectue la commande de matériel du service pour le mois. « Bien que ce soit la première fois, dit-elle, je sais que cela fait l'affaire. » Au retour, Mme M. n'émet qu'un seul commentaire : « Vous auriez dû penser aux petites assiettes en carton pour la galette des Rois du patron !... »

Il y a 10 ans, Patrick a subi une injustice semblable, à l'hôtel où il était employé comme veilleur de nuit. Cela se passait à Lourdes, lors du dernier jour de la saison touristique d'été. C'est ce jour-là précisément que Mme F., directrice de l'hôtel (et manipulatrice), choisit pour annoncer tranquillement à Patrick qu'il ne fera pas la saison d'hiver. En d'autres termes, elle ne lui renouvelle pas son contrat pour le lendemain. Patrick s'indigne de cette annonce si tardive. Mais Mme F. justifie sa décision :

« Vous savez, Mme Carton (autre réceptionniste) n'a pas à assumer *vos retards.* Ce n'est pas à l'hôtel d'assumer vos allers et venues à Toulouse. » (Elle utilise des informations sur la vie personnelle de Patrick, c'est-à-dire ses fréquents voyages à Toulouse.)

Patrick nous explique : « Le retard auquel elle fait allusion est dû à un incident de train lors d'un trajet. Le train est resté bloqué une heure et demie. J'ai demandé à un voyageur habitant proche du lieu de l'incident de téléphoner à mon travail pour avertir un collègue de mon retard. Je l'ai rétribué, mais il n'a pas appelé. J'ai mentionné tout cela à Mme F. mais elle a répété : "L'hôtel n'est pas responsable." *Sur un an et demi, c'était mon premier retard !* Souvent, elle m'a téléphoné pour faire des heures supplémentaires pour lesquelles je n'ai jamais été rémunéré.

« Au royaume de la mauvaise foi, les manipulateurs sont rois ! » souligne Patrick.

Une mère de famille totalement accomplie et enthousiaste face à ses responsabilités s'est vu reprocher par son mari (manipulateur) le fait qu'elle s'octroie, au bout de neuf ans de garde continuelle des enfants, une heure et demie de séance de yoga le samedi matin ! Son mari fut tout d'abord surpris par cette décision inhabituelle, mais surtout furieux qu'elle s'autorise ainsi du temps pour elle seule. Il la traita d'égoïste (c'est le monde à l'envers !) et lui demanda : « Et moi et les enfants, qu'est-ce que nous allons faire ? Tu nous *abandonnes ?* » Forte de sa nouvelle confiance en elle, elle dut lui rappeler que les enfants avaient leurs activités sportives le samedi matin !

Le manipulateur fait croire que vous ne devriez jamais changer d'avis. C'est vrai quand cela l'arrange. Lors d'une conversation avec son ex-époux, une femme manipulatrice lui reprocha : « Ah ! Tu as dit cela pendant des années et, maintenant, tu dis autre chose ! Pendant des années tu disais qu'il valait mieux vivre séparés qu'en couple, et maintenant que l'on divorce, tu vas vivre avec une autre belle femme ! » Remarquez qu'elle parle d'une « autre *belle* femme » pour se flatter !

Catherine et Stéphanie sont toutes deux secrétaires dans une grande firme financière parisienne. Catherine décide de passer sa semaine de congé chez sa famille à Bordeaux. Stéphanie (manipulatrice) obtient ses congés la même semaine. Elle veut aller dans sa petite maison d'Arcachon, au sud de Bordeaux. Quelle coïncidence ! Catherine, qui n'a pas entretenu jusque-là des rapports trop amicaux avec Stéphanie, se voit proposer par cette dernière un voyage en commun :

« Dis-moi Catherine, tu vas bien à Bordeaux en voiture samedi ? (question fermée).

— Oui, répond simplement Catherine.

— C'est formidable ! Nous allons pouvoir faire le chemin ensemble ! (pas de véritable demande).

— Heu...

— Ce serait *stupide* d'aller au même endroit chacune de son côté ! C'est tout de même *plus sympa pour toi* d'avoir de la compagnie en voiture ! (raison logique pour déguiser sa demande).

— Oui... c'est sûr... hésite Catherine.

— Tu me déposeras à la gare de Bordeaux en arrivant... À moins que tu n'aies envie de venir passer la fin de semaine à la maison au bord de la mer. Tu verras, c'est agréable, s'enthousiasme Stéphanie (qui souhaite être emmenée jusqu'à Arcachon).

— C'est gentil, mais je vais justement voir ma famille que je n'ai pas visitée depuis six mois.

— Bon, c'est comme tu veux. Tu pars à quelle heure ?

— Je ne sais pas encore, répond Catherine, gênée.

— Il faut qu'on parte tôt si on ne veut pas être prises dans les embouteillages.

— Mm, mm », acquiesce Catherine.

Le jeudi, avant-veille du départ prévu, Catherine apprend que le voyage en train rapide est beaucoup plus avantageux pour elle sur tous les plans. Elle décide donc de ne pas partir en voiture et l'annonce le vendredi matin à Stéphanie. Celle-ci se met soudain en colère :

« Mais c'est incroyable ! Tu me demandes de t'accompagner pour que ce soit moins fatigant pour toi et maintenant tu me laisses tomber au dernier moment ! D'autant plus que maintenant, par ta faute, il faut que je me trouve un billet de train et rien ne me dit qu'il y aura de la place ! »

Constatez avec quelle facilité la manipulatrice transforme les faits et les rôles. Selon elle, sa collègue Catherine change d'avis de façon inconsidérée et égoïste, sans penser qu'elle la met dans l'embarras !

Or, lorsque votre décision ne convient pas ou ne répond pas aux conceptions générales du manipulateur, il vous rappelle « qu'il n'y a que les imbéciles qui ne changent pas d'avis » !

Quand les généralités nourrissent son jugement

« Il n'y a que les imbéciles qui ne changent pas d'avis » est un exemple typique de jugement énoncé dans un proverbe. Si vous ne changez pas d'avis, vous ne pouvez être qu'un imbécile, n'est-ce pas ?

Les principes, moraux ou non, les proverbes et les phrases toutes faites ne tarissent pas chez le manipulateur. Il fait croire qu'il en tient compte pour lui-même et s'en sert pour influencer les pensées d'autrui. Le chapitre 4, consacré à la culpabilisation, le laisse bien percevoir.

En 1989, Germain, alors âgé de 31 ans, rencontre une ancienne camarade de classe. Il réalisera des années plus tard qu'elle est manipulatrice. Après les mots d'accueil d'usage, elle lui demande s'il est marié. Ce à quoi il répond par la négative. Elle s'attriste alors : « Oh ! Tu dois être la désolation de tes parents ! » Une année plus tard, ils se rencontrent de nouveau et la manipulatrice lui pose la même question. La réponse de Germain ne la satisfait apparemment pas plus, puisqu'elle réagit exactement de la même façon: «Eh bien! tu dois être vraiment la désolation de tes parents!» Germain, irrité et sous pression, lui répond que ses parents ne se mêlent pas de sa vie privée et qu'ils le respectent tel qu'il est!

En une seule phrase, la camarade manipulatrice de Germain laisse sous-entendre qu'en principe, il est anormal de ne pas être marié à son âge et que, de ce fait, il doit réaliser qu'il attriste ses parents. Elle a fait appel à une croyance sociale très répandue selon laquelle *il faut* se marier pour s'accomplir et *être normal.*

Pour un couple marié, le fait de ne pas avoir d'enfants peut aussi être la cause d'une forte pression culpabilisante, surtout si la personne curieuse insiste sur ce sujet. Une personne non manipulatrice s'autorise à poser des questions sur vos projets de mariage ou sur votre désir d'avoir des enfants. Mais elle se satisfait d'une réponse négative sans toutefois porter un jugement de valeur sur votre décision. Cette personne peut fort bien être persuadée qu'être marié et avoir des enfants ne font qu'un, mais elle ne vous culpabilise pas pour autant et n'insiste pas. Une personne non manipulatrice et tolérante ne se permet aucun jugement, puisqu'elle conçoit les multiples raisons que d'autres peuvent avoir pour ne pas se marier ou ne pas faire d'enfants (attente d'un conjoint convenable, homosexualité, mésentente conjugale, stérilité, maladie, etc.).

Le manipulateur peut avoir envie de vous critiquer sans le faire directement. Il utilise alors des généralités du style: «Les gens sont inconscients de rouler à 80 km/h. Il y en a qui roulent à cette vitesse-là!» Il sait, pour l'avoir entendu dire une fois, que c'est votre vitesse de croisière sur voie rapide.

Revenons maintenant à la mère de Clara dont nous avons découvert les diverses manœuvres manipulatrices dans les chapitres précédents (voir page 73). Cette femme se refuse à accepter que sa fille et son époux utilisent un répondeur téléphonique lorsqu'elle cherche à les joindre. Ils ont en effet pris cette décision pour respecter leur intimité et leur liberté face à cette mère envahissante qui les appelle tous les jours. La mère est obligée de leur parler à travers le répondeur: «Oui (pas de bonjour). Quand vous êtes à la maison, *vous devriez* répondre et arrêter votre répondeur. Il faut attendre que la bande défile pour que vous décrochiez... et *de toute façon, les gens n'aiment pas ça !*»

Finalement, irritée par le silence au bout du fil, la mère de Clara les appelle chaque soir à 21 h 30. À cette heure-là, ils ne peuvent plus dire qu'ils sont absents !

Nous comprenons que l'utilisation de principes généraux, inventés ou admis socialement, exempte le manipulateur de toute responsabilité de jugement. Nous percevons néanmoins le message qui nous est adressé. Très souvent, la critique porte sur nos amis, nos collègues, notre conjoint ou les membres de notre famille. Elle nous blesse personnellement même si nous ne sommes pas responsables des défauts de chacun. Défauts rarement réels, d'ailleurs.

L'exemple suivant, tiré du film *Une étrange affaire,* donne un aperçu intéressant :

— Le manipulateur : « C'est un copain à toi ? »

— Le manipulé : « Oui. »

— Le manipulateur : « Il est un peu con, non ? »

— Le manipulé : « Non, pourquoi ? »

— Le manipulateur : « Parce que pour jouer au tiercé, il faut être un peu con, non ? »

Le manipulateur sait, pour l'avoir vu, que son interlocuteur joue lui-même au tiercé. Une pierre deux coups !

L'utilisation de l'ironie

L'ironie est une agressivité subtile qui envoie néanmoins un message à l'interlocuteur.

L'ironie et l'humour n'ont ni la même teneur ni le même but. L'humour fait sourire ou rire. L'ironie blesse. Si vous vous vexez, le manipulateur qui ironise à votre sujet vous fait remarquer que vous n'avez *pas d'humour.* La transformation des faits est si rapide que votre esprit reste confus. Un manipulateur qui dit (dans le film *Une étrange affaire*) : « Louis ! je vous appelle Louis car c'est *moins horrible* que Coline », fait-il de l'humour ou de l'ironie ?

Excellente manière de dévaloriser le nom porté par le collègue. À un autre moment, ce même manipulateur demande une cigarette à Louis-Coline. Il l'allume. Enlève la cigarette de sa bouche et l'éloigne de lui, dégoûté : « C'est quoi, ça ? » Puis la jette immédiatement.

Autre ironie pour critiquer et mettre mal à l'aise : La victime, toujours Louis-Coline, fait entrer chez lui le manipulateur. Celui-ci demande :

«Combien cela fait-il de pièces ?

— Deux, répond Louis.

— Combien de mètres carrés ?

— Soixante mètres carrés.

— Ah bon, avec les balcons alors ! Dis donc, demande ensuite le manipulateur, où est ton téléphone ? »

Louis lui explique. Le manipulateur va téléphoner dans la pièce voisine, puis revient hilare :

«Heureusement que j'avais le fil, j'allais me perdre ! »

Visionnez ce film, ne serait-ce que pour observer l'expression de Louis. Ce dernier ne semble pas réellement le prendre avec « humour » !

Carine, aide soignante, souffre à cause d'une manipulatrice (la surveillante responsable du secteur). Carine travaille dans un service d'orthopédie où M. Dumale est hospitalisé. Les pansements de ce patient sont changés tous les deux jours pendant le bain afin de faciliter les soins. Ils ont été faits lundi. Nous sommes mercredi. Une collègue conduit donc M. Dumale dans la salle de bains afin de le laver et de lui prodiguer les soins journaliers. Au moment de la visite du médecin (six personnes), la surveillante manipulatrice s'étonne de ne pas voir M. Dumale dans sa chambre et dit à Carine qui entre alors :

«Mais où est M. Dumale ?

— Dans la salle de bains, répond Carine.

— Ah oui ! c'est vrai. *Il sort* aujourd'hui, alors vous le *chouchoutez,* vous le *briquez* (sur un ton ironique et désagréable).

— Mais, madame, les malades sont lavés tous les jours !

— Et vous ? renvoie la manipulatrice.

— Cela m'arrive ! » réplique Carine d'un ton froid. (Contre-manipulation.)

L'ignorance : la matière première du manipulateur

En misant sur l'ignorance ou la non-expérience d'autrui, le manipulateur fait croire à sa supériorité.

Patrick nous a déjà parlé d'une directrice d'hôtel dont il était l'employé à Lourdes. L'anecdote se produit cette fois durant son premier soir de travail. Un client lui commande une bière. La directrice lui montre l'emplacement du plateau et des verres. Patrick les prend et va servir son client. La directrice se tient derrière lui et assiste à la scène. Elle se met à parler au client :

« Pardon, monsieur, vous voulez votre bière avec ou sans mousse ? Excusez le jeune homme, il n'est pas habitué à faire le service » (elle n'attend pas la réponse du client).

Le brave homme se moquait bien d'avoir ou non de la mousse. Mais voilà l'occasion rêvée pour faire croire que son serveur pourrait ne pas savoir servir une simple bière ! Cependant, cette remarque faite au client n'est pas très avantageuse pour l'image de son établissement. Alors, à qui cela profite-t-il ?

En des circonstances plus banales, le manipulateur vous contraint au silence par des phrases comme :

- « Vous savez, cela fait 15 ans que je travaille ici. »
- « Tu verras quand tu seras marié... »
- «On en reparlera quand tu auras des enfants. »
- « Vous verrez quand vous aurez mon âge. »
- « On verra si tu seras aussi heureuse plus tard. »

Certaines de ces pseudo-prédictions impliquent que vous ne pouvez échapper à un destin peu réjouissant. Cela donne au manipulateur l'illusion que ses expériences difficiles ne sont pas si différentes de celles des autres. Or, il est évident que les vôtres ont des chances de l'être. D'une part, tous les êtres ne vivent pas avec les mêmes pensées, schémas et principes. D'autre part, tous les êtres n'ont pas les mêmes objectifs ni expériences de vie. Pourquoi seriez-vous obligé de suivre un chemin tout tracé ? Le chemin que nous trace le manipulateur est toujours semé d'embûches et de malheurs. L'avez-vous remarqué ? Au lieu de nous stimuler à créer un avenir constructif et heureux en affrontant les obstacles naturels de la vie, il ne nous soumet que l'aspect négatif. Cet aspect est imprégné de son propre vécu. Par ces réflexions, il émet l'évidence que son expérience a valeur d'enseignement pour les autres. Il fait croire qu'il *sait* de quoi il parle. Méfiez-vous de votre déférence automatique envers l'autorité. Il suffit simplement que la personne soit plus âgée, qu'elle soit votre père ou votre mère pour que vous ne remettiez rien en question. Leur vie est-elle si exemplaire? Si c'est le cas, c'est bien. Expérimentez les conseils dans les domaines où l'auteur a réellement réussi. Ne vous attendez pas à vous heurter à des difficultés une fois marié simplement parce que l'on vous a dit: «Tu verras quand tu seras marié!»

Si vous soumettez une nouvelle idée de classement à votre collègue et que celle-ci vous coupe: «Oh! vous savez, je connais la maison. Cela fait 15 ans que je suis là!» elle sous-entend qu'elle a tout essayé et que l'organisation actuelle ne peut être améliorée. Ce genre de réflexion est souvent émis par des personnes peu enclines aux nouveautés. Elles sont rarement ouvertes à l'enseignement et aux découvertes faites par leurs collègues. Ces individus ont mis en place un système qui leur semblait approprié il y a bien longtemps et n'en ont plus dérogé. Qu'en est-il 10 ou 15 ans plus tard? Les choses et la population ont bien évolué depuis. Ils ne l'ont pas réalisé. De même pour l'éducation des enfants, nous avons, grâce aux études en psychologie, de nouvelles informations nous permettant de procéder différemment. En d'autres termes, lorsqu'on nous dit: «Tu verras quand tu auras des enfants!» nous avons toujours l'occasion de mieux comprendre comment vivent les enfants d'aujourd'hui et de les éduquer autrement. Par ces injonctions, le manipulateur semble dire que *son* expérience est la *seule* valable, et que *son* expérience vous apportera la connaissance.

Attention: ne pensez pas que tous ceux qui vous parlent ainsi sont des manipulateurs relationnels. Ces derniers sont facilement reconnaissables grâce aux 30 caractéristiques énumérées au chapitre 2.

Par moments donc, le manipulateur mésestime nos connaissances, alors qu'à d'autres moments il les surestime, nous faisant croire que nous devrions tout savoir!

Exemple : un manipulateur discute à table avec quelques amis. Il émet des avis (surtout des généralités) sur l'éducation des enfants et se met à parler du travail de Mélanie Klein. Son interlocuteur de face grimace et demande :

« Qui est Mélanie Klein ?

— *Tu ne sais pas qui* est Mélanie Klein ? s'étonne le manipulateur.

— Non.

— Tu ne sais pas *qui* est Mélanie Klein ? répète-t-il.

— Non, je ne sais pas.

— Alors ça, je n'en reviens pas ! Tu ne sais *vraiment pas* qui elle est ? insiste le manipulateur.

— Non ! je te dis que je ne sais pas ! s'énerve l'interlocuteur.

— Là, tu me déçois... elle est quand même connue !

— Alors dis-nous qui elle est ! finit par demander l'interlocuteur.

— Eh bien ! c'est une grande psychanalyste d'enfants aussi connue que Freud ! Elle a contribué aux travaux sur... »

Tout l'impact de la manœuvre dévalorisante se produit à travers des *étonnements répétitifs,* et l'insistance prononcée sur notre méconnaissance d'un sujet qui se révèle, en fait, *très particulier.* Le tour se joue effectivement sur un thème que peu de gens connaissent. Avez-vous déjà entendu parler de Mélanie Klein ? Les psychologues, les psychomotriciens, les psychiatres et les autres spécialistes me répondront par l'affirmative. Mais qu'en est-il du lecteur non spécialisé dans le domaine de la psychologie infantile ? Rien d'étonnant à ce que vous ne la connaissiez pas ! Elle n'est pas aussi célèbre que Freud, malgré ce qu'affirme ce manipulateur. Si elle était aussi connue que Freud il ne s'agirait pas d'une manœuvre manipulatrice. Imaginons que nous ayons une conversation et que je vous parle de Picasso. Je peux être étonnée que vous ne le connaissiez pas, sans toutefois aller jusqu'à vous dévaloriser pour cela. Se faire traiter d'ignorant, voire d'inculte (en sous-entendu) parce que vous ne connaissez pas Mélanie Klein est tout à fait différent !

L'effet est analogue si le manipulateur émet dans son discours des *noms propres inconnus,* des *termes trop techniques* ou des mots en langues étrangères (allemands ou russes, par exemple). Il dit tout cela sur le ton de l'évidence sans en donner la moindre traduction. Il n'explique pas, car vous devriez comprendre si vous êtes assez cultivé! Si vous n'avez pas fait de longues études, vous vous persuadez vite que vous manquez manifestement de culture. Peut-être pensez-vous manquer d'intelligence. Vous n'osez plus intervenir dans la conversation. Dans *Une étrange affaire,* le manipulateur se met à dire des poèmes en allemand, face à une tablée de collègues et d'amis. Puis il lance à l'égard d'une convive: «Ce n'est pas Salomé qui dira le contraire!»

L'introduction *« Tout le monde sait que... »* est assez déconcertante lorsque vous entendez pour la première fois l'information qui suit. Si je dis «Tout le monde sait que les pierres précieuses sont rares et donc chères», j'ai peu de chance de vous étonner. Maintenant, faites la différence entre: «Les rubis les plus prisés sont ceux de Birmanie» et «Les rubis les plus prisés, tout le monde le sait, sont bien sûr ceux de Birmanie». Dans le premier cas, j'informe de ce que je sais et dans le deuxième, je ne fais que rappeler ce que chacun *devrait savoir.* L'exemple choisi est anecdotique et sans importance. Imaginons cette attitude dans un discours professionnel ou un dialogue relatif à l'actualité... Cela n'est pas fait pour vous mettre à l'aise.

Ce chapitre pourrait contenir d'autres cas vécus de dévalorisation. Outre la critique directe, la mise en doute de nos qualités et de nos personnalités imparfaites, l'ironie, le jeu subtil sur l'ignorance présumée ou honteuse, le manipulateur peut utiliser divers moyens:

- La narration d'histoires mensongères qui le mettent en valeur;
- L'écoute aversive, que nous avons abordée dans le chapitre relatif aux aspects non verbaux de son comportement;
- «L'oubli» de votre présence, voire de votre existence. Exemple: il ne dit pas «Bonjour», ne demande pas de vos nouvelles, ne vous adresse pas la parole ou ne vous regarde pas;
- Il coupe systématiquement la parole aux autres;
- Il pose des questions auxquelles vous devez répondre immédiatement.

CHAPITRE 9

Pauvre manipulateur !

Le manipulateur, parfois doté d'un certain *charisme,* sait susciter notre pitié lorsqu'il se met en position de victime.

Comme chacun de nous, le manipulateur traverse de véritables épreuves que nous ne renions pas. En revanche, il a la particularité de nous confier des difficultés qui n'existent pas. Voici les thèmes autour desquels se concentrent ses plaintes :

1. Il accuse un entourage *difficile* ;
2. Il se dit *débordé* ;
3. Il exagère ses problèmes de santé.

Un entourage difficile...

- « Jacques est *encore* parti suivre un de ces congrès en province et me voilà de nouveau à me débrouiller avec les enfants et tout le reste ! »
- « Avec les secrétaires qu'on m'a imposées, je suis obligée de *tout* faire par moi-même. »
- « Je ne peux pas leur faire confiance. »
- « Avec ceux-là, je ne suis pas aidé. »
- « Décidément, je n'ai pas de chance avec mes voisins. »
- « Les gens sont égoïstes et ne se préoccupent pas de vous. »
- « J'ai fait tout ce que j'ai pu. Il est têtu ou idiot, je ne sais pas. Il ne veut pas m'écouter ! »

- « On ne peut compter sur personne en ce monde. »
- « Dans la vie, tu t'apercevras que tu es bien seul. »
- « Je fais tout ici. Personne ne m'aide. »

Nous avons peut-être déjà prononcé l'une de ces plaintes à propos de notre entourage. Peut-être était-ce corroboré par des faits réels.

Si nous ne connaissons pas la réalité du manipulateur avec lequel nous sommes en contact, tout nous porte à penser qu'il est effectivement victime de gens incompétents, ingrats ou autres qualificatifs dont il sait fort bien user.

Sylvie s'est chargée de diverses et complexes démarches administratives pour sa mère (manipulatrice) partie en vacances. Elle devait ouvrir le courrier, vérifier son contenu, téléphoner pour régler des litiges et même discuter un découvert bancaire de sa mère. Sylvie s'est montrée active et efficace. Elle est de nature très consciencieuse lorsqu'elle s'engage. Pourtant, en rentrant, sa mère confiait à sa sœur et en public : « Je ne peux pas faire confiance à Sylvie. » Cette dernière avait oublié d'arroser quelques plantes sur le balcon. Décidément, cette pauvre maman n'était pas aidée !

Débordé de toutes parts

Qui n'est pas débordé parfois ? La différence est que le manipulateur *se* submerge souvent de tâches qu'il choisit *seul* d'assumer et utilise ce prétexte pour devenir indisponible ou pour expliquer sa fatigue.

Mme L. jouit de sa retraite depuis quelques années. Elle répète inlassablement qu'elle a *un tas de choses à faire* et qu'elle est fatiguée de tout cela. Un jour, son fils lui fait remarquer que les cours qu'elle suit à l'école d'art, les séances de cinéma avec ses amies, les concerts ou son courrier *en retard* ne sont pas des obligations ; que ses loisirs ne peuvent être considérés comme des corvées ! La réaction de Mme L. ne se fait pas attendre : elle se met en colère !

Le manipulateur transforme même sa chance en complainte ! Un chef d'entreprise (manipulateur), propriétaire d'un magasin, d'une société de service d'animation commerciale, d'une maison à la campagne, d'une jeep et d'un cheval de race, se plaignait constamment auprès de ses employés et de ses fournisseurs de son manque constant d'argent. C'était son excuse favorite pour sous-payer ses employés et ne pas régler ses fournisseurs. Il faisait souvent remarquer à son entourage qu'il ne roulait qu'avec une petite Fiat (sa *petite Fiat* était en fait sa deuxième voiture). Ceux qui n'avaient aucune idée des *biens* de ce monsieur lui concédaient des rabais importants ou acceptaient d'être sous-payés.

Si vous voyagez, certains manipulateurs vous font des réflexions du type: «Eh bien! Il y en a qui ont les moyens!» ou alors «Avec mon mari, on ne pourrait pas se payer un tel voyage». Ils occultent soudain leurs investissements dans d'importants biens immobiliers, des véhicules ou des actions, et se font passer pour des pauvres malheureux.

Chacun peut manquer de fonds temporairement et peut partager son inquiétude; même les plus favorisés d'entre nous. La question n'est pas tant la plainte elle-même que son *caractère abusif et constant*. Nous ne pouvons nous plaindre constamment! Sinon, nous devenons effectivement des victimes.

Le manipulateur directeur d'un grand magasin dans le film *Une étrange affaire* s'exclame, en mettant ses chaussures soigneusement cirées par ses deux collaborateurs (qui ont aussi repassé le costume): «Il m'emmerde, ce président, avec ce dîner de gala!» Or, les employés auxquels il s'adresse n'y sont pas conviés et dîneront d'une omelette.

N'oubliez pas qu'une personnalité manipulatrice n'a pas l'habitude de perdre en quoi que ce soit. Ses lamentations nous trompent et nous engagent à lui concéder une aide injustifiée.

Une santé défaillante

Un manipulateur malade est presque à l'article de la mort! Il exagère systématiquement ses maladies. Il s'est fait opérer? Il vous dit qu'il a failli *y passer*. Des symptômes? Pire que cela: suspicion de cancer. Si! si! Il va se coucher au moindre mal de tête en disant qu'il ne comprend pas *ce qu'il lui arrive*. Lorsqu'il est atteint d'une vraie maladie cardiaque, il crie «Mon cœur, mon cœur...» à la moindre contrariété.

Pour lui, la maladie est sérieuse sauf… quand elle vous arrive à vous!

Vanessa s'est retrouvée en dépression avec une lombalgie (blocage du bas du dos) accompagnée d'une sciatique bilatérale (compression du nerf sciatique des deux jambes). Son conjoint manipulateur n'en croyait pas un mot et estimait que c'était du *bluff.* Il ne l'a aucunement soutenue ni aidée. Elle a dû se déplacer elle-même dans la maison. Le but du manipulateur était de ne pas en faire plus que d'habitude. En revanche, ce monsieur appelait deux fois par jour un ami qui souffrait d'un lombago, et le plaignait: «Il ne peut plus bouger. Il dort par terre, le pauvre.»

Voici la lettre d'une femme manipulatrice, envoyée à son fils de 27 ans. La présentation originale est conservée ici:

> «Je viens d'essayer de t'appeler au travail pour te passer quelques messages: Répondeur!
>
> «1- La maison de campagne est libre cet été.
>
> «2- Avant de quitter mon appartement, j'ai pris soin de baisser les stores de la salle de séjour afin que le soleil à travers les vitres ne décolore pas mes couvre-lits et coussins. Si, en allant faire tes enregistrements, tu les as relevés, tu serais gentil de les rebaisser pour éviter cela, car je ne rentre que le 17 juillet et n'oublie pas de bien fermer les volets à cause des cambriolages.
>
> «3- J'ai été très malade en fin de semaine et alitée pendant 3 jours dans le grenier sans pouvoir m'alimenter à cause de douleurs abdominales violentes et persistantes. Mauvais moral depuis 10 jours, plus mauvaise santé, plus impossibilité de communiquer avec qui que ce soit. Je m'enferme dans la solitude, ce qui n'arrange rien. J'ai failli t'appeler cette nuit à 2 h du matin, ne pouvant fermer l'œil tellement j'étais mal. Je vais peut-être finir par voir un médecin.
>
> «Je ne sais ce que tu deviens; où tu en es. J'espère de tes nouvelles, mais je t'en supplie, si tu m'appelles, ne me fais plus mal: j'ai peur de tout en ce moment.
>
> «Je t'embrasse. Maman

« P.-S. : Je rêve de rapports tranquilles et sereins entre nous, une bonne fois, car après avoir encaissé les coups de mon père, mon mari, mon frère, tu es mon seul espoir de survie. J'y pense beaucoup à cet âge qui est celui de la mort de ma mère et je m'y accroche tant que je peux.

« Être là, c'est ma façon de te dire que je t'aime. »

Voici ce que son fils lui a courageusement répondu :

« Maman,

« 1- Les nombreux et inquiétants symptômes dont tu me fais part me semblent difficiles à supporter. Je ne comprends donc pas que tu n'aies pas contacté sur-le-champ un médecin pour te soigner. Tu aurais dû le faire par sécurité. Il n'est peut-être pas trop tard. Et ce, d'autant plus que tu as fait transmettre par une amie que tu étais proche du décès.

« 2- Tu m'expliques que tu "ne peux plus communiquer", que tu as "annulé toutes tes invitations" et que tu vivais alitée durant la fin de semaine. Ce deuxième type de symptômes, d'ordre psychosomatique ceux-là, me paraissent également alarmants. Contacte donc sans attendre quelqu'un (sur qui tu puisses vraiment compter) et qui puisse t'aider psychologiquement (psychothérapeute). Il en va de ton bien-être et de ton hygiène mentale.

« *Si ton cas s'avère finalement moins grave, je t'engage chaleureusement à poursuivre la lecture de cette lettre.*

« 3- Tu "rêves de rapports tranquilles et sereins une bonne fois pour toutes". C'est là un idéal très louable et je le partage sincèrement avec toi. Forte de cet objectif ambitieux et généreux, je te conseille maintenant de passer à l'étape suivante : celle de la concrétisation de cet espoir en te donnant tous les moyens nécessaires pour qu'il devienne désormais une réalité tangible. Réfléchis donc à ton comportement. Vérifie que les rapports que tu instaures avec tes proches ne se caractérisent pas par l'utilisation systématique des techniques de manipulation (légiférer en permanence pour les autres, apitoyer les autres sur ton cas, faire des déclarations détournées grâce à une tierce personne, invoquer des motifs prétendument philanthropiques, rationnels ou utilitaires pour obtenir ce que tu veux d'autrui), voire de culpabilisation (montrer à son fils qu'il vous rend malade physiquement, moralement et que cela ne fait que s'ajouter à une série de "coups durs" ou à un acharnement sadique, rappeler que l'on peut "mourir" aujourd'hui même. D'ailleurs, comme tu l'expliques, n'as-tu pas l'âge auquel ta mère a disparu ?).

«4- Cela me permet d'aborder un quatrième point. Tu me parles de "survie" ainsi que de ta mère, donc. N'oublie pas qu'elle a vécu dans un milieu très modeste, en Afrique, dans un pays colonisé et machiste. Voilà des *raisons objectives* qui expliquent sa courte existence. N'oublie pas non plus qu'elle a dû vivre, coexister avec un être profondément déséquilibré, ton père, qui a diffusé une atmosphère de *manipulation* et de *culpabilisation.* Elle en a subi les contrecoups sans prendre de recul par rapport à ce type de comportement et s'est laissée enfermer dans ce terrible piège. Elle en est sans doute morte. Je ferai tout dans ma vie pour éviter d'imiter ma grand-mère maternelle sur ce point précis. Je ne permettrai pas à quiconque d'inhiber ou de freiner mon épanouissement personnel. La vie a trop de valeur à mes yeux et je crois profondément au bonheur.

«Pour ta part, ne te fais pas trop de soucis. La médecine a fait de nombreux progrès, l'espérance de vie de chacun recule de jour en jour, tu disposes d'une retraite correcte, de deux lieux de résidence, d'une famille et d'amis qui t'aiment. Enfin, n'oublie pas que tu es *TOI.* En aucun cas tu ne dois te croire "obligée" ou "condamnée" à souffrir comme ta mère. Ton existence n'est pas dupliquée sur la sienne. Je ne crois pas que, là où elle est — et généreuse et intelligente comme elle l'était —, ce soit ce qu'elle souhaite pour sa fille. En vivant heureuse et longtemps, tu ne la "trahiras" pas.

«5- Tu m'expliques que si tu vis, c'est en fait pour moi. C'est gratifiant pour ton fils, et je t'en remercie.

«Mais ne parles-tu pas souvent des joies que tu as avec tes amis, des rencontres enrichissantes que tu as l'occasion de faire, des voyages ensoleillés, du confort de ton appartement, du charme de ta maison de campagne, de ton bonheur d'être à la retraite et de jouir d'une liberté sentimentale depuis 1989 ?

« Alors, soit ces propos n'étaient que purs mensonges — et je suis donc coupable du calvaire existentiel que tu vis uniquement pour moi —, soit tu les as bien vite oubliés. Je penche sérieusement pour la seconde hypothèse.

« Quant aux stores de ton appartement, je les ai laissés comme je les ai trouvés. J'ai même enlevé mes souliers pour me déplacer. Rassure-toi : ta moquette est donc restée propre, très propre.

« Pour ma part, je vais bien et je m'engage dans un métier certes difficile mais qui me plaît beaucoup.

« Je t'embrasse très affectueusement et n'oublie pas que je t'aime.

LOÏC

« P.-S. : Il est inutile de me contacter sur mon lieu de travail et puis, tu en conviendras également, cela n'a jamais été l'endroit idéal pour discuter de manière claire et efficace.

« La poste ne faisant plus grève et mon téléphone fonctionnant normalement, tu peux donc m'appeler à des heures normales, c'est-à-dire de préférence bien avant "2 heures du matin". »

Chapitre 10

Il change ses opinions et ses comportements en fonction des situations

«J'en ai assez! Nous ne pouvons plus continuer à travailler comme ça. Il nous faut une personne supplémentaire. Parlons-en à la responsable!» Véronique, la caissière, a décidé de se plaindre. Pourtant, lors d'une réunion avec ses supérieurs, elle n'a pas pris la parole pour exposer son problème. C'est alors qu'un magasinier a décidé de le faire à sa place.

«Véronique disait hier que deux caissières n'étaient pas suffisantes et que vous pourriez peut-être engager une autre employée. N'est-ce pas, Véronique?

— Moi? Je n'ai jamais dit cela, s'écrie Véronique.

— Mais tu nous l'as dit hier après-midi, rappelle le magasinier.

— Pas du tout! J'ai dit qu'avant nous étions trois et que c'était plus facile. Moi, du moment qu'on me règle mes heures supplémentaires, ça va. C'est surtout pour l'attente des clients que c'est ennuyeux.»

Les magasiniers et l'autre caissière restent éberlués. Ont-ils mal compris? Ont-ils *tous* mal entendu ce qu'avait dit avec vigueur Véronique?

Connaissez-vous un manipulateur qui n'ait pas pratiqué de retournement de ce type? Dans tous les cas, le manipulateur s'exprime avec conviction. Pourtant, si nous n'avons pas de témoins nous sommes parfois en proie à un doute : ai-je vraiment bien compris ?

Le manipulateur, pour légitimer ses propos, n'hésite pas à vous affirmer : « Tu as mal compris », « Vous n'avez pas écouté ce que j'ai dit », « Je ne sais pas d'où vous tenez cela » ou encore « Vous avez mal interprété ». Il affiche une assurance déconcertante.

Il nous arrive tous, heureusement, de changer d'avis ou d'opinion. Mais le nions-nous pour autant ? Rejetons-nous le fait qu'auparavant nous avions une idée « A » et que nous avons maintenant une idée « B » ? Non, bien sûr ! Pourquoi ne pas reconnaître que les données de base changent ou que les événements apportent un nouvel éclairage ? Nous voilà au cœur du problème. Les manipulateurs nient avoir eu l'idée « A » et par là même créent le doute chez vous.

S'agit-il de mensonges ? Si nous sommes attentifs, nous pouvons déceler le mensonge chez quelqu'un par son comportement non verbal à l'instant de la négation. Or, le manipulateur semble convaincu qu'il a toujours pensé et dit ce qu'il annonce en dernier lieu. Il ne semble pas mentir consciemment.

En mettant ses contradictions en évidence, il persiste à nier farouchement. Il devient agressif. Le manipulateur ne supporte pas la moindre remise en cause. Est-ce une manière de démontrer que, quelles que soient les circonstances, il a *toujours* raison ?

Dans le cas de Véronique, il apparaît primordial que sa responsable ait une bonne opinion d'elle. C'est une explication pour comprendre son changement d'opinion et d'attitude.

La mère manipulatrice de Loïc change systématiquement le ton de sa voix lorsqu'elle répond au téléphone. Elle est méconnaissable. Sa voix devient soudain aiguë et féminine. Le *Allô* traîne et elle discute en saupoudrant la conversation de rires tout à fait artificiels. Son attitude change du tout au tout dès qu'elle se retrouve en public. Nous sommes tous plus agréables et plus attentifs à nos attitudes en public qu'en privé, sans toutefois apporter un changement radical (comme la mère de Loïc) à notre façon d'être.

Un autre manipulateur, plutôt introverti, adoptait des attitudes de séduction dès qu'il s'entretenait avec des amis. Surtout avec des femmes. Il était excessif au point d'embrasser une cinquième fois la personne pour lui souhaiter le bonjour ! Le plus éclatant était ce sourire radieux qu'il arborait en public et qui disparaissait aussitôt que la porte se refermait sur les derniers invités. Un jeu de masques incroyable. Seule sa famille en était témoin.

L'histoire vécue par cette patiente âgée de 55 ans illustre encore une relation douloureuse. Conseillée par son médecin, elle souhaitait pratiquer la sophrologie (relaxation) pour diminuer les effets du stress qui la submergeaient. Cette femme n'avait jamais travaillé à l'extérieur mais s'occupait ardemment d'œuvres de charité. Elle était authentiquement bonne et simple. Venue d'un milieu de petite bourgeoisie, elle avait épousé, 30 ans auparavant, un homme d'un milieu plus modeste. Pour les premiers entretiens, je prévoyais obtenir une meilleure connaissance de sa vie, procéder à une analyse précise des causes de stress et à l'apprentissage des principes de base de la sophrologie. Elle souhaitait intégrer le groupe du soir qui avait débuté quelques mois plus tôt. C'était la première fois de toute sa vie qu'elle consultait un thérapeute en dehors du médecin qui lui prescrivait des anxiolytiques (tranquillisants) et des antidépresseurs. Elle s'étonna de sa facilité à parler d'elle lors de nos entretiens. De mon côté, je notais qu'elle ne comprenait pas d'où lui venaient tous ces troubles, car elle disait : « J'ai tout pour être heureuse. » Néanmoins, elle ajoutait constamment des anecdotes troublantes concernant le rapport que son mari entretenait avec elle. L'émotion la prit alors qu'elle me confiait, sans s'interrompre, des faits alarmants sur son époux. À trois reprises, elle s'arrêta pour dire : « Vous me croyez ? Comprenez-vous tout ce que je dis ? Je n'ai jamais raconté cela à personne ! » Je compris rapidement ce dont elle me parlait : son mari était un manipulateur dangereux.

Depuis le premier entretien, j'avais successivement repéré les caractéristiques typiques du manipulateur. (Je ne vous donnerai ici que les points qui concernent notre chapitre.) Depuis des années, il la battait. Il la traitait de s... et de p... devant leurs enfants.

Ce monsieur n'a jamais eu le moindre geste, la moindre attitude ni les moindres mots laissant présumer aux amis ce qui se passait dès que la porte se refermait sur leur vie privée. Elle éclata en sanglots et m'avoua qu'elle n'avait jamais pu en parler à ses meilleures amies : personne ne l'aurait crue. Elle ajouta : « Il est tellement gentil, prévenant, mondain et souriant avec tout le monde que plusieurs fois mes amis m'ont fait remarquer combien j'avais de la chance d'avoir épousé un tel homme. Vous rendez-vous compte ? Comment pouvais-je leur avouer la vérité ? Comment pouvais-je leur dire qu'il était un véritable dictateur à la maison ? »

Cette femme était prisonnière. C'est assez rare de l'être à ce point. N'ayant ni diplôme ni formation d'aucune sorte, elle ne savait pas travailler. Il lui disait d'ailleurs qu'elle ne savait rien faire et qu'elle était une sotte. Elle aurait pu, en 30 ans, apprendre. Mais il le lui interdisait. Cette femme était déjà peu sûre d'elle, passive, et a bien vite admis que cela ne servait à rien de s'affranchir puisque, comme disait son mari, il gagnait suffisamment pour faire vivre sa famille. Imaginez-vous qu'elle venait à sa séance avec un chèque. Pas un chéquier, mais un unique chèque ! Son mari ne lui donnait de l'argent que s'il pouvait en vérifier l'usage. Il lui demanda ce qu'elle pouvait bien faire pendant ses séances de sophrologie. Elle lui expliqua qu'elle se préparait en deux ou trois séances individuelles à intégrer le groupe de relaxation.

Ce qui se disait et se déroulait durant les entretiens individuels ne me permit pas de passer directement à la pratique de la sophrologie, encore moins de lui proposer de participer au groupe. Elle est donc restée six ou sept séances *en individuel* pour « sortir tout cela », disait-elle. Cependant, je pressentais un danger dont je lui fis part lors de la quatrième séance : son mari connaissait le montant des honoraires d'une séance individuelle et d'une séance de groupe. Il y avait une différence qu'il ne manquerait pas de repérer. En tant que manipulateur, il verrait le danger relié au fait (pour lui) que sa femme entretienne des relations trop étroites avec un thérapeute. Elle pourrait trop en dire. Il s'étonnerait qu'elle n'ait pas encore intégré le groupe et pourrait à tout moment lui refuser le chèque de paiement.

C'est ce qui arriva sûrement, car un jour cette dame m'appela pour repousser un rendez-vous afin de partir en vacances avec sa sœur. Elle n'est jamais revenue.

Il y a deux types de professionnels concernés par les masques que peut revêtir un individu : les psychothérapeutes et les avocats. Ils semblent plus capables que quiconque de repérer un manipulateur. Néanmoins, ils peuvent être trompés s'ils ne connaissent pas son entourage. Le manipulateur sait séduire par ses aspects positifs. Le jeu est facile.

Promesses non tenues

En vérité, le manipulateur *promet* rarement. Le mot n'est pas prononcé. Cela lui permet facilement de répliquer qu'il « n'a jamais promis ». S'il ne promet pas, il dit néanmoins ce qu'il prévoit faire.

Comment cela peut-il se passer ?

Mme M., manipulatrice, responsable d'un service hospitalier et collaboratrice de Céline, aborde le sujet des notations du personnel. Elle convient de vive voix avec Céline et deux autres responsables qu'elles effectueront *ensemble* les notations. Il s'agit là d'une procédure normale.

Les semaines passent. Un matin, sur un ton désinvolte, Mme M. s'adresse à ses trois collègues : « Oh ! finalement, je les ai réalisées toute seule ; d'ailleurs elles sont déjà envoyées, car vous n'étiez pas disponibles ! »

Pour quelles raisons Mme M. a-t-elle volontairement évité l'entretien et l'échange d'opinions avec ses collègues ? Nous ne le saurons pas précisément, tout comme Céline et ses collègues n'auront pas connaissance de ce qui aura été relevé et noté par Mme M. Pour garder le pouvoir total, celle-ci élimine celui des autres tout en prétextant une fausse raison.

Bruno fait faire des travaux de plomberie importants dans le studio qu'il vient de louer. Les frais s'avèrent plus onéreux que ce qu'il peut payer. Il en parle à sa propriétaire (manipulatrice). Celle-ci *accepte d'y participer* : moitié-moitié. Les gros travaux de plomberie sont d'ailleurs légalement aux frais des propriétaires d'appartements. Bruno doit néanmoins lui rappeler l'accord quelques semaines plus tard puisqu'il ne reçoit aucune aide. La propriétaire s'irrite :

« Vous êtes marrant, vous ! Vous vous engagez à faire des travaux et maintenant vous me demandez ma participation !

— Mais, madame, vous étiez d'accord. Vous vous y êtes engagée.

— On verra plus tard », fait-elle.

En insistant, Bruno finit par obtenir la participation promise.

Trois ans plus tard, la propriétaire propose à Bruno de renouveler son bail de location. Quatre mois passent sans que Bruno reçoive de documents à ce sujet. Il la croise dans la rue, mais elle fait mine de ne pas le voir. Un beau matin, il décide alors de l'attendre. Elle est surprise. Bruno lui demande expressément son bail :

« Mais vous ne me faites pas confiance ! s'exclame-t-elle.

— Je préfère un engagement écrit.

— Je suis pressée. Je vous joindrai pour en *parler »,* termine-t-elle, furieuse.

Lorsqu'ils se revoient, la propriétaire demande à Bruno pourquoi *il* ne lui fournit pas l'exemplaire du bail ! Elle ajoute qu'elle pensait jusque-là qu'*il était quelqu'un de bien et de poli,* et qu'elle était fort étonnée de son agressivité !

Dans cet exemple, la propriétaire a prononcé la phrase clé des manipulateurs peu soucieux de leur engagement : *« Vous ne me faites pas confiance ? »* Le conflit pointe et pour l'éviter, nous nous empressons naïvement de répondre : « Mais si ! » Il y a double erreur. En tout premier lieu, ne répondez pas. « Mais si je vous fais confiance. » À ce moment-là, le manipulateur obtient la base suffisante pour vous montrer en toute logique (sa logique) que la confiance suffit. Deuxièmement, ne lui faites pas confiance ! Nous le rappellerons dans les chapitres consacrés aux méthodes de protection. Faites écrire tout engagement qui peut se noter ou écrivez-le vous-même devant lui (ce n'est pas le cas pour le bail, bien sûr). Bruno a eu le réflexe adéquat en de telles circonstances ; il a répondu : « Je *préfère* que ce soit écrit. » Dans une situation professionnelle, par exemple, vous pouvez dire « Je préfère que vous écriviez tout cela afin que les choses soient claires pour tout le monde » (évitez surtout le ton agressif) ; ou bien, « Je préfère noter tout cela pour ne pas *oublier* ce dont nous convenons », sur un ton enthousiaste ou ne permettant pas d'y interpréter une méfiance.

Enfin, nous constatons que le manipulateur *ne s'excuse pas* de déroger à ses dires ou à ses engagements sérieux. Si nous lui faisons remarquer ses actes (son non-respect de la parole donnée, sa déresponsabilisation, notre attente, son non-respect de l'organisation d'autrui), il tient à portée de main d'excellents prétextes (selon lui) pour s'expliquer. Le plus souvent, il rétorque qu'il est submergé de travail, qu'il n'a pas le temps, qu'il doit s'occuper de rendre service à quelqu'un ou qu'il est victime de quelqu'un (« On m'a retenu ») ou de quelque chose (« Tu habites trop loin. Je me suis trompé avec toutes ces fichues routes »). Pour échapper à toute explication ou excuse vis-à-vis d'autrui, il utilise aussi *le mensonge* (on s'en serait douté) et le fameux *« Il faut se faire confiance ! »*.

Chapitre 11

Il ne tient pas compte des besoins des autres

Le manipulateur ne tient pas compte des droits, des besoins et des désirs des autres. Il impose subtilement (le *dictateur,* lui, impose tout court). Si un jour vous le lui reprochez, il jurera le contraire, fausses preuves à l'appui. Le discours et la réalité ne font pas corps. Le manipulateur *altruiste* sera définitivement meurtri de votre remarque et se considérera comme la victime de votre ingratitude. C'est en général à ce moment-là qu'il se met à pleurer, persuadé que vous n'avez rien compris à son amour ! Rien ne sert de lui expliquer qu'amour et pouvoir peuvent se dissocier et qu'il tire toujours profit des situations aux dépens d'autrui. Son égocentrisme l'aveugle et il est sûrement lui-même convaincu de ses bonnes intentions.

« Moi, je... »

N'en déplaise aux manipulateurs, ce qui les intéresse vraiment, c'est leur propre personne. Vous commencez à raconter votre voyage en Chine, il vous interrompt aussitôt pour bien vous faire comprendre que ce que *lui* aime dans la Chine, c'est la cuisine ! Il participe à toute conversation où il peut établir un lien, même très éloigné, avec lui-même. Si quelqu'un aborde un sujet auquel il ne peut se raccrocher, il n'écoute plus (il peut cependant faire semblant, pour plaire). En quelques minutes, il fait dévier le sujet ou bien il crée avec ses voisins (à table, en réunion, etc.) un tout autre sujet d'intérêt.

Un soir, un invité manipulateur a soudain demandé à la maîtresse de maison si elle voulait voir ses dernières photos de vacances en Argentine, alors que les quelques personnes présentes dans le salon s'intéressaient passionnément au récit d'un autre invité, reporter à Sarajevo. Non pas que la guerre de Yougoslavie ne le concerne point (bien que ?), mais il ne supporte pas qu'un individu, autre que lui-même, soit le pôle d'attraction aussi longtemps. Dès que les événements ne tournent pas autour de lui, il se sent démuni, anxieux, impuissant et tente par tous les moyens — les plus irrespectueux — de capter l'attention des autres. À l'exception du manipulateur *timide,* il monopolise la parole même si les gens ne sont pas passionnés par ses propos. Il a un besoin impérieux d'être reconnu comme une personne pleine de qualités. Il se veut indispensable et est capable de faire une rétention temporaire d'informations pour qu'on ait besoin de lui (il ne donne pas les coordonnées d'une relation utile, par exemple). Son besoin d'être reconnu se reflète jusqu'au coup de fil où il ne se nomme pas : vous êtes censé le reconnaître à sa voix ! Imaginons que vous ne l'ayez pas entendu depuis six à dix mois, qu'il n'est ni de la famille ni un ami proche, et que soudain il vous téléphone : « Bonjour, c'est moi ! » Il s'attend à être identifié tout de suite comme si vos pensées étaient à tout moment focalisées sur son souvenir.

Il se complaît dans son image. Notons que la manipulation est d'ailleurs basée sur les apparences, jusqu'aux vêtements et aux accessoires. Il est capable de se faire des compliments en faisant croire qu'il vous demande votre avis. « Que penses-tu de cette nouvelle cravate ? Elle est élégante, hein ? » Vous n'avez pas eu le temps d'ouvrir la bouche qu'il a déjà donné son avis (favorable). Si vous ne répondez pas, il insistera par des « hein ?... hein ? » naïfs. Vous répondez alors ce qu'il souhaite entendre.

Par démagogie, le manipulateur vous incite à donner votre avis, même sur des questions plus sérieuses que son aspect vestimentaire ; il vous consulte, dirait-on, alors qu'il s'est déjà fait sa propre idée.

Généralement, il n'en démord pas. Cela est fréquent dans le contexte professionnel. Il lui suffit de présenter les choses de manière que vous preniez la décision qu'il souhaite vous voir *prendre.* Il met en valeur son côté très *ouvert* et très *souple.* Vous constaterez que lorsque le manipulateur change d'avis pour se ranger de votre côté, il en tire un intérêt pour lui-même. Cet intérêt est rarement perceptible sur le moment. Vous découvrirez, des mois voire des années plus tard, les moyens qu'il prend pour tirer profit des situations où il se montre bon pour les autres. Le manipulateur est égocentrique mais pas nécessairement égoïste. Certains types, les *altruistes,* basent leur pouvoir sur les dons de toutes sortes qu'ils octroient aux autres. Ce sont bien les derniers à être égoïstes!

Loïc relate avec facilité les aspects égocentriques de sa mère manipulatrice (26 caractéristiques). Celle-ci ne gardait sur son bureau qu'une seule photo : la sienne! Lorsque, au bout de cinq ans, Loïc, amusé, le lui fit remarquer, sa mère prit le cadre dans ses mains pour le contempler et objecta que c'était sa seule *belle photo.* Néanmoins, quelques jours plus tard, elle changea la photo du cadre pour une autre, plus familiale.

Il y a quelque temps, la mère de Loïc lui rapporta avec grande fierté l'intérêt que lui avaient manifesté des gens lors d'un séjour dans un club de vacances : « Tu sais, au club, tout le monde m'appelait pour que je déjeune avec eux. J'étais demandée de partout. J'étais la star! » C'est la même personne qui, chaque fois qu'un groupe de gens connus (famille, amis, collègues, etc.) est déjà rassemblé, interrompt bruyamment les conversations par un « Bonjour! » enthousiaste. Son fils conclut : « On ne voit qu'elle, on n'entend qu'elle, on ne sent qu'elle tellement elle occupe de l'espace. Les autres deviennent insignifiants pour elle, mais tout se passe sur un fond très *gai luron*! »

Une surdité sélective

La mère manipulatrice de Loïc ne tient compte ni des besoins ni des demandes des autres, malgré un style qui se veut généreux. Un jour, elle insista auprès d'une amie, ancienne alcoolique, qu'elle avait invitée pour que celle-ci prenne du vin à table. L'amie expliqua que cela lui était formellement interdit en raison des risques de rechute. Malgré cette explication pourtant convaincante, la mère de Loïc insista encore, tentatrice: « C'est dommage que tu ne puisses pas boire de vin, car c'est tellement bon avec le fromage! »

Quand Loïc était petit, sa mère lui répondait « Tu ne peux pas te retenir? » chaque fois qu'en dehors de la maison il avait besoin d'uriner. Conditionné, il s'était mis à attendre le dernier moment pour manifester son besoin pressant, mais elle continuait de dire: « Tu ne peux pas te retenir? » Excédée, elle finissait par accéder à sa demande si naturelle.

Le manipulateur ne prend pas en considération les demandes des autres même s'il affirme y être attentif.

Avez-vous remarqué par contre que nous rendons beaucoup de services au manipulateur? Car il obtient souvent tout ce qu'il veut de nous (d'autant plus lorsque nous ne savons pas refuser), alors que nous ne lui demandons rien. Probablement parce que la crainte de devoir rendre et le malaise qui en résulte nous en empêchent. Sûrement aussi parce qu'il ignore nos demandes trop fréquemment, même s'il affirme en tenir compte.

La différence réside entre ce qui est dit par le manipulateur et ce qui se produit concrètement. Il est le premier à affirmer qu'on peut lui demander tout ce qu'on veut. Mais il est bien le dernier à agir pour que notre demande soit respectée.

Magalie travaille avec une collègue, Mme A., manipulatrice. Cette dernière participe financièrement à l'achat d'un cadeau chaque fois qu'un collègue de son service part à la retraite. Elle *informe* « généreusement » son entourage professionnel du montant de son don (généralement plus important que celui des autres). Elle justifie son geste en reconnaissant au futur retraité des mérites qu'elle sous-estimait jusque-là. Elle change d'opinion en fonction des situations. Sa décision et ses commentaires élogieux et bruyants mettent mal à l'aise Magalie et les autres. Magalie perçoit bien par cette nouvelle attitude que Mme A. espère que tous ses collègues prendront bonne note de sa générosité le jour où son tour viendra.

Magalie est en général l'instigatrice des quêtes, et comptabilise l'argent et les chèques versés pour choisir le cadeau. Elle achète souvent le cadeau dans un laps de temps très court et avance les sommes qui manquent. Mme A. est la seule qui révèle bien fort le montant qu'elle offre, et qui n'a ni chéquier ni espèces sur elle au moment de la quête ! Par la suite, elle prétexte un manque de temps ou un départ précipité pour éviter de signer le chèque. Magalie lui demande l'argent à plusieurs reprises (de quatre à six fois) et se fait qualifier de *mesquine,* d'*obsédée par l'argent* ou de *méfiante* par Mme A. lorsqu'elle insiste. Mme A. paie avec un mois de retard et décide finalement de faire un chèque moins important en disant que, pour le moment, elle est « un peu juste » !

Vous constatez à travers cet exemple que la manipulatrice a accepté verbalement la demande, mais que les règles n'en sont pas respectées.

Voici un autre cas de manipulation de Mme M. dont nous avons déjà parlé.

Durant une fin de semaine de travail particulièrement éprouvante, Céline, infirmière surveillante, apprend le décès de son père. Sachant que les lundi et mardi sont très chargés, elle demande à sa responsable, Mme M., de s'absenter les mercredi et jeudi suivants. Céline a vraiment *besoin* d'être seule.

Mme M : « Je peux vous laisser le mercredi 15, mais je vous demanderai d'être là le jeudi 16, en horaires *jour et garde,* car je m'absenterai moi-même pour une réunion. Je vous relaierai le soir, et n'allez pas vous prendre pour une martyre *(sic)*... »

Céline se souvient : « Ce jeudi 16, je suis arrivée au travail à 10 h du matin et ne suis repartie qu'à 22 h. Durant ce temps, j'ai brièvement entrevu Mme M... Le temps de l'entendre se plaindre comme à l'accoutumée de son estomac et de sa tête, et de la voir s'éclipser à 20 h entre deux jérémiades. »

Cet exemple révèle quelques autres caractéristiques des manipulateurs dont j'ai déjà parlé et dont je parlerai dans d'autres chapitres : la culpabilisation, l'utilisation de raisons logiques pour la faire venir au travail, et le fait de se placer en victime de douleurs physiques pour qu'on lui pardonne de ne pas avoir tenu sa promesse.

L'égocentrisme de Mme M. est particulièrement visible dans cette situation où Céline perd son père. Mme M. ignore totalement la demande et le besoin de sa collaboratrice.

Plus subtil : le manipulateur est capable de s'approprier en un instant l'idée de l'autre. Il dénie. C'est comme si ce dernier n'avait rien exprimé. Il nie l'existence de l'autre par l'appropriation de ses désirs, de ses idées ou de ses opinions. Le manipulateur dira donc : « Ça, oui, je le sais », « Vous me rappelez quelque chose que je voulais justement vous dire », « Je me doutais que vous vouliez m'en parler », « Tu sais bien que je le sais ! » ou encore « Bien sûr, c'est évident ! ». Il subtilise la valeur de l'idée de l'autre, en faisant croire qu'il la possédait déjà et que l'autre n'apporte rien de plus que lui.

En faisant fi des besoins, des droits et des demandes, le manipulateur n'a pas de profond respect pour les autres. Il impose ses points de vue sous forme d'évidences. Il s'impose physiquement en s'ingérant dans la vie privée de son entourage. Il est persuadé que c'est pour le bien de tous et qu'il a raison. Ses arguments peuvent sembler si logiques que vous-même êtes piégé dans ses raisonnements et succombez à ses désirs et à sa vision du monde. Le plus souvent, il vous amène (avec tact) à croire que vous contrôlez parfaitement votre nouvelle démarche. Que vous l'avez vous-même choisie.

Imaginons que vous fassiez partie d'un groupe de quatre ou cinq amis et que Jean-Baptiste soit un manipulateur au masque *sympathique*. Vous avez décidé de vous donner rendez-vous pour dîner ensemble. Vous avez plusieurs choix de restaurants et Jean-Baptiste s'occupe de trouver le *bon*.

Jean-Baptiste : « Bon, où voulez-vous aller ? »
Laura : « Je suggère un restaurant chinois. »
Joséphine : « Moi, je veux bien. »
Vous : « Je préfère la crêperie. »
Jean-Baptiste : « Tu y es *déjà allé* hier ou avant-hier ! »
Vous : « Oui, mais j'adore les crêpes. »
Jean-Baptiste : « *C'est idiot* d'y aller deux fois de suite. »

Vous : « Je m'en fiche puisque j'adore cela. »

Jean-Baptiste : « *Tu auras d'autres occasions* d'y aller. Dites-moi, vous ne voudriez pas sortir un peu de vos habitudes et profiter de cette occasion pour être *plus originaux* ? ! »

Joséphine : « Moi, j'aime bien le chinois. »

Jean-Baptiste : « Je sais. *Tout le monde aime le chinois.* Cela n'a *rien d'original.* Tout le monde peut y manger *quand il veut...* Non, il y a quand même d'autres choix que le chinois, la crêperie et la fameuse pizzeria. *Il faut savoir sortir des sentiers battus !* »

Vous : « Bon, alors qu'est-ce que tu proposes, toi ? »

Jean-Baptiste : « *Je ne sais pas, moi...* Un restaurant indien ! »

Vous : « Oui, pourquoi pas ! »

Jean-Baptiste : « *Allez-vous souvent* au restaurant indien ? »

Joséphine : « Non, pas souvent. »

Jean-Baptiste : « *Voyez !* C'est tout de même *plus original.* En plus, c'est bien meilleur et pas plus cher. »

Vous : « Oui, c'est vrai. Ça va nous changer. »

Le petit groupe s'en va ainsi dîner dans un restaurant indien, sans avoir décelé que le manipulateur — en l'occurrence Jean-Baptiste — avait déjà décidé de ce qu'il lui fallait. Il a subtilement remplacé le critère spontané du goût chez les autres par une tout autre notion : celle de l'originalité. Ainsi, vous-même et les autres membres du groupe oubliez votre premier critère pour vous ranger au critère d'originalité qui n'était pas prioritaire au départ. Son argument est d'autant plus valable qu'en vous questionnant, il vous amène à confirmer que vous n'y allez pas souvent. C'est donc un choix original. À moins que quelqu'un n'aime vraiment pas la cuisine indienne, chacun acceptera ce choix. Manquer d'originalité n'est pas valorisant. Beaucoup d'entre nous éviteront d'en donner des preuves. Le manipulateur *semble* ouvert à toute suggestion, mais il utilise en même temps ses principes comme des évidences de conduite sociale (« il faut être original »). Il ignore *dans les faits* les besoins, les droits et les demandes des autres.

Moins cinq !

Beaucoup de manipulateurs ont cela en commun qu'ils s'y prennent à la dernière minute pour demander, ordonner ou faire agir autrui.

Voici trois raisons qui peuvent possiblement expliquer un pareil comportement :

- Ils oublient, mais ne l'avouent pas.
- Trop occupés à satisfaire leurs propres besoins, ceux des autres leur deviennent secondaires, voire totalement inexistants. L'égocentrisme fait son œuvre.
- Agir au dernier moment est aussi un bon moyen d'empêcher toute opposition. Ils enlèvent à l'autre la possibilité d'en discuter ou le temps nécessaire à un droit de réponse. Ils évitent ainsi toute discussion.

En général, le manipulateur arrive en retard. Il fait donc attendre les personnes arrivées à l'heure et il ne s'en excuse pas souvent. Si on le lui reproche, il prétexte des tâches importantes dont il ne pouvait se libérer. Il peut se montrer irrité de votre remarque. C'est à vous de le comprendre comme une victime d'obligations ou d'obstacles insurmontables ! Il peut même vous répondre, agacé : « Alors, il ne fallait pas venir ! » même si vous aviez déjà convenu d'un rendez-vous. La situation est à son paroxysme quand le manipulateur (en retard) annonce tout à coup un changement de programme. Personne n'y est préparé. Certains se sont organisés de façon très précise en fonction de ce qui avait été convenu. Cela peut survenir lors de rendez-vous ou de réunions professionnelles.

Le manipulateur peut aussi convenir d'un dîner au restaurant et arriver chez vous avec des plats tout préparés. Vous voilà dans une situation fort embarrassante que vous ne pouvez ou n'osez plus modifier. Que vous soyez obligé de mettre la table, de sortir le vin, de faire des allers et retours à la cuisine, de débarrasser et de faire la vaisselle est bien peu comparativement à son désir de dîner *tranquille, sans la foule,* chez vous ! En psychologie, ce processus s'appelle l'*amorçage.* Vous acceptez les choses, car certaines conditions sont réunies. Au dernier moment, les conditions initialement prévues disparaissent, mais vous continuez à accepter cette situation. Or, vous ne l'auriez pas acceptée si elle avait été présentée d'emblée sous sa forme finale. L'annulation soudaine du dîner au restaurant est un exemple simple qui vous fait comprendre que vous ne vouliez pas inviter cet ami à dîner chez vous parce que vous étiez fatigué. Si cette personne vous avait présenté son intention avant, vous auriez probablement (si vous savez refuser) remis le dîner à un autre jour.

Changer d'idée au dernier moment n'est pas un phénomène rare chez le manipulateur. Il fonctionne très souvent sur ce mode. Apparemment, il ne prévoit pas d'avance. Il vit les événements de manière impulsive et s'y adapte, toujours selon ses intérêts. Il en oublie ses promesses, modifie ses décisions, voire ses rendez-vous. Son besoin propre devient si puissant qu'il est outré lorsque vous ne l'acceptez pas comme un argument convaincant. Le manipulateur qui décide de dîner chez vous au lieu d'aller au restaurant peut soudain être très fatigué en sortant du travail. Son égocentrisme l'empêche de vous téléphoner pour vous *demander clairement* de modifier vos projets. Pour lui, il est hors de question d'aller dîner en ville. Effectivement, la *question* ne se pose même pas. L'autre (vous) n'est alors plus du tout concerné par le projet *commun* !

Il lui arrive d'oublier ce qui a été décidé entre vous. Évidemment, tout le monde peut oublier quelque chose. C'est embêtant sans être pour autant honteux. Pourtant, le manipulateur déteste *avouer* qu'il a oublié quoi que ce soit. Il préfère mentir ou bien rejeter la faute sur autrui ou sur un événement. Il se veut parfait (quand cela l'arrange) et n'accepte pas de se montrer *faillible* à qui que ce soit. Même s'il a oublié, il vous dit qu'il sait ce qu'il fait, mais que *le vent a tourné.*

Jalil, manipulateur et étudiant de 22 ans, propose à Pascal une partie de tennis pour le lendemain à 8 h 30. L'accord est pris. Pascal va le rejoindre chez lui à l'heure convenue. En frappant à la porte avec insistance, il se rend compte que Jalil n'est pas là. Pascal se rend sur le court de tennis et rencontre un camarade de Jalil qui ignore où il se trouve mais lui apprend que Jalil a coutume de poser des lapins à ceux qu'il invite au tennis. Ce fait est notoire et Pascal s'en souvient soudain. Sa matinée est gâchée, malheureusement.

Le lendemain, Pascal croise Jalil et lui fait remarquer qu'il n'était pas chez lui à l'heure convenue. Jalil approuve et affirme, sur un ton très persuasif, qu'il a bien naturellement laissé un mot sur la porte pour dire qu'il reviendrait dans cinq minutes… C'est totalement faux. Mais le ton employé et l'assurance impassible de Jalil ont failli faire oublier à Pascal qu'il l'a attendu environ 20 minutes et que Jalil n'en est pas à sa première défaillance. Pascal a failli aussi admettre qu'il n'a pas vu le mot sur la porte. Comme on peut s'en douter, ce mot n'a jamais existé.

Jalil n'a-t-il pas l'intention de jouer au tennis avec Pascal au moment où il le lui propose ? A-t-il quelque chose d'imprévu ce matin-là à 8 h ? Nous ne le saurons pas de façon sûre. En revanche, il est clair que Jalil n'est pas perturbé par la désorganisation et la déception qu'il provoque. Un manipulateur comme lui ne perd pas son énergie à se mettre à la place des autres ! Vous noterez, par ailleurs, qu'il fait croire à sa générosité et à son sens de l'amitié lorsqu'il invite les autres à jouer au tennis.

Une anecdote similaire revient facilement à la mémoire de Céline. Cela se passe au sein de son service hospitalier.

Il est 7 h du matin lorsque des ouvriers surgissent sur le palier. L'un d'entre eux s'esclaffe : « Vite ! Comment se fait-il que le bureau ne soit pas déménagé ? Nous commençons les travaux ! »

Céline comprend alors que l'intervention des ouvriers était prévue, mais que sa responsable, Mme M. (manipulatrice), *ne l'en a pas informée.* Elle se fait alors aider, en vitesse, par l'équipe en place pour déménager le bureau.

À 8 h, Mme M. arrive. Céline lui demande des explications et se fait répondre :

« J'avais prévenu la secrétaire *hier soir.*

— Comment voulez-vous que je le devine ! D'autant qu'elle n'arrive jamais avant 8 h ! Et où est ma collègue, Mme Dupuis ?

— Je lui ai donné un congé supplémentaire… Dépêchez-vous, les ouvriers attendent ! »

Mme M. se démet de sa responsabilité liée à la mauvaise organisation mais, d'un autre côté, elle se montre *généreuse* en donnant des congés supplémentaires. Il n'empêche que cet incident provoque tout un remue-ménage et crée un malaise chez tous les membres de l'équipe (prévenus, comme Céline, au dernier moment).

Le manipulateur manifeste ses demandes le plus tard possible afin de ne pas laisser à autrui le loisir de refuser ou d'en discuter. Dans ce cas, soyons honnêtes, il ne propose pas : il impose !

André travaille comme surveillant dans un magasin. Son collègue, Gérald (30 ans), est gardien lui aussi et manipulateur (23 caractéristiques sur 30). À la suite d'actes de vandalisme répétés, les équipes de surveillance se relaient jour et nuit. L'un prend la place de l'autre au petit matin, sans jamais laisser le lieu sans contrôle. Gérald s'est débrouillé, en utilisant divers prétextes, pour travailler le moins de nuits possible, comparativement à ses collègues. Il prend donc le plus souvent son service à 7 h du matin. Depuis son arrivée dans la compagnie, Gérald arrive toujours en retard. Mais il utilise ses masques *séducteur* et *sympathique.* Il n'hésite pas à donner des *tuyaux* permettant de se procurer des marchandises à prix d'usine. Si bien qu'André ferme les yeux sur ces petits retards qui ne dépassent pas 15 minutes. Cependant, depuis quelques semaines, Gérald arrive de plus en plus en retard au travail. Vers 6 h 30 du matin, il téléphone à André au magasin et annonce :

« Bonjour André, je suis en retard. J'arrive à 7 h 30. À tout à l'heure ! »

Sans qu'André ait pu lui dire quoi que ce soit, Gérald raccroche et le place devant le fait accompli. L'intonation de Gérald au téléphone est à la fois légère (pour minimiser la gravité) et sérieuse. Il oblige donc son collègue à travailler 40 minutes supplémentaires car, par conscience professionnelle, celui-ci ne courrait pas le risque d'abandonner la surveillance.

Il existe une tactique analogue qui consiste à utiliser les petits mots (*Post-it* par exemple) pour vous demander ou vous prévenir d'une tâche que vous ne pouvez refuser d'accomplir ; car au moment où vous prenez connaissance de la note, il est déjà trop tard pour faire marche arrière.

En terminant cette première partie de mon livre, je tiens à rajouter que le manipulateur ne *dit pas ce qu'il fait* et *ne fait pas ce qu'il dit*! Autrement dit, son discours paraît logique ou cohérent alors que ses attitudes, ses actes (comportements) ou son mode de vie répondent au schéma opposé.

En général, seule la famille se rend compte de ce paradoxe. Elle en est souvent révoltée. Car le manipulateur n'hésite pas, surtout devant des étrangers, à tenir des propos radicalement contraires à ce que sa famille est habituée d'entendre. Les étrangers (amis, collègues, inconnus, etc.) écouteront avec admiration cet être si plein de vertus et ne se douteront de rien. Il est même ahurissant de constater qu'il peut tenir des propos mensongers devant ceux qui le connaissent le mieux : les membres de sa famille !

Loïc, fils d'une femme manipulatrice (dont nous avons déjà parlé), rapporte que celle-ci, professeur de français, démontre à tous l'intérêt et l'art d'être cultivé mais… n'ouvre pas un seul livre en un an ! Seuls son fils et son mari peuvent le savoir. Les autres ne douteraient jamais des sources culturelles de cette femme, tellement celle-ci semble sûre d'elle. De même qu'un autre manipulateur jurera au juge lors d'un divorce que ses enfants sont ce qu'il y a de plus important dans sa vie, alors que depuis qu'ils sont nés il est irrité par leur présence. De ce fait, sa vie est centrée sur son travail et il ne s'occupe jamais de ses enfants. Seule sa femme et parfois la famille le savent. Sûrement pas son avocat ni le juge !

En connaissant cette caractéristique des manipulateurs, tout professionnel peut s'y référer en se rappelant que *ce que dit une personne n'est pas toujours le reflet de la réalité.* Cela n'étonnera personne, mais ne perdons jamais de vue que la spécialité d'un manipulateur est bien de manipuler. Il peut tromper tout son entourage pendant des années, voire des dizaines d'années. Heureusement, la plupart des caractéristiques décrites au chapitre 2 sont reconnaissables si nous nous donnons la peine de regarder objectivement ce qui se passe autour de nous !

Le parallèle entre la personnalité manipulatrice et la personnalité narcissique décrite dans le groupe 2 de l'axe II du DSM-IV (classification mondiale psychiatrique des troubles de la personnalité) est évident. La personnalité narcissique comporte des caractéristiques que nous décrivons chez les manipulateurs. Son besoin constant d'admiration lié à la cognition de base *Je suis spécial* le rend intolérant à la critique, et sans scrupule envers les autres qu'il se croit dans son droit d'exploiter. Il veut tout contrôler et parvient à ses fins quels que soient les moyens. Il utilise des propos blessants, humiliants et dévalorisants au gré d'humeurs très fluctuantes. Cependant, à l'inverse de la personnalité psychopathique, la faute est reflétée d'une manière habile et manipulatrice. Persuadé de son statut privilégié, le narcissique surestime ses compétences et ses qualités, qu'il juge admirables par tous. Il ment pour maintenir ses illusions et les nôtres. Dans le cas où nous cesserions de lui trouver un intérêt, il nous jette comme un vieux mouchoir. C'est ainsi qu'il vieillit mal et seul, ayant fait le vide autour de lui, après avoir causé trop de souffrances à son entourage.

Certains manipulateurs revêtent des caractéristiques liées à la personnalité paranoïaque. Ils sont de toute façon à personnalité narcissique. Ce trouble de la personnalité ne les empêche cependant pas d'être bien intégrés à la vie sociale. Ils tendent même, pour la plupart, à une réussite qu'ils veulent faire reconnaître par tous.

Deuxième partie

Comment se protéger des manipulateurs

CHAPITRE 12

Le repérage

L'importance du repérage

La première démarche consiste, vous l'aurez deviné, à déterminer si l'individu qui vous fait tant souffrir ou sabote votre organisation est manipulateur.

Comment? En utilisant tout simplement *la liste des 30 caractéristiques du chapitre 2.*

J'ai choisi de décrire quelques-unes des techniques manipulatrices dans les chapitres précédents pour donner un sens à chaque caractéristique. La panoplie des manœuvres de manipulation est si large qu'elle ne me permet pas d'en extraire *tous* les exemples. Cependant, les exemples décrits (tous véridiques) sont ce qui se fait de plus courant. J'ai omis volontairement la narration d'exemples de coups montés ou d'escroqueries (un escroc est presque toujours un manipulateur au masque *sympathique).* La raison en est simple: la narration de quelques histoires pourrait à elle seule donner un livre entier! De plus, un ou deux exemples ne suffisent pas à imaginer toutes les façons dont le manipulateur peut tromper son entourage. Une partie des manipulateurs ne manigance ni escroquerie ni coups montés. Ils n'ont pas tous l'envergure nécessaire. Tous n'ont pas les mêmes objectifs dans la vie non plus.

La liste du chapitre 2 comprend 30 caractéristiques dont certaines sont des conséquences ou des sentiments créés par les manipulateurs, tel le malaise ou le fait de parler d'eux en leur absence.

La meilleure façon d'être sûr de votre « diagnostic » consiste à *cocher* sur une photocopie de cette liste toutes les attitudes qui caractérisent le personnage que vous soupçonnez d'être un manipulateur. Aussi, vous devez prendre en considération les attitudes qu'il a auprès d'autres personnes que vous-même. Il est possible que le personnage auquel vous pensez adopte auprès de vos collègues, des membres de la famille ou des amis, des attitudes qu'il n'a plus (ou pas) avec vous. Il s'agit de repérer la personnalité manipulatrice et non le type de relation existant entre vous et lui. S'il culpabilise votre collègue en lui reprochant de ne pas être disponible pour des heures supplémentaires alors qu'il n'agit pas ainsi auprès de vous, il agit quand même en culpabilisant autrui. S'il ne vous attaque pas sur ce domaine, c'est qu'il y a une raison. Il est intuitif et sait à qui il s'adresse. Si vous savez refuser ou si vous exprimez facilement votre opposition, vous n'êtes pas la personne à qui il *demande* ses services. Il cible des personnes plus passives. Si vous êtes indifférent à ce que les gens pensent de vous, si vous ne vous sentez pas coupable de vos choix (et vous avez bien raison), vous n'êtes absolument pas la proie idéale pour le manipulateur. Non seulement tout ce qu'il vous injecte vous *passe au-dessus* de la tête et ne vous blesse pas, mais sachez que le manipulateur vous aura testé pour comprendre que ce n'est pas avec vous qu'il sentira son pouvoir s'exercer d'une main de maître.

Si vous êtes indifférent aux culpabilisations, aux menaces, aux critiques, aux jugements généraux, à l'opinion des autres, etc., il est possible que vous ne vous en rendiez même pas compte quand on vous culpabilise, vous menace, vous critique, etc. Autrement dit, vous n'allez pas cocher grand-chose ! J'ai remarqué qu'une fois sur deux les indifférents aux manipulations ne savaient pas reconnaître un manipulateur. Ils ont tendance à rassurer les membres de leur entourage sur les intentions du manipulateur et à leur reprocher leur trop grande sensibilité. Ils ont en partie raison, mais tombent en même temps dans la négation de l'existence d'un problème bien réel dans leur entourage. Les *indifférents* (aux manipulateurs) ne réalisent pas toujours la nature de la souffrance des autres et minimisent dans leurs discours les effets ressentis. Quatre-vingt-dix pour cent d'entre nous sont vulnérables à la manipulation. En revanche, les indifférents sont parfois en conflit avec leur conjoint à ce sujet. Ce dernier peut nettement percevoir les manœuvres d'un membre de la famille (par exemple) et tirer l'alarme, mais ne pas être entendu par le conjoint indifférent. Cela devient une deuxième source de stress! Être indifférent sur le plan émotionnel aux manipulations explique donc parfois une non-reconnaissance des attitudes typiques.

Deux autres raisons ne permettent pas un bon repérage: soit que le personnage n'est pas un manipulateur relationnel (tant mieux); soit que vous êtes manipulé de telle façon que votre cerveau ne puisse plus le discerner. Votre entourage constate les dégâts, la soumission et votre dépendance au manipulateur; mais vous avez toujours un excellent prétexte pour expliquer que vous êtes totalement libre et heureux! Une quatrième raison explique aussi un mauvais discernement: vous détestez l'idée d'avoir été le jouet de quelqu'un. Une partie de vous reconnaît les faits, mais une autre n'en supporte pas l'idée et vous n'approfondissez pas l'analyse de votre situation.

Malgré ce qui vient d'être dit, il est assez rare de ne pas pouvoir reconnaître des attitudes typiques.

Après avoir coché, il s'agit de *compter le nombre de caractéristiques repérées*. Vous avez effectivement affaire à une personnalité manipulatrice à partir de *14 attitudes.* Rassembler 14 attitudes parmi celles décrites sur la liste ne relève ni de la banalité ni de la normalité. À partir de 20 caractéristiques présentes chez le même personnage, vous êtes en contact avec quelqu'un de *dangereux pour votre santé et votre situation* actuelle (couple, travail, projets, liberté, etc.). Votre état mental met déjà en doute vos capacités et votre personnalité (sauf pour les indifférents). Il faut alors réagir au plus vite. Les chapitres suivants donnent des moyens pour redevenir soi-même. En repérant les manipulateurs, on devient ainsi moins réceptif aux manœuvres de dominance.

Afin d'opérer une synthèse des attitudes diverses compromettant le manipulateur, je vous propose de lire, crayon en main, les deux récits placés en annexe de l'ouvrage. Ces récits sont véridiques et ont l'avantage de rapporter quelques dialogues précis. Votre tâche consiste à repérer, à l'aide de chaque annotation numérotée, les caractéristiques du manipulateur (munissez-vous de la liste). Certains aspects sont cependant annotés pour vous aider.

Chapitre 13

Faites le deuil d'une communication idéale avec le manipulateur

En général, quand on parle de deuil, on parle de la période qui suit un décès. Mais en langage psychologique, le deuil fait référence à la période d'acceptation progressive d'une séparation ou d'un abandon. Faire le deuil d'une communication normale et idéale consiste à accepter le fait qu'on ne communique pas « normalement » avec un manipulateur !

Ce constat est douloureux parce qu'il fixe les choses. Vous portez pourtant l'espoir profond et secret de faire admettre à votre interlocuteur qu'il doit changer. L'espoir crée la patience et vous tentez de faire évoluer la relation. Malheureusement, cette patience se transforme en véritable souffrance. Les choses n'évoluent pas depuis des années malgré tous vos efforts, toutes vos tentatives, et la relation est devenue un stresseur incontrôlable pour vous.

Il reste cependant une chose que vous pouvez maîtriser : votre attente du changement. Cessez d'attendre un changement, un déclic miraculeux de la part du manipulateur. Les transformations de personnalités manipulatrices sont rarissimes. Depuis combien de temps, d'années essayez-vous divers moyens pour vous entendre harmonieusement avec le manipulateur tout en restant spontané, authentique et libre ? Combien de souffrances, de doutes et de stress représentent ces années ? À combien de temps évaluez-vous le besoin d'attendre encore un signe de véritable et définitive amélioration ?

Aussi longtemps que vous gardez des croyances du type : « Il va bien finir par comprendre que ce n'est pas comme cela que nous serons plus motivés », « Il est important de bien s'entendre entre collègues » (tous les collègues ? même un manipulateur ?) ou encore « Il faut s'entendre avec ses frères et sœurs », vous êtes en recherche d'une relation idéale. Finalement, vous voulez obéir à votre principe quel qu'en soit le prix ! Vous ne répondez plus à la réalité d'une souffrance relationnelle, mais à des principes ou à des idéaux. L'idée de fond à remettre en cause est souvent : « Il n'est pas possible que nous ne recherchions pas la même chose dans la relation, il va comprendre et changer. C'est sûr ! »

Dans le cas d'un parent manipulateur, le deuil d'une communication authentique est plus éprouvant. Nous devons bousculer le schéma : « Parents et enfants doivent s'entendre à vie et peuvent tout se dire. » Remettre en cause cet idéal peut prendre des années. Vous n'êtes plus seulement en relation avec un parent idéal mais avec un manipulateur ! Cessez d'observer cet idéal pour regarder la réalité en face. Jusqu'à présent, avez-vous eu de bonnes relations avec cet être ? Avez-vous ressenti une communication authentique de sa part ? Cette relation vous apporte-t-elle bien-être et joie ?

Admettre enfin que la personnalité manipulatrice relève de la pathologie vous aidera sans doute à ne plus attendre de changement de sa part. Le processus du deuil est encore plus rapide. Sachez cependant qu'il dure plusieurs mois au minimum. Plus votre relation est forte avec le manipulateur, plus le deuil est long à faire.

Quand le deuil est terminé, vous devenez insensible à ce que dit ou fait le manipulateur. Vous finissez par rire de ses manœuvres si flagrantes ! C'est un excellent signe. Cela signifie que vous êtes moins touché par ce qui se passe, comme le sont les *indifférents* aux manipulateurs. Vous n'attendez plus qu'il *guérisse.* C'est triste et fort dommage, mais c'est le seul moyen de ne plus souffrir de cette relation. À présent que vous comprenez qu'il vous faut modifier votre schéma mental en ce qui a trait à vos espérances et que cela prend du temps, commencez à agir différemment vis-à-vis de lui. N'attendez pas que le deuil d'une relation idéale soit terminé pour faire de la contre-manipulation et vous affirmer.

Chapitre 14

Apprenez à contre-manipuler

Quand on parle de contre-manipulation, il s'agit le plus souvent de se servir de la technique dite *du brouillard.* Cette technique utilise des modes de communication floue et superficielle et consiste à ne pas s'engager. Elle est largement utilisée par le manipulateur lui-même. Elle l'est aussi par les personnes *indifférentes* à la manipulation. Sans vraiment s'en rendre compte, les indifférents utilisent cette technique *intuitivement.*

La contre-manipulation, cependant, nous permet d'élargir le champ de nos possibilités au-delà de la *technique du brouillard.* Contre-manipuler consiste à s'adapter à chaque instant au manipulateur pour s'en protéger. Certains moments sont propices à une réponse humoristique, d'autres à une réponse ironique, ou encore à une réponse ferme de refus et non plus à une réponse vague et brumeuse. Il nous faut alors être vigilant, car cette démarche n'est pas naturelle pour la plupart d'entre nous et demande de gros efforts au système nerveux. Vous l'aurez compris, la contre-manipulation est le plus souvent verbale.

La pratique de la contre-manipulation n'est pas extraite d'une théorie créée par mon imagination fertile. Elle est basée sur l'observation de ceux qui s'en sortent le mieux avec les manipulateurs. Je veux parler des indifférents aux manipulations et aux provocations. Outre le fait que ces gens soient insensibles sur le plan émotionnel aux attaques, aux critiques, aux menaces ou aux autres moyens malsains de déstabilisation, ils y répondent sous une forme qui leur est commune. Ils ne l'ont jamais apprise dans les livres; ils l'ont acquise spontanément très jeune ou par expérience au cours des années (à cause de la présence de manipulateurs dans leur entourage). Dans les deux cas, leurs attitudes et leurs formes de réponses sont identiques. Les spécialistes en relations humaines se sont intéressés de plus près à cette forme de communication (bien négative en d'autres circonstances) pour une raison: les manipulateurs se détachent rapidement des gens insensibles à leur pouvoir. Pouvoir de créer des émotions déstabilisantes tout au moins. En effet, le manipulateur ne peut pas se sentir bien important ou supérieur aux yeux d'un indifférent puisque celui-ci *ne réagit pas* à ses provocations, aussi subtiles soient-elles. Rappelez-vous l'image de la personne en train de se noyer qui ne peut que prendre appui sur la tête des autres pour faire surface. Le manipulateur *glisse* complètement sur un indifférent. D'ailleurs, ne dit-on pas parfois: «Cela me passe au-dessus de la tête», «Je laisse glisser» ou «Je laisse couler»? Si les attitudes verbales et non verbales de l'indifférent lui permettent de ne pas subir comme les autres les assauts du manipulateur, alors la technique est efficace. Nous l'avons observée, testée, reproduite, évaluée et nommée: **la contre-manipulation.**

Les résultats bénéfiques de la contre-manipulation sont évalués différemment selon que vous connaissez déjà un manipulateur ou pas. Si vous vous exercez dès à présent, le premier manipulateur que vous rencontrerez sentira immédiatement qu'il risque de voir revenir sur lui le boomerang qu'il a lancé. Il vous craindra secrètement, vous respectera malgré les apparences et vous évitera tant qu'il pourra. Affaire conclue pour vous. Restez attentif aux dégâts relationnels et psychologiques qu'il provoque sur les membres de votre entourage. Si vous êtes hors de son champ de tir, les autres sont néanmoins testés comme vous l'avez été. Il lui faut entre 5 et 15 minutes pour savoir qui est en face de lui. Parfois, c'est immédiat: quelques secondes suffisent.

Les manipulateurs au masque séducteur utilisent souvent cette clairvoyance pour vous parler de votre personnalité (en termes positifs d'abord) dès les premiers instants de votre rencontre. Vous êtes ébahi et tombez sous le charme de ce don si prometteur! En revanche, si vous vivez ou travaillez avec un manipulateur, ou si vous le côtoyez, celui-ci connaît déjà vos réactions. Si elles ne sont pas celles d'un indifférent, si elles sont défensives ou bien introverties, il remarquera tout changement d'attitude de votre part. Il ne comprendra pas pourquoi, soudain, vous lui répondez comme si vous étiez sûr de vous. Il ne le supportera pas et vous provoquera pour vous faire réagir comme il l'espère. Il vous faut tenir le cap chaque fois que le manipulateur tentera de créer le malaise. Aussi longtemps que nécessaire. Cela demande de la concentration et de la persévérance; mais cela implique aussi un travail personnel sur la culpabilité que vous risquez de ressentir à vous montrer soudain si *indifférent,* donc *sans cœur, inhumain, méchant,* etc. Toutes ces qualifications sont erronées mais vous en doutez peut-être encore au fond de vous. Il saura vous en accuser pour que vous repreniez votre attitude de défense. C'est la raison pour laquelle à toute attaque personnelle et culpabilisante du style: « Tu as une pierre à la place du cœur », « Tu es égoïste », « Tu ne m'as jamais aimé », vous pouvez lui répondre bien distinctement: « Si c'est ce que tu as envie de croire, tant pis! » Ou une autre réponse aussi significative. *Les mots choisis pour répondre sont importants.* Ils véhiculent votre état d'âme.

L'état émotionnel dans lequel vous vous trouvez face aux provocations, aux stratégies manipulatrices ou simplement en présence du manipulateur lui-même n'est pas neutre. Ne sont cependant pas concernés par ce constat les indifférents dont j'ai déjà parlé. Vous ressentez intérieurement le malaise ou le piège dans lequel l'autre vous met et vous n'aspirez qu'à l'en informer agressivement pour qu'il se rende compte que ses comportements ou ses discours sont incohérents, malsains ou destructeurs. Peine perdue. Il vous répondra du tac au tac en utilisant des arguments incohérents et fondés sur de fausses bases mais qui semblent pourtant logiques! Vous êtes piqué au vif et cherchez à vous justifier ou à remettre la vérité en place. La rage vous prend et elle s'accroît d'autant plus qu'il retourne vos arguments comme une crêpe. Résultat des courses: nul ou presque. Vous finissez certes par dire ce que vous souhaitez, mais votre état de nervosité, lorsque vous voulez vous défendre à tout prix, lui prouve votre manque d'assurance.

Contre-manipuler est une technique. Votre but sera de répondre *comme si* vous étiez indifférent. Faites en sorte qu'il le perçoive ainsi. Le manipulateur joue avec les mots et l'ambiguïté de leur sens. Il a confiance en leur pouvoir. Utilisez les mots et vous serez sur le même terrain. Au début, et ce, pendant plusieurs mois, votre état émotionnel sera toujours intense : votre cœur battra plus fort et plus vite, la chaleur montera, la respiration se bloquera. Mais au moins, vous aurez commencé à lui répondre d'une façon plus assurée, plus adaptée et surtout moins émotionnelle. Pendant que vous cherchez la meilleure réplique en contre-manipulation, raccrochez-vous à des références externes et préoccupez-vous plus de ce qu'il vaut mieux dire dans un pareil cas que de vous laisser engloutir par vos propres émotions.

Les mots justes ne venant pas spontanément dans le contexte d'une communication aussi détournée, il est bon de reconnaître d'avance ceux que vous pouvez exploiter. Si vous apprenez une dizaine de ces phrases par cœur, elles viendront avec de moins en moins d'hésitations. Il est important de laisser penser au manipulateur que vous n'êtes pas touché par ses attaques sournoises. Ne lui laissez pas croire que vous devez digérer la remarque avant de répondre. Il est judicieux de répondre du tac au tac sans animosité ni agressivité (l'ironie en est la limite acceptable), mais cela prend quelques mois. Ne vous découragez pas même si vos reparties ne sont pas parfaites. Nous avons constaté que la contre-manipulation atteint son but même si elle n'est point parfaite.

L'évaluation de vos efforts en contre-manipulation ne se fait pas au coup par coup. Ce n'est pas parce qu'il a eu le dernier mot ou qu'il semble persuadé qu'il a raison, malgré vos réponses logiques et détachées, que *cela ne marche pas* ! Les résultats de vos nouvelles attitudes seront visibles au bout de quelques mois seulement. Il est donc primordial de ne pas baisser les bras au bout de deux semaines sous prétexte que le manipulateur continue de tenter auprès de vous ce qu'il a toujours réussi à faire. C'est l'accumulation de situations où il perçoit votre résistance *passive* qui l'amène inconsciemment à se détacher de vous. Il peut même devenir soudain indifférent à votre personne et vous ne bénéficierez plus des avantages qu'il pouvait vous fournir sur certains plans. Soyez-en conscient. Si vous doutez de votre démarche, rappelez-vous tout ce que vous pouvez y gagner et oubliez ce que vous pensez perdre.

Dialogues avec exemples de contre-manipulation

Décelez à travers ces dialogues avec un manipulateur (tous ont plus d'une dizaine de caractéristiques ; certains en ont plus de 25) l'attitude commune des diverses personnes qui ont choisi de contre-manipuler, même si l'ensemble de la situation ne vous est pas raconté. Aucune d'elles ne perd son propre objectif de vue. Nous prenons le dialogue en cours à partir d'une remarque du manipulateur (noté M). Ces situations sont répertoriées sous quatre domaines : social, professionnel, conjugal et familial.

Domaine social

Dans le domaine social, nous supposons que le manipulateur est un ami, une relation, un collègue ou un inconnu.

Dialogue n° 1

M : « Cet homme n'est pas fait pour toi.

— *C'est ton point de vue. Ce n'est pas celui de mes autres amis.*

— Parce que tes autres amis le connaissent ?

— *Bien sûr.*

— Et pourquoi, moi, tu ne me le présentes pas ?

— *Je n'en ai pas eu l'occasion tout simplement.*

— En fait, je pense que tu mérites mieux.

— *C'est aussi ton opinion !*

— Mais si ! Une fille intelligente comme toi… Un musicien, franchement !

— *C'est parce qu'il est musicien qu'il n'est pas intelligent ?*

— Ce n'est pas ça. Je n'ai pas dit cela. Je pense que tu mérites un homme plus à ton niveau.

— *C'est ce que tu penses.*

— Bon, bon, après tout c'est ta vie.

— *Tout à fait.* »

Dialogue nº 2

M : « Les avocats sont tous des escrocs.

— *Quelle généralité !*

— Ce n'est pas une généralité. Regarde ton ami…

— *Quoi ?*

— En l'entendant, on peut dire qu'il abuse de l'argent de ses clients.

— *Parce qu'il les défend bien.*

— Il les défend ! Le nombre d'avocats qui défendent des criminels et des…

— *Attends ! On parle de mon ami. Pas des autres avocats. Mon ami ne défend pas des criminels.*

— Moi, je ne te parle pas de ton ami ; je te parle des avocats.

— *Ah bon !*

— Oui… Enfin, peut-être que ton ami est différent, je n'en sais rien.

— *Oui, tu n'en sais rien.*

— En tout cas, je maintiens que les avocats sont des escrocs.

— *Tu peux le croire.* »

Dialogue nº 3

M : « Ceux qui choisissent d'être fonctionnaires ne sont pas bien courageux.

— *C'est ton opinion.*

— C'est plus qu'une opinion. C'est un constat.

— *J'en connais de très consciencieux, au contraire.*

— Je ne dis pas qu'ils ne sont pas consciencieux : je dis qu'ils ne sont pas courageux.

— *Cela revient au même quand on professe.*

— Pas du tout !

— *Si tu veux.* »

Dialogue nº 4

M : « Ah ! Tu as une nouvelle robe ?

— *Oui.*

— C'est ta grand-mère qui te l'a donnée ?

— *Oui, bien sûr ! Ma grand-mère adore les robes de chez Cerruti. C'est tout à fait son style !*

— Ils vendent ces machins-là, chez Cerruti ?

— *Mais oui !*

— Ça ne me donne pas envie de porter une robe comme cela !

— *Heureusement, sinon nous serions toutes pareilles !* »

Dialogue n° 5

M : « Dis-moi, tu peux me rendre un service ?

— *Lequel ?*

— Parce que je suis vraiment dans l'embarras en ce moment.

— *Lequel ?*

— J'ai... comment dire... j'ai, mon... un ami qui doit venir dormir chez moi et il arrive à la gare par le train. Je n'ai pas de voiture et il a beaucoup de bagages. Je pense que dans le métro, cela va être difficile.

— *Oui, je comprends. C'est quand ?*

— Demain.

— *Tu n'as qu'à lui donner les indications pour prendre un taxi et...*

— Figure-toi qu'il n'est pas trop argenté.

— *Cela dit, moi je ne le connais pas. Essaye d'y aller.*

— C'est pas grave, je viendrai avec toi.

— *Va le chercher et vous revenez en taxi à deux, c'est plus simple.*

— Oui, mais je te dis qu'il n'a pas beaucoup d'argent et moi non plus, cela va être un peu difficile.

— *Je vois, mais demain je ne suis pas disponible pour ton ami et tu devrais voir si...*

— Mais qu'est-ce que tu fais demain ?

— *J'ai plein de choses à faire.*

— Quoi ?

— *Des choses qui me sont importantes.*

— Merci la copine ! Quand tu es dans la m... Je retiens, Blandine.

— *Je crois qu'il faut faire la part des choses.*

— Tu fais la part et tu me laisses dehors alors que je suis ton amie.

— *Je peux te rendre des services. À toi.*

— C'est vrai ?

— *Je choisis, tout comme toi, quand cela me convient.*

— Jusqu'ici tu ne m'as pas rendu beaucoup de services…

— *Eh bien ! si effectivement les services que je t'ai rendus ne sont pas remarqués, je…*

— Non, ils ne sont pas remarqués parce que tu ne me les as pas rendus, c'est clair !

— *Alors à ce moment-là, tu attends le remboursement d'une dette et…*

— Je n'attends pas. Je te demande juste… si tu veux, bien sûr. Enfin, je sais bien que tu es quelqu'un de très altruiste ; tu dis même que tu aimes aider les gens… Là, j'ai des problèmes d'argent et lui aussi. Il a beaucoup de valises ; on ne va pas y arriver dans le métro et…

— *Attends…*

— Cela ne va te prendre que cinq à dix minutes…

— *Attends : je vais t'apprendre quelque chose peut-être à partir d'aujourd'hui. Mon altruisme a des limites… Voilà.*

— Bon, maintenant je le sais.

— *Voilà, c'est simple. À d'autres occasions, je pourrais peut-être te rendre à toi des services. Demain, je ne peux pas. Je tiens à ce que tu me respectes.*

— D'accord. »

Dialogue n° 6

Une amie manipulatrice est constamment déprimée. Elle appelle très souvent à des heures tardives sans se soucier de la vie des autres. Elle tente de me retenir alors que je suis sur le point de sortir au théâtre.

M : « Toi, de toute façon, tu te fiches bien de mes problèmes. Tu vas tranquillement au théâtre, ce soir.

— *Je crois qu'il ne faut pas confondre les choses. D'une part, si tu continues de m'appeler tous les deux jours pour me raconter tes malheurs, c'est sûrement parce que je t'ai largement écoutée. D'autre part, ce serait bien malheureux si je ne faisais pas ma propre vie comme je l'entends.*

— Oui, j'ai bien compris : la vie des autres, tu t'en fiches.

— *Je ne m'en fiche pas. Cela dit, si tu en es persuadée, tu peux l'interpréter comme cela.*

— Mais oui, j'en suis persuadée.

— *Eh bien ! écoute, c'est dommage pour toi.*

— Mais Blandine, je te dis que je viens de me faire plaquer et toi, tu vas au théâtre.

— *Mm, mm.*

— Moi, je n'aurais pas réagi comme toi.

— *C'est ce que tu dis.*

— Je n'aurais pas lâché une amie dans la détresse.

— *Si le fait que je me rende au théâtre au moment même où tu appelles pour que je t'écoute soit une faute au point d'essayer de me culpabiliser, tu as raison sur un plan : nous ne réagissons pas aux choses de la vie de la même façon. D'ailleurs, là je dois vraiment partir, car je suis en retard. Excuse-moi. Je ne peux pas t'écouter maintenant. Essaye de te faire du bien aussi de temps en temps.* »

Domaine professionnel

Dans le domaine professionnel, nous supposons que le manipulateur est un patron, un responsable, un collègue ou un client.

Dialogue n° 7

Les deux personnages viennent de terminer la négociation difficile d'un contrat.

M : « Pourquoi écrivez-vous ?

— *C'est pour moi. Ainsi, je n'oublie rien.*

— Vous ne me faites pas confiance ?

— *Sur papier, c'est encore mieux.*

— Enfin, pour moi, si vous écrivez, c'est que vous ne me faites pas confiance.

— *C'est dommage que vous le voyiez ainsi.*

— Moi, ma parole, c'est ma parole. C'est un code d'honneur.

— *Raison de plus pour que cela ne vous pose aucune difficulté d'y apposer votre signature.* »

Dialogue n° 8

Un patron à sa secrétaire.

M : « Comment se fait-il que vous ne soyez pas venue à cette réunion puisque je vous l'avais dit ?

— *Vous me connaissez, je note tout ce qu'on me dit. Donc vous avez sûrement oublié de me prévenir.*

— Vous n'êtes pas infaillible non plus. Vous n'êtes pas parfaite !

— *J'ai des failles mais elles ne se situent pas là. D'ailleurs, si nous travaillons ensemble depuis trois ans, c'est parce que je suis suffisamment fiable pour vous. Vous savez que je note tout pour que vous n'oubliiez rien. Mais ne nous fâchons pas. Il vaut mieux que nous nous confirmions les réunions importantes si vous souhaitez ma présence, de manière que cela ne se reproduise plus.*

— D'accord. »

Dialogue n° 9

Une secrétaire demande un engagement d'horaire à son patron.

M : « Je n'ai pas le temps. J'ai un rendez-vous très important, il faut que j'y aille.

— *Oui, je sais que vous êtes pressé. Cela dit, c'est pour la réunion de mercredi que…*

— Oui, oui, oui.

— *Vous m'avez demandé vous-même de…*

— Oui, oui.

— *De la convoquer…*

— Oui, et alors ?

— *Si je n'ai pas votre accord sur l'heure…*

— On ne peut pas voir cela demain ? Parce que là je suis vraiment très pressé…

— *S'il vous plaît, je sais que vous tenez à ce qu'on soit efficace dans notre travail, donc si vous voulez que tous les membres soient là mercredi, quelle est l'heure qui vous convient ?*

— …

— *Est-ce que nous pouvons dire 15 h ?*

— Écoutez, je ne sais pas, je n'ai pas mon agenda…

— *Quinze heures. J'ai consulté votre agenda. Quinze heures, c'est possible…*

— Bien, bien…

— *Quinze heures ?*

— O.K. pour 15 h.

— *D'accord. Merci beaucoup. Vous voulez bien le noter de votre côté ?*

— Écoutez, je m'en souviendrai.

— *Je vais le noter sur votre agenda et je vous le rappellerai.*

— D'accord. »

Dialogue n° 10

Le manipulateur fait régulièrement des réunions avec son équipe dont l'avis lui est indifférent. Cette fois, il se montre démagogue.

M : « Mme Darmont, vous ne semblez pas d'accord ?!

— *J'ai une opinion différente.*

— Libre à vous de vous exprimer.

— *Je suis généralement ravie d'exprimer mes avis lorsque ceux-ci sont pris en considération.*

— Mais nous sommes là pour cela.

— *Je suis d'autant plus heureuse de vous entendre le rappeler.* »

Domaine conjugal

Il s'agit d'un manipulateur conjoint ; vie commune ou non.

Dialogue n° 11

M : « Tu ne penses qu'à toi.

— *Tu pourrais réfléchir avant de parler.*

— Qu'est-ce que c'est que cette nouvelle lubie de nous abandonner le samedi alors que je ne travaille pas ?!

— *Si tu te sens abandonné parce que je vais maintenant à la piscine le samedi matin, c'est alarmant.*

— Tu ne m'avais jamais fait un coup pareil avant !

— *Ne te sens pas persécuté parce que je fais ce qu'il me plaît.*

— Parce qu'être avec moi et les enfants, cela ne te plaît pas ?

— *C'est différent.*

— En quoi c'est différent ?

— *J'ai consacré beaucoup de temps à vous tous. Les enfants ont 13 et 16 ans, il est temps que je récupère du temps pour moi.*

— Et nous, on fait quoi ?

— *Mais chacun de vous a son programme, que je sois là ou pas. Maintenant, je fais comme vous : je fais le mien. Cela me fera le plus grand bien.*

— Qui t'a monté la tête ?

— *Je suis désolée de voir que tu ne me crois pas capable de prendre seule une décision. Ce n'est pas parce que je ne disais rien que je ne pensais pas. Au contraire, j'ai eu largement le temps de laisser mûrir. C'est moi qui ne veux pas courir le risque de moisir toute seule. C'est aussi ton intérêt d'avoir une femme épanouie, n'est-ce pas ?*

— Oui… bien sûr. »

Dialogue n° 12

M : « Les femmes sont toutes des menteuses.

— *Et les hommes ? (ne pas se sentir concernée).*

— Les hommes ont d'autres défauts. Mais les femmes sont particulièrement menteuses.

— *C'est vrai que quand elles ont certains hommes face à elles, il vaut mieux qu'elles ne disent pas tout.*

— Elles sont lâches.

— *On peut le croire.* »

Dialogue n° 13

M : « Tu ressembles à ta mère.

— *Merci beaucoup.*

— Mais ce n'est pas un compliment !

— *Mais moi je le prends comme tel.*

— Comme tu veux. Tu verras que j'ai raison.

— *Qui vivra verra.* »

Dialogue n° 14

M : « De toute façon, tu as toujours raison.

— *Ça m'arrive.*

— Tu veux toujours avoir raison.

— *Il m'arrive souvent d'avoir raison. Pas besoin de le vouloir pour cela.* »

Domaine familial

Le manipulateur fait partie de la famille : père, mère, frère, sœur, enfant, cousin, cousine, oncle, tante, etc.

Dialogue n° 15

M : « Tu finiras comme ton père… Aussi alcoolique et dépravé que lui.

— *Apparemment tu as très envie que cela se passe ainsi pour moi.*

— Non. Mais je te vois changer et ça me fait peur.

— *Je préfère que tu me le dises ainsi plutôt que de me parler de mon père. Chacun est unique.*

— Oui, mais tu lui ressembles de plus en plus.

— *Sur tout ?*

— Non, pas sur tout.

— *Heureusement, dis donc ! J'ai donc une chance puisque, en réfléchissant bien, on voit que nous ne sommes pas tout à fait pareils.* »

Dialogue n° 16

M : « Comment se fait-il que ton fils fasse encore au pot ?

— *Il fait.*

— Il fait, il fait, oui mais au pot !

— *Oui.*

— Enfin, il n'a plus l'âge d'aller au pot ! Il a du retard.

— *Non, pas tant.*

— Bien sûr que si. Renseigne-toi. Quand on est mère on se…

— *Mais je me suis renseignée.*

— Mais, on ne fait plus au pot à deux ans et demi.

— *Si. On peut.*

— Oh ! Je ne sais pas comment tu l'éduques.

— *Je l'éduque à son rythme.*

— Enfin, moi je te dis que ce n'est pas normal.

— *C'est ton avis.* »

Dialogue n° 17

M : « Ton mari travaille avec cet escroc maintenant ?

— *Eh oui ! hélas.*

— Remarque : "Qui se ressemble s'assemble !"

— *Mais les contraires s'attirent aussi !*
— C'est une façon de voir.
— *C'est exactement cela.* »

Les principes de contre-manipulation

Les principes que l'on peut soutenir pour contre-manipuler sont très précis. De cette précision dépendent les résultats.

- Faites des phrases courtes.
- Restez dans le flou.
- Utilisez les phrases toutes faites, les proverbes et les principes.
- Utilisez aussi le « On » (généralités).
- Faites de l'humour dès que le contexte le permet.
- Souriez, surtout en fin de phrase, si le contexte le permet.
- Faites de l'autodérision (soyez humoristique à propos de vous-même).
- Restez poli.
- N'entrez pas dans la discussion si elle ne mène à rien ou à la dévalorisation.
- Évitez l'agressivité.
- Utilisez l'ironie seulement si vous renvoyez un message et si vous êtes sûr de vous.
- Ne vous justifiez plus.

En bref, faire en sorte que votre comportement soit celui d'un *indifférent.*

Le contrôle de soi est nécessaire et ces consignes représentent des balises à tout débordement d'émotions négatives pour vous.

Quelques outils de contre-manipulation

1. C'est une (votre) opinion.
2. Vous (On) pouvez (peut) le penser.
3. Vous (On) pouvez (peut) le croire.
4. C'est une (votre) interprétation.

5. Vous (on) pouvez (peut) le voir sous cet angle.
6. Vous le voyez (prenez) comme vous voulez.
7. Vous avez le droit de le penser.
8. Je peux vous dire « oui » si c'est ce que vous voulez entendre.
9. Si vous le dites !
10. Si vous le pensez !
11. C'est une façon de voir.
12. Oh ! on parle souvent de choses que l'on ne connaît pas.
13. Vous ne voyez qu'une partie des choses, c'est normal.
14. Quand on ne sait pas, on peut toujours se l'imaginer.
15. Vous pouvez vous l'imaginer.
16. J'ai une opinion différente.
17. C'est possible.
18. C'est possible… pour vous !
19. C'est vrai.
20. C'est exact.
21. N'est-ce pas ?!
22. Cela peut m'arriver.
23. Cela arrive.
24. Je n'ai pas de don de voyant.
25. Il faut savoir l'être parfois.
26. Et encore, vous ne savez pas tout !
27. J'ai dû prendre modèle sur quelqu'un…
28. Cela m'amuse de faire comme tout le monde justement.
29. Tout le monde le sait.
30. Cela dépend.
31. Ce n'est pas moi qui en parle apparemment.
32. C'est trop facile !
33. Me dire cela à moi ?
34. Cela ne prend pas à tous les coups !
35. Chacun ses goûts.
36. Il en faut pour tous les goûts.
37. Moi, j'aime ; c'est le principal, non ?
38. L'habit ne fait pas le moine.
39. Mais je suis bien dans ma peau.
40. Tout dépend qui le porte.

41. C'est vrai que cela ne vous irait pas.
42. J'aime l'originalité.
43. Eh oui ! je ne fais rien comme tout le monde !
44. Cela fait mon charme.
45. Mes amis (mon conjoint) m'aiment ainsi.
46. Nul n'est parfait, n'est-ce pas ?
47. À chacun son style.
48. Oh ! c'est aimable comme réflexion !
49. Ne vous inquiétez pas pour moi.
50. Les conseils sont toujours utiles.
51. L'avenir nous le dira.
52. Qui vivra verra.
53. Cela sert parfois.
54. À chacun ses expériences.
55. Qui ne tente rien n'a rien.
56. Oui, je n'y avais pas songé !
57. Je n'y manquerai pas.
58. J'ai la conscience tranquille.
59. Merci !
60. Merci de le dire.
61. Merci de me laisser le choix.
62. Ai-je vraiment le choix ?
63. Comme d'habitude.
64. C'est gentil de vous occuper de moi.
65. C'est gentil de m'y autoriser.
66. En apparence.
67. Cela n'a pas d'importance.
68. Rien n'est grave. Beaucoup de choses sont cependant importantes.
69. J'ai une éthique différente.
70. Question de morale !
71. Je n'en doute pas.
72. Certes.
73. Je vois.
74. Ah bon !
75. Mm, mm…

76. Tout à fait.
77. Souvent, effectivement.
78. Certainement.
79. J'espère bien.
80. Nous nous sommes bien compris.
81. Vous le savez bien.
82. C'est dommage.
83. Tant pis!
84. Je suis désolé pour vous.
85. Pour cette fois, oui.
86. On ne peut pas toujours avoir tort.
87. Je ne pensais pas que vous l'aviez remarqué.
88. Heureux de vous l'entendre dire.
89. Il y a sûrement des raisons.
90. «On», c'est vous?
91. Nous ne connaissons pas les mêmes «on».
92. Croyez-vous?
93. Je ne connais pas «on».
94. J'ai l'impression que vous jetez de l'huile sur le feu.
95. Nous ne sommes pas là pour jeter de l'huile sur le feu.
96. Pourquoi dites-vous ce genre de choses?
97. Chacun évolue à sa manière.
98. Oui, mais on évolue dans le métier.
99. On ne peut pas tout décider par raison.
100. Et l'amour (l'amitié), qu'en faites-vous?
101. Quand on aime, on ne compte pas.
102. Cela vous pose un problème? (Au lieu de: «Cela ne vous regarde pas.»)
103. Cela vous ennuie tant que cela?
104. Pourquoi?
105. Pourquoi pas?
106. Et vous?
107. Et vous, qu'en pensez-vous?
108. Pourquoi me posez-vous cette question?
109. Je sais ce que je fais, vous savez.
110. Cela me fait plaisir.

111. Qui a dit cela ?
112. Où avez-vous appris cela ?
113. Vous tombez dans les ragots maintenant ?
114. À votre avis ?
115. Que voulez-vous dire par là ?
116. Qu'aurais-je dû faire d'autre ?
117. Pourquoi dites-vous cela ?
118. Voulez-vous préciser votre pensée ?
119. ...

À présent, fermez les yeux et *retrouvez de mémoire* 10 de ces expressions.

Relevez au moins une expression par petit paragraphe. Puis *soulignez* les expressions dont vous vous êtes souvenu.

Maintenant, je vous propose de souligner quelques réponses de contre-manipulation très pratiques dans bien des cas :

- C'est votre opinion.
- On peut le croire.
- Vous avez le droit de le penser.
- C'est possible.
- Cela peut m'arriver.
- Chacun ses goûts.
- Ne vous inquiétez pas pour moi.
- J'ai la conscience tranquille.
- Je n'en doute pas.
- Que voulez-vous dire par là ?

Apprenez ces 10 expressions par cœur.

Les 118 expressions répertoriées ci-dessus sont des réponses de protection contre les situations ou les remarques manipulatrices. Il en existe des centaines d'autres puisqu'elles doivent s'adapter à chaque remarque.

Entraînez-vous

Vous pouvez commencer à utiliser la contre-manipulation dès que vous en avez intégré les principes et que vous connaissez assez d'expressions s'y rapportant.

Voici à présent une série de situations manipulatrices auxquelles vous devez vous entraîner à répondre, *crayon en main*. Elles sont catégorisées dans les domaines social, familial, professionnel et enfin conjugal.

Si vous éprouvez une trop grande difficulté à répondre, n'hésitez pas à reprendre la liste des expressions à la section précédente pour vous aider. Il est bien rare que l'on soit immédiatement capable d'un « sans faute » sans aucun entraînement. Ce chapitre est entièrement consacré à votre préparation.

Le moyen le plus agréable et le plus efficace de s'entraîner est de *« jouer » avec un partenaire* qui prend le rôle du manipulateur. La tâche est plus difficile, car votre partenaire ne s'arrête pas toujours à votre première réplique. Il se peut que cette dernière soit judicieuse, mais cela ne l'empêche pas de chercher d'autres voies d'accès pour vous déstabiliser. C'est souvent ce qui se passe dans la réalité. Lorsque le manipulateur ne sait plus comment vous convaincre, il abandonne. Soit qu'il quitte la pièce rapidement, soit qu'il tente une dernière attaque censée vous faire réagir, du style : « *On* ne peut jamais parler avec vous ! » ou « *Il est* très difficile de communiquer avec toi ! ». Cette fois, vous avez le choix de conclure « Tu peux le penser » ou bien de ne plus rien répondre : l'autre est ainsi mis au pied du mur et vous ne voulez pas envenimer davantage la situation.

Donc, le choix d'un partenaire pour tous les exercices suivants serait plus efficace, car il vous permettrait de répliquer plus rapidement. De plus, votre partenaire qui joue le manipulateur est le seul à pouvoir vous avouer, après l'exercice, à partir de quand il se sentait impuissant malgré les apparences. Si vous êtes seul, faites les exercices sur plusieurs jours pour éviter l'excès de concentration et la saturation.

À la fin de chaque catégorie d'exercices, nous donnons les dialogues en entier, tels qu'ils se sont produits. N'allez les consulter que lorsque vous aurez achevé *toute la catégorie* d'exercices. Je rappelle qu'il y a quatre catégories de situations (sociales, familiales, professionnelles et conjugales).

Exercices dans un contexte social

Exemple n° 1

M : « Les Français sont des fainéants !

— .... »

Exemple n° 2

M : « On n'arrive pas à communiquer avec vous.

— .... »

Exemple n° 3

M : « Bonjour !... Oh ! mais tu as grossi !

— .... »

Exemple n° 4

M : « Avec cette couleur, on peut dire que l'on te remarque !

— .... »

Exemple n° 5

M : « Vous devez être une femme intelligente, vous (séduction).

— .... »

Exemple n° 6

Je m'entretiens avec quelques amis lors d'un cocktail. Je parle alors d'un brunch que j'avais organisé lorsqu'un homme s'approche et m'interrompt sans se présenter :

M : « Faire des brunchs, c'est démodé !

— .... »

Exemple n° 7

M : « Cette jupe n'est pas vraiment faite pour quelqu'un de ton âge : elle est vraiment courte.

— .... »

Exemple n° 8

M : « Vous pourriez venir dîner à la maison un jour (proposition floue souvent émise lors de rencontres sociales).

— .... »

Exemple n° 9

M : « Vous avez vraiment une drôle d'allure.

— .... »

Exemple n° 10

M : « Tu te sers de ta voiture, samedi matin ?

— .... »

Exemple n° 11

Le manipulateur se joue ironiquement de moi et je lui réponds sèchement.

M : « Vous n'avez aucun humour.

— .... »

Exemple n° 12

Le manipulateur veut me convaincre d'une idée qui me déplaît.

M : « Il n'y a que les imbéciles qui ne changent pas d'avis.

— .... »

Exemple n° 13

M : « Pourquoi n'as-tu pas plutôt choisi des rideaux et un mobilier plus gais, moins kitsch, quoi ?!

— .... »

Exemple n° 14

M : « J'ai vu ton frère, l'autre soir.

— *Ah oui ?*

— Il est beau, mais plutôt immature.

— .... »

Exemple n° 15

Ce manipulateur ne fait pas partie de mon entourage proche et il est très rare qu'il m'appelle.

M : « Allô ?... C'est moi !

— .... »

Exemple n° 16

M : « Ton cousin est passé de vendeur à directeur en un an ?

— *Oui.*

— Il a dû bénéficier d'un bon piston !

— .... »

Exemple n° 17

Je pars en vacances deux semaines à l'étranger.

M : « Il y en a qui ne se refusent rien !

— .... »

Exemple n° 18

Je déjeune avec trois amis dont un manipulateur et je demande simplement :

« Où allez-vous après ?

M : Comme bon nous semble !

— .... »

Lisez à présent ces dialogues tels qu'ils se sont produits.

Exemple n° 1

M : « Les Français sont des fainéants !

— *Donc, tu te considères comme un fainéant ?*

— Non, mais moi... Je te parle des Français moyens. La couche des Français moyens, qu'est-ce que tu veux !

— *Sans doute, tu les connais bien.*

— Oui, je les connais. Justement, je peux en parler. »

(Ne rien répondre. Le laisser parler.)

Exemple n° 2

M : « On n'arrive pas à communiquer avec vous.

— *On peut vous retourner le compliment. »*

Exemple n° 3

M : « Bonjour !... Oh ! mais tu as grossi !

— *Mais c'est fait exprès : je fais des réserves pour l'hiver ! »* (rire)

Exemple n° 4

M : « Avec cette couleur, on peut dire que l'on te remarque !

— *C'est fait exprès !* (sourire)

— C'est fait exprès ?

— *Oui.*

— Tu as réussi.

— *La preuve : si tu me fais la réflexion.*

— Faut aimer.

— *J'aime.* »

Exemple n° 5

M: « Vous devez être une femme intelligente, vous (séduction).

— *Vous êtes perspicace.* » (sourire)

Exemple n° 6

Je m'entretiens avec quelques amis lors d'un cocktail. Je parle alors d'un brunch que j'avais organisé lorsqu'un homme s'approche et m'interrompt sans se présenter:

M: « Faire des brunchs, c'est démodé!

— *Mais je ne fais pas les choses en fonction de la mode!* » (sourire)

Exemple n° 7

M: « Cette jupe n'est pas vraiment faite pour quelqu'un de ton âge: elle est vraiment courte.

— *Elle me plaît et elle plaît beaucoup à mon mari.* (sourire)

— C'est vrai?

— *Oui.*

— Il faut dire que ton mari a de ces goûts!

— *Tu sais, on s'entend bien. Donc, nous n'embêtons personne.*

— C'est sûr; mais je la trouve trop courte. C'est bien pour des femmes jeunes ou des adolescentes.

— *Mais je me sens très jeune dans ma tête.*

— Mm, mm. »

Exemple n° 8

M: « Vous pourriez venir dîner à la maison un jour (proposition floue souvent émise lors de rencontres sociales).

— *C'est sûr que l'on pourrait. Il suffit que vous nous appeliez pour nous dire quand et à quelle heure.* »

Exemple n° 9

M: « Vous avez vraiment une drôle d'allure.

— *On ne peut pas plaire à tout le monde.* (rire)

— Je n'ai pas dit que vous ne me plaisiez pas!

— *Alors, je le prends comme un compliment!*

— Vous pouvez. »

Exemple n° 10

M : « Tu te sers de ta voiture, samedi matin ?

— *Pourquoi ?*

— Parce que… Figure-toi que mon mari a acheté une chaîne hi-fi qu'on doit aller chercher samedi ; mais sa voiture est chez le garagiste.

— *Pendant combien de temps en avez-vous besoin ?*

— Juste une demi-heure. On la prend et on la ramène chez toi.

— *Dans ce cas-là, je vous la prête et vous me la rapportez à 11 h.*

— 11 h 30 plutôt ?

— *Onze heures. J'en ai besoin après.*

— Bon, nous allons nous arranger.

— *Oui, à 11 h précises, je vous attends.*

— À 11 h précises. Ça marche. »

Exemple n° 11

Le manipulateur se joue ironiquement de moi et je lui réponds sèchement.

M : « Vous n'avez aucun humour.

— *Moi, je fais déjà une différence entre l'humour et l'ironie.*

— C'est vrai ? Mais l'humour n'appartient-il pas à l'ironie ?

— *Pas du tout. Renseignez-vous.* »

Exemple n° 12

Le manipulateur veut me convaincre d'une idée qui me déplaît.

M : « Il n'y a que les imbéciles qui ne changent pas d'avis.

— *Si avoir sa propre opinion et ne pas se ranger à TON avis, c'est être un imbécile, alors je suis un imbécile mais fier de l'être.* »

Exemple n° 13

M : « Pourquoi n'as-tu pas plutôt choisi des rideaux et un mobilier plus gais, moins kitsch, quoi ?!

— *Parce que c'est mon goût.*

— Oui, mais cela fait kitsch.

— *C'est fait exprès !* » (rire)

Exemple n° 14

M : « J'ai vu ton frère, l'autre soir.

— *Ah oui ?*

— Il est beau, mais plutôt immature.

— *C'est de famille ! On fait comme les pommes : on en profite avant de se faire croquer. Chaque chose en son temps, quoi !* »

Exemple n° 15

Ce manipulateur ne fait pas partie de mon entourage proche et il est très rare qu'il m'appelle.

M : « Allô ?... C'est moi.

— *Qui ça "moi" ?*

— C'est moi !

— *Je connais beaucoup de "moi", vous savez. Je pourrais piocher mais j'ai peu de chance au jeu de hasard !* (Je l'ai reconnu.)

— C'est Pierre !

— *Ah ? Bonjour, Pierre. Comment allez-vous ?* »

Exemple n° 16

M : « Ton cousin est passé de vendeur à directeur en un an ?

— *Oui.*

— Il a dû bénéficier d'un piston !

— *Tu peux le croire. Il y a aussi le bon travail qui marche assez, tu sais.* »

Exemple n° 17

Je pars en vacances deux semaines à l'étranger.

M : « Il y en a qui ne se refusent rien !

— *Pourquoi devrait-on ? Et d'ailleurs, qui sait si on ne s'est pas refusé des choses pour justement s'offrir cela ? !* »

Exemple n° 18

Je déjeune avec trois amis dont un manipulateur et je demande simplement :

« Où allez-vous après ?

M : — Comme bon nous semble !

— *Je m'en doute bien.* »

Exercices dans un contexte familial

Exemple n° 1

M : « Toute ma vie, je me suis sacrifiée pour vous.

— .... »

Exemple n° 2

M : « Tu ne devrais pas te marier maintenant.

— .... »

Exemple n° 3

M : « Vous n'êtes que des ingrats !

— .... »

— S'il y a une chose que je déteste, c'est bien l'ingratitude.

— .... »

Exemple n° 4

M : « Je te souhaite bien du bonheur !

— .... »

Exemple n° 5

M : « Ah bon ? Tu ne sais pas ce qu'est un *e-mail* avec tous les cours d'informatique que tu as pris ? (très peu en fait).

— *Je n'ai pas à tout savoir non plus !*

— Oh ! Ne t'énerve pas. Qu'est-ce que tu peux être agressif !

— .... »

Exemple n° 6

Un adolescent tente de discuter avec son parent manipulateur.

M : « Qu'est-ce que tu me fatigues !

— .... »

Exemple n° 7

M : « Si tu assumais ta féminité, tu te maquillerais.

— .... »

Exemple n° 8

M : « C'est pour ton bien.

— .... »

Exemple n° 9

M : « Tu n'en fais qu'à ta tête.

— .... »

Exemple n° 10

M : « Sois raisonnable. Tu vois bien que ce garçon n'est pas fait pour toi !

— .... »

Exemple n° 11

Parent manipulateur à sa fille de 21 ans.

M : « Tu ne vas pas partir en Grèce toute seule ?

— *Pourquoi pas ?*

— Je te parie que tu ne vas pas savoir te débrouiller et que tu reviendras ici en courant !

— .... »

Exemple n° 12

Entre une manipulatrice et sa sœur. Le frère arrive de province.

M : « Pourquoi notre frère vient-il séjourner chez toi ?

— .... »

Exemple n° 13

M : « Si je suis restée avec votre père, c'est pour vous !

— .... »

Exemple n° 14

« Je viens de m'acheter une belle voiture.

M : — Il y en a qui ont les moyens !

— .... »

Lisez à présent ces dialogues tels qu'ils se sont produits.

Exemple n° 1

M : « Toute ma vie, je me suis sacrifiée pour vous.

— *En quoi t'es-tu sacrifiée pour nous ?*

— Eh bien ! si cela ne se voit pas, c'est franchement décevant. Quand je pense que j'ai sacrifié mon temps et mon énergie à votre éducation. À vous envoyer en vacances…

— *Mais cela n'est-il pas un travail de mère ? Si tu ne voulais pas d'enfants, il ne fallait pas en faire.* **Ou bien :** *C'est tout de même un minimum et c'est même un devoir !*

— Ce que je veux, c'est que vous vous rendiez compte que j'ai pris du temps pour vous et que je vous ai donné la meilleure éducation.

— *Oui, on s'en est rendu compte. Merci.* »

Exemple n° 2

M : « Tu ne devrais pas te marier maintenant.

— *Où est le problème ?*

— Tu le connais à peine.

— *Et alors ?*

— On ne se marie pas comme ça au bout de trois mois !

— *Ça, ce sont les règles ; mais qui te dit que je fais les choses dans les règles ?*

— Il est vrai que tu ne fais rien dans les règles !

— …

— Bon enfin… Tu es libre de rater ta vie.

— *Tout à fait. Qui ne tente rien n'a rien !* »

Exemple n° 3

M : « Vous n'êtes que des ingrats !

— *C'est ton opinion.*

— S'il y a une chose que je déteste, c'est bien l'ingratitude.

— *Beaucoup pensent ainsi.* »

Exemple n° 4

M : « Je te souhaite bien du bonheur !

— *J'espère que tu es sincère.*

— Bien sûr.

— *Dans ce cas, merci.* »

Exemple n° 5

M : « Ah bon ? Tu ne sais pas ce qu'est un *e-mail* avec tous les cours d'informatique que tu as pris ? (très peu en fait)

— *Je n'ai pas à tout savoir non plus !*

— Oh ! Ne t'énerve pas. Qu'est-ce que tu peux être agressif !

— *C'est marrant, je ne suis agressif qu'avec toi. Il faudrait peut-être mieux repérer qui provoque d'abord.*

— Je ne vois pas de quoi tu parles. J'ai le droit de te dire que je suis étonnée.

— *C'est exact. Mais il y a des façons de donner son avis.*

— Tu es complètement parano.

— *Décidément, tu adores cette réplique pour te sortir d'affaire.* »

Exemple n° 6

Un adolescent tente de discuter avec son parent manipulateur.

M : « Qu'est-ce que tu me fatigues !

— *C'est moi qui te fatigue ou tes journées de travail ?* »

Exemple n° 7

M : « Si tu assumais ta féminité, tu te maquillerais.

— *Il y a d'autres formes de coquetterie qui ne se voient pas obligatoirement.*

— Lesquelles ?

— *Ah ! C'est mon secret !*

— Ah, ah ! Mais je persiste à croire que si tu te maquillais, cela mettrait en valeur toutes ces formes de coquetterie dont tu me parles…

— *Oui, cela peut venir un jour.*

— Il vaut mieux ne pas attendre trop parce que sinon…

— *Je travaille beaucoup plus sur la profondeur.*

— Mais justement, le maquillage, c'est le vernis de la profondeur.

— *Oui, mais je n'ai pas besoin de vernis.* »

Exemple n° 8

M : « C'est pour ton bien.

— *Je n'en doute pas.* »

Exemple n° 9

M : « Tu n'en fais qu'à ta tête.

— *Eh bien ! je ne peux pas en faire avec celle d'un autre et en tout cas, je ne veux pas n'en faire qu'à la tienne.* »

Exemple n° 10

M : « Sois raisonnable. Tu vois bien que ce garçon n'est pas fait pour toi !

— *Le cœur a ses raisons que la raison ignore.*

— Mais enfin, tu sais que cela ne marchera pas longtemps.

— *L'avenir le dira.* »

Exemple n° 11

Parent manipulateur à sa fille de 21 ans.

M : « Tu ne vas pas partir en Grèce toute seule ?

— *Pourquoi pas ?*

— Je te parie que tu ne vas pas savoir te débrouiller et que tu reviendras ici en courant !

— *Si c'est ce que tu souhaites, tu risques d'être déçu.* »

Exemple n° 12

Entre une manipulatrice et sa sœur. Le frère arrive de province.

M : « Pourquoi notre frère vient-il séjourner chez toi ?

— *Je crois qu'il fait ses choix.*

— Oui, mais s'il vient chez toi, c'est qu'il y a une raison. Il a quelque chose à cacher ?

— *Là, tu vas un peu loin ! C'est certainement plus pratique.*

— Oui, mais c'est bizarre qu'il ne me prévienne pas de son arrivée quand il est en ville. Tu sais pourquoi, toi ?

— *Demande-le-lui directement si cela t'inquiète.* »

Exemple n° 13

M : « Si je suis restée avec votre père, c'est pour vous !

— *Le fait est que tu as pris ta décision toute seule. Tu ne nous as pas demandé notre avis.*

— Je suis votre mère. J'ai fait ce qui était le mieux pour vous.

— *Je pense, maman, que tu devrais garder ce regret pour toi. Je n'en ai aucune culpabilité. C'est ton choix d'adulte. Si ton choix a été de rester avec lui pour notre équilibre, alors tu devrais en être heureuse puisque tu as atteint ton objectif !* »

Exemple n° 14

« Je viens de m'acheter une belle voiture.

M : Il y en a qui ont les moyens !

— *Je n'ai ni enfants ni maison (sous-entendu : comme vous). À chacun ses plaisirs !*

Exercices dans un contexte professionnel

Exemple n° 1

M : « Je vous souhaite d'avoir un prochain patron comme moi.

— .... »

Exemple n° 2

M : « Il faut se faire confiance.

— .... »

Exemple n° 3

Le manipulateur (collègue) me surprend en conversation téléphonique avec un fournisseur peu scrupuleux. Il n'est pas au courant de notre sujet de conversation.

M : « Qu'est-ce que vous pouvez être autoritaire !

— .... »

Exemple n° 4

M : « Vous ne devriez pas faire ces démarches dans cet ordre-là, ni laisser la responsable vous superviser, car elle n'y connaît rien. Je vous assure... Croyez-en mon expérience.

— .... »

Exemple n° 5

M : « Tu savais que Véronique avait une aventure avec le directeur ?

— .... »

Exemple n° 6

À la suite d'une réunion où Camille a été choisie par ses collègues comme porte-parole des revendications professionnelles.

M : « Dites-moi, que pensez-vous de l'intervention de Camille ?

— .... »

Exemple n° 7

Le manipulateur ironise à tambour battant sur des aspects de Séverine, sa collaboratrice. Celle-ci sort de la pièce meurtrie et presque en larmes. Témoin, je prends sa défense.

M : « Oh ! Mais je m'amusais ! Qu'elle est susceptible !

— .... »

Exercices de contre-manipulation à l'accueil (secteur administratif, hospitalier, etc.) : la contre-provocation

Exemple n° 8

M : « Dites donc, je vous vois, vous faites passer des gens avant moi (mensonge).

— *Ces personnes étaient devant vous dans la file.*

— Mais oui, c'est ça. On voit que vous êtes raciste, ici.

— .... »

Exemple n° 9

M : « Vous ne voulez pas m'aider. Vous êtes raciste.

— .... »

Exemple n° 10

Dans un service d'attribution de logements.

M : « Si j'étais étranger, ça ferait longtemps qu'on m'aurait donné un logement pas cher !

— .... »

Exemple n° 11

M : « Les fonctionnaires sont des privilégiés !

— .... »

Exemple n° 12

M : « Je n'ai pas l'impression que vous travaillez beaucoup ici, je viens vous faire travailler un peu !

— .... »

Exemple n° 13

M : « Vous êtes bien des fonctionnaires !

— .... »

Exemple n° 14

Provocation par la séduction.

M : « À quelle heure finissez-vous, ce soir ?

— .... »

Exemple n° 15

Furieux de ne pouvoir obtenir ce qu'il veut, le manipulateur joue la carte de la menace.

M : « Donnez-moi votre nom.

— .... »

Exemple n° 16

Le téléphone sonne quatre fois avant que vous décrochiez.

M : « Qu'est-ce que vous fabriquez ? Il n'y a personne ici ?

— .... »

Exemple n° 17

M : « Réveillez-vous ! C'est l'heure de partir !

— .... »

Exemple n° 18

M : « Ça va, vous n'êtes pas trop fatiguée ? (ironique)

— .... »

Exemple n° 19

M : « C'est nous qui vous payons.

— .... »

Exemple n° 20

Il refuse la date de rendez-vous proposée.

M : « J'ai droit à un rendez-vous. C'est un service public, ici !

— .... »

Exemple n° 21

M : « C'est inadmissible. Je vous préviens, je vais écrire au directeur.

— .... »

Exemple n° 22

Au service des urgences d'un hôpital.

M : « Vous faites passer ces gens-là avant moi, pourquoi donc ?

— *Il s'agit effectivement d'une urgence prioritaire.*

— Prioritaire. Prioritaire. J'ai bien compris. C'est parce que je suis noire, hein ?

— .... »

Exemple n° 23

Le patient manipulateur exagère sa maladie pour exercer une pression sur le personnel afin d'obtenir une faveur injustifiée.

M : « Vous ne pouvez pas savoir ce que c'est !

— .... »

Exemple n° 24

M : « On peut crever !

— .... »

Exemple n° 25

M : « Et vous êtes infirmière ?!

— .... »

Exemple n° 26

M : « Il n'y a pas un médecin avec tout ce monde !

— *Si. Mais il est au bloc opératoire.*

— Il n'y en a qu'un seul ?

— .... »

Exemple n° 27

À l'hôpital, le patient ne supporte pas l'attente.

M : « Mais c'est pas possible, ça, on peut crever !

— *Ne vous inquiétez pas, on connaît bien notre métier.*

— On ne croirait pas !

— .... »

Lisez à présent ces dialogues tels qu'ils se sont produits.

Exemple n° 1

M : « Je vous souhaite d'avoir un prochain patron comme moi.

— *Pourquoi ?*

— Vous verrez si vous aurez un patron aussi compréhensif et patient que moi.

— *Vous l'avez bien dit, on verra.*

— On verra si vous vous en tirez aussi bien !

— *Tout à fait.* »

Exemple n° 2

M : « Il faut se faire confiance.

—*Entièrement d'accord. Je n'en espère pas moins de votre part.* »

Exemple n° 3

Le manipulateur (collègue) me surprend en conversation téléphonique avec un fournisseur peu scrupuleux. Il n'est pas au courant de notre sujet de conversation.

M : « Qu'est-ce que vous pouvez être autoritaire !

— *Cela m'arrive.*

— Faites attention avec vos collègues.

— *Ne vous inquiétez pas pour mes collègues.*

— Des fois, ça casse.

— *Ils ne me l'ont jamais dit.*

— Ils ne vous le diront peut-être pas en face.

— *Je fais confiance à mes collègues.*

— Bon, vous verrez bien.

— *Ne vous inquiétez pas.* »

Exemple n° 4

M : « Vous ne devriez pas faire ces démarches dans cet ordre-là, ni laisser la responsable vous superviser, car elle n'y connaît rien. Je vous assure… Croyez-en mon expérience.

— *Oui, mais je vais vous avouer quelque chose : ce qui m'intéresse dans la vie, c'est de faire mon propre chemin, surtout quand je le crois aussi bon que celui des autres.*

— Je peux quand même vous aider.

— *Sans aucun doute. Je ne manquerais pas de faire appel à vous en cas de besoin.*

— Oui, mais je peux me permettre de dire mon opinion.

— *Ne vous inquiétez pas, je prends le meilleur de chacun. Je suis très observateur et j'adore réfléchir, c'est ce qui m'a permis jusqu'ici d'avoir peu de mauvaises expériences !* »

Exemple n° 5

M : « Tu savais que Véronique avait une aventure avec le directeur ?

— *Qui t'a dit cela ? Tu tombes dans les ragots maintenant ?*

— Non, mais crois-tu qu'il y ait de la fumée sans feu ?

— *Je ne fais pas partie des gens qui ajoutent de l'huile sur le feu, donc ce genre d'informations n'attise pas vraiment mon intérêt.*

— Oh ! Tu n'es franchement pas sociable !

— *Sur ce coup-là, non.* »

Exemple n° 6

À la suite d'une réunion où Camille a été choisie par ses collègues comme porte-parole des revendications professionnelles.

M : « Dites-moi, que pensez-vous de l'intervention de Camille ?

— *Et vous ?*

— … Euh… Non, je vous demande surtout votre avis…

— *Oui, mais si vous me posez cette question c'est que vous avez un avis ; ce serait lequel ?*

— Moi, je trouve qu'elle n'a pas bien rempli son rôle de porte-parole.

— *C'est une drôle de façon de voir la chose.*

— Il y a des sujets qu'elle s'est permis d'escamoter.

— *Je pense que puisque vous êtes une personne assez volontaire et sûre d'elle, vous auriez pu avoir le courage de vous exprimer.*

— Elle était porte-parole et je n'avais pas à contrevenir à ce qu'elle faisait.

— *Cela dit, si Camille devait effectivement être l'unique interlocuteur de notre regroupement professionnel, nous n'aurions pas dû être présents à cette réunion. Vous aviez votre rôle à jouer.* »

Exemple n° 7

Le manipulateur ironise à tambour battant sur des aspects de Séverine, sa collaboratrice. Celle-ci sort de la pièce meurtrie et presque en larmes. Témoin, je prends sa défense.

M : « Oh ! Mais je m'amusais ! Qu'elle est susceptible !

— *Vous êtes seul à connaître les règles du jeu et de plus vous êtes seul à jouer !* »

Exercices de contre-manipulation à l'accueil (secteur administratif, hospitalier, etc.) : la contre-provocation

Exemple n° 8

M : « Dites donc, je vous vois, vous faites passer des gens avant moi (mensonge).

— *Ces personnes étaient devant vous dans la file.*

— Mais oui, c'est ça. On voit que vous êtes raciste, ici.

— *C'est votre interprétation, monsieur.* »

Exemple n° 9

M : « Vous ne voulez pas m'aider. Vous êtes raciste.

— *Excusez-moi, mais c'est VOUS qui faites une différence raciale en ce moment, madame, pas moi.* »

ou : *« Vous savez à qui vous le dites ? Voyons, soyons sérieux. »*

ou bien : *« Ça, c'est trop facile, ça ne marche plus ! »*

Exemple n° 10

Dans un service d'attribution de logements.

M : « Si j'étais étranger, cela ferait longtemps qu'on m'aurait donné un logement pas cher !

— *Je peux vous dire que je suis bien placée pour démentir cette rumeur. Ne vous faites pas de soucis à ce propos.*

— Alors, vous allez faire quelque chose pour moi.

— *Je vais faire tout ce que je dois faire, oui.* »

Exemple n° 11

M : « Les fonctionnaires sont des privilégiés !

— *Qu'est-ce que vous voulez que je réponde à cela ?* »

Exemple n° 12

M : « Je n'ai pas l'impression que vous travaillez beaucoup ici, je viens vous faire travailler un peu !

— *Vous ne voyez qu'une partie des choses, c'est normal. Alors qu'est-ce que je peux faire pour vous ?* »

Exemple n° 13

M : « Vous êtes bien des fonctionnaires !

— *Cela a l'air de vous ennuyer.* »

Exemple n° 14

Provocation par la séduction.

M : « À quelle heure finissez-vous, ce soir ?

— *À une heure certaine.* (sourire)

— C'est-à-dire ?

— *C'est-à-dire que rien ne m'oblige à vous répondre, malheureusement pour vous.*

— Dommage.

— *On ne gagne pas à tous les coups !* »

Exemple n° 15

Furieux de ne pouvoir obtenir ce qu'il veut, le manipulateur joue la carte de la menace.

M : « Donnez-moi votre nom.

— *Je vais même faire mieux : je vais appeler ma responsable.* »

Exemple n° 16

Le téléphone sonne quatre fois avant que vous décrochiez.

M : « Qu'est-ce que vous fabriquez ? Il n'y a personne ici ?

— *Je vais vous rassurer : on travaille, mais avec des gens qui sont au guichet aussi.* » (gentiment)

Exemple n° 17

M : « Réveillez-vous ! C'est l'heure de partir !

— *Eh bien ! heureusement que vous êtes venu sauver la situation !* » (sourire)

Exemple n° 18

M : « Ça va, vous n'êtes pas trop fatiguée ? (ironique)

— *Tant que vous êtes gentil avec moi, je tiendrai le coup jusqu'au bout. Qu'est-ce que je peux faire pour vous ?* » (sourire)

Exemple n° 19

M : « C'est nous qui vous payons.

— *Vous avez tout à fait raison, et vous savez bien que vous n'êtes pas le seul à en profiter donc.* »

Exemple n° 20

Il refuse la date du rendez-vous proposée.

M : « J'ai droit à un rendez-vous. C'est un service public, ici !

— *Je comprends bien, monsieur. Vous avez droit à un rendez-vous. Tout le monde a ce droit. Maintenant, la question ici n'est pas le droit, mais le jour où vous pourrez venir. Parfois, on fait ce qu'on veut. Parfois, on fait ce qu'on peut !* »

Exemple n° 21

M : « C'est inadmissible. Je vous préviens, je vais écrire au directeur.

— *Mais écrivez-lui, si vous voulez.* »

Exemple n° 22

Au service des urgences d'un hôpital.

M : « Vous faites passer ces gens-là avant moi, pourquoi donc ?

— *Il s'agit effectivement d'une urgence prioritaire.*

— Prioritaire. Prioritaire. J'ai bien compris. C'est parce que je suis noire, hein ?

— *Le fait que vous soyez noire ou blanche n'a aucune incidence sur les urgences prioritaires en médecine.* »

Exemple n° 23

Le patient manipulateur exagère sa maladie pour exercer une pression sur le personnel, afin d'obtenir une faveur injustifiée.

M : « Vous ne pouvez pas savoir ce que c'est !

— *Porter une blouse blanche n'exempte pas de la maladie, vous savez.* »

Exemple n° 24

M : « On peut crever !

— *Si c'était le cas, on ne vous laisserait pas là, voyons.* »

ou : *« Étant donné le ton de votre voix, vous n'en êtes pas encore là. »*

Exemple n° 25

M : « Et vous êtes infirmière ?!

— *Jusqu'à preuve du contraire.* »

Exemple n° 26

M : « Il n'y a pas un médecin avec tout ce monde !

— *Si. Mais il est au bloc opératoire.*

— Il n'y en a qu'un seul ?

— *Non, mais à chacun ses spécialités. Je ne voudrais pas vous envoyer voir un gynécologue pour un problème pulmonaire.* »

Exemple n° 27

À l'hôpital, le patient ne supporte pas l'attente.

M : « Mais c'est pas possible, ça, on peut crever !

— *Ne vous inquiétez pas, on connaît bien notre métier.*

— On ne croirait pas !

— *N'en croyez pas vos impressions.* » (puis continuer la tâche utile)

Exercices dans un contexte conjugal

Exemple n° 1

M : « C'est quoi cet ensemble ? On dirait un clown.

— .... »

Exemple n° 2

Le manipulateur reproche à son conjoint ce qu'il fait lui-même.

M : « Tu perds toujours tout.

— .... »

Exemple n° 3

M : « Réfléchis deux minutes, ta sœur a suffisamment d'argent pour s'offrir elle-même le trousseau de son nouveau-né ; et en plus, je te rappelle que chaque fois qu'elle est venue dîner avec son mari, elle n'a jamais rien daigné apporter, elle !

— .... »

Lisez à présent ces dialogues tels qu'ils se sont produits.

Exemple n° 1

M : « C'est quoi, cet ensemble ? On dirait un clown.

— *Eh bien ! viens me voir au cirque, ce soir !*

— Non, je plaisante.

— *Mais moi, je préfère avoir un look amusant que classique.*

— Tu as bien raison. »

Exemple n° 2 :

Le manipulateur reproche à son conjoint ce qu'il fait lui-même.

M : « Tu perds toujours tout.

— *Ça m'arrive. Et moins souvent que toi, heureusement, sinon on ne s'en sortirait pas.* » (sourire)

Exemple n° 3 :

M : « Réfléchis deux minutes, ta sœur a suffisamment d'argent pour s'offrir elle-même le trousseau de son nouveau-né ; et en plus, je te rappelle que chaque fois qu'elle est venue dîner avec son mari, elle n'a jamais rien daigné apporter, elle !

— *Ce n'est pas une raison.*

— Si, c'en est une bonne. La meilleure même. Mais, enfin, si tu es assez naïve pour te faire avoir. Fais comme tu veux !

— *Je sais ce que je fais avec ma sœur, ne t'en fais pas !* »

CHAPITRE 15

Sachez vous affirmer

Les plus grandes victimes des manipulateurs sont les personnes parmi vous qui, en général, ne sont pas suffisamment affirmées dans la vie.

Les personnes non affirmées dont je parle manquent de confiance en elles et répondent en priorité aux besoins d'autrui. Elles respectent peu leurs propres besoins et font tout pour que l'on ait d'elles une image positive. Elles se voudront « extrêmement généreuses » pour ne pas être qualifiées « d'égoïstes », ne demanderont rien pour ne pas « imposer », se feront trop discrètes pour ne pas « déranger », n'oseront pas refuser pour ne pas paraître « insensibles », « inhumaines » ou « antipathiques ». En approche comportementale, nous parlons de *sujets passifs*.

Parmi les passifs, on peut trouver des timides. Ce sont des êtres gentils, prêts à faire plaisir et à aider les autres, quelles que soient leurs propres envies au même moment. Le problème réside dans le fait qu'ils « s'oublient » eux-mêmes et qu'ils n'atteignent pas l'épanouissement à long terme. Ils atteignent fort peu, également, de buts personnels plus concrets. Parler d'eux positivement lors d'un entretien d'embauche les terrorise (parler de soi positivement = «se mettre en avant » = être prétentieux = c'est odieux) ; ils diminuent leurs chances d'intéresser le recruteur, bien entendu. Cela, pour ne donner qu'un seul exemple des conséquences de la passivité.

Il n'est pas difficile de repérer les gens passifs. Peut-être en faites-vous partie. Le caractère passif concerne au moins *un tiers de la population*. Si vous êtes capable de repérer très rapidement les passifs, le manipulateur l'est encore plus ! Et il s'en sert…

Ce chapitre va intéresser ceux d'entre vous qui ne se sentent pas sûrs de leur valeur et n'osent pas affronter les autres avec confiance.

Devenez moins émotif et plus rationnel

Les émotions entraînent tout sur leur passage, mais ce sont vos pensées, vos croyances et vos principes qui tiennent les rênes.

La grande différence entre les gens affirmés et les passifs se situe là : les pensées et les croyances ne sont pas du tout les mêmes ! Être affirmé (assertif) consiste pour un individu à exprimer clairement et sincèrement ses besoins (ses demandes), ses refus et ses sentiments de façon à atteindre son but sans dévaloriser l'autre et en fonction des risques possibles. Le passif voit des risques là où il n'y en a pas. Il les anticipe de façon irrationnelle et bloque ainsi des comportements adaptés.

Les pensées irrationnelles

Mme X rentre chez elle et vaque à ses occupations lorsqu'elle réalise que son conjoint est en retard de 45 minutes (dans cet exemple, il n'y a pas d'horaires fixés par habitude). Soudain, son cœur s'accélère, sa respiration se bloque le temps d'arriver à la fenêtre. De là, elle pourrait le voir stationner sa voiture. Elle est tendue et ne le voit toujours pas arriver. L'inquiétude la submerge au point qu'elle ne peut plus détacher son attention du stationnement. Très anxieuse, elle revient dans le salon mais retourne immanquablement à la fenêtre. Qu'est-ce qui a bien pu déclencher une telle émotion ? Le retard de 45 minutes de son conjoint ? Elle le pense sans aucun doute. Le retard de son époux semble être ce qui la rend folle d'inquiétude.

Ailleurs, Mme Y se trouve exactement dans la même situation. Son mari n'a pas davantage l'habitude d'avoir du retard ni d'être strictement à l'heure et pourtant, elle décide tranquillement d'appeler une amie pour bavarder de leurs dernières vacances.

Pourquoi ces deux femmes ne réagissent-elles pas de manière similaire ? Mme X prétend qu'elle réagit ainsi *à cause* de son mari. S'il n'était pas en retard, elle ne serait pas dans un tel état. Elle prétend s'inquiéter parce qu'elle l'aime et qu'il aurait pu avoir un accident. Mme Y aime également son mari, même si elle ne s'inquiète pas outre mesure de ses retards. L'amour n'explique pas la différence de réaction. Ce hiatus est la conséquence de deux systèmes de perception différents.

Mme X a *immédiatement pensé* que son conjoint avait eu un accident. Elle a consciemment ou non pensé à l'accident comme à la *seule explication*. Mme Y n'y a pas songé un seul instant. Elle pense plutôt qu'il est affairé à son travail ou coincé dans les embouteillages. Rien d'inquiétant de prime abord.

Cet exemple montre qu'en général ce n'est pas l'événement qui crée l'émotion mais l'interprétation que l'on en fait. La majorité des gens se persuadent que leurs émotions de colère, de peur ou de tristesse (pour ne parler que des négatives) sont *causées* par les événements extérieurs ou par l'attitude des autres. Ce sont plus précisément nos discours internes (sous forme de phrases conscientes ou non) qui provoquent la plupart de nos états émotifs. Les cognitivistes les appellent *pensées automatiques, autoverbalisations* ou encore *cognitions*. Par exemple « Il lui est arrivé quelque chose » (sous-entendu un grave accident), « Je n'y arriverai jamais », « Je vais bafouiller, c'est sûr. C'est horrible », « Si je refuse, je suis un ingrat. Ça ne se fait pas », « Cela n'arrive qu'à moi, ce genre de catastrophe », « C'est ma faute », « Je n'aurais pas dû prendre cette décision », etc.

Étant donné que ces pensées ou croyances ne sont pas toujours conscientes ou que la personne les perçoit comme des vérités absolues, elles peuvent influer grandement sur le caractère. C'est ainsi qu'un individu peut devenir anxieux, timide, passif, perfectionniste, pessimiste, et qu'il peut se sentir coupable... Ne disons-nous pas souvent « Je suis anxieux *de nature* » (ou « timide *de nature* ») ?

Ne croyons pas qu'il est dans notre «nature» d'être anxieux, timide ou pessimiste et de se sentir coupable. Seules nos perceptions, nos pensées et nos croyances nous rendent anxieux, timide, etc. Et si nos pensées automatiques prennent une caractéristique fréquemment anxiogène, alors il est vrai que nous devenons des individus à «caractère anxieux».

Une autre conséquence néfaste de ces cognitions (catastrophisme, tout ou rien, jugement arbitraire, dévalorisation, attribution systématique de la responsabilité, etc.) se situe dans l'*émotion* et donc, dans le sentiment négatif qu'elles procurent immédiatement. Or, l'émotion n'est pas inoffensive. Elle provoque des réactions neurovégétatives, donc physiologiques. Il s'agit des *réactions somatiques* au stress. Ces réponses peuvent être immédiates et passagères comme l'augmentation du rythme cardiaque et respiratoire, le tremblement, la gorge sèche ou le bégaiement au moment de parler, la sueur, le rougissement, les pleurs ou un autre phénomène que chacun a pu connaître dans sa vie. Ces phénomènes primaires peuvent faire place à des symptômes plus profonds comme les troubles du sommeil, les problèmes digestifs, les céphalées (maux de tête, migraines), le nœud au plexus, une respiration thoracique constante, des troubles cutanés ou autres. Pourquoi la pensée seule engendre-t-elle de pareilles réactions? Parce que *le cerveau (l'organe) ne fait pas la différence entre le réel et l'imaginaire.*

Imaginez un instant, les yeux fermés, qu'un serpent ou une araignée monte doucement le long de votre jambe alors que vous êtes assoupi. Repérez votre réaction immédiate. La bête n'a pas eu le temps d'atteindre le haut de votre cuisse que vos muscles se sont tendus, que vos doigts se sont crispés sur votre corps, et que vous faites une horrible grimace de dégoût ou d'horreur (selon votre estime pour la bête en question). Les phobiques connaissent parfaitement ce phénomène. Un claustrophobe des ascenseurs qui se dit: «Mon Dieu, il y a un ascenseur à prendre. Il va tomber en panne. Cela va être horrible. Je vais étouffer» va soigneusement éviter de prendre l'ascenseur, alors que ce dernier fonctionne bien. Et puis, personne n'est jamais mort étouffé dans un ascenseur en panne.

Ne mésestimez jamais la force de vos pensées. Elles agissent sur votre sphère émotionnelle, sur votre physiologie, mais aussi sur *vos comportements.*

Mme X., folle d'inquiétude pour son mari en retard de 45 minutes, conclut *d'emblée* qu'il lui est arrivé un accident. C'est à ce moment que son fils de 10 ans entre dans le salon pour qu'elle lui fasse réciter sa poésie. Que fait-elle ? Envahie par l'inquiétude, elle lui répond agressivement : « Ce n'est pas le moment ! Tu vois bien que ton père n'est pas là ! » Son comportement devient inadapté (agressivité envers son fils non responsable). Bien souvent, vos comportements vont soit être inadaptés ou incohérents, soit se manifester par de l'inhibition. C'est ainsi qu'à l'occasion de réunions (événement banal en lui-même), certaines personnes vont penser : « Les autres sont plus cultivés, plus intelligents que moi. Je vais dire des sottises. Il ne faut pas se tromper en société. Je vais être totalement ridicule. Je ne suis pas intéressant, donc je n'ai rien à dire d'intéressant. Ce n'est pas très important. » Ainsi, l'émotion créée sera la peur (de dire des sottises, d'être jugé, d'être inférieur aux autres et que cela se voie tout de suite). Celle-ci bloque alors la participation spontanée et la discussion élaborée. Résultat : ces personnes s'inhibent.

Visualisons chronologiquement ces étapes sous forme d'un schéma inspiré de celui d'Albert Ellis, psychologue américain.

Les cognitions néfastes de notre propos sont en fait des pensées irrationnelles. Elles ne sont pas connectées de manière juste avec la réalité. Elles peuvent émaner de croyances ou de schémas acquis depuis l'enfance. La plupart proviennent de nos expériences, de messages verbaux ou de modèles parentaux. Les croyances s'ancrent tôt dans la vie et nous les remettons rarement en question, même si elles occasionnent des souffrances dans notre vie de tous les jours. Il existe heureusement des moyens efficaces, même s'ils demandent des efforts, pour apprendre à confronter ses pensées avec le réel. C'est le but des thérapies cognitives et de la Stratégie-Rationnelle-Émotive d'Albert Ellis (voir la bibliographie).

Schéma d'Ellis

(Modifié par Isabelle Nazare-Aga)

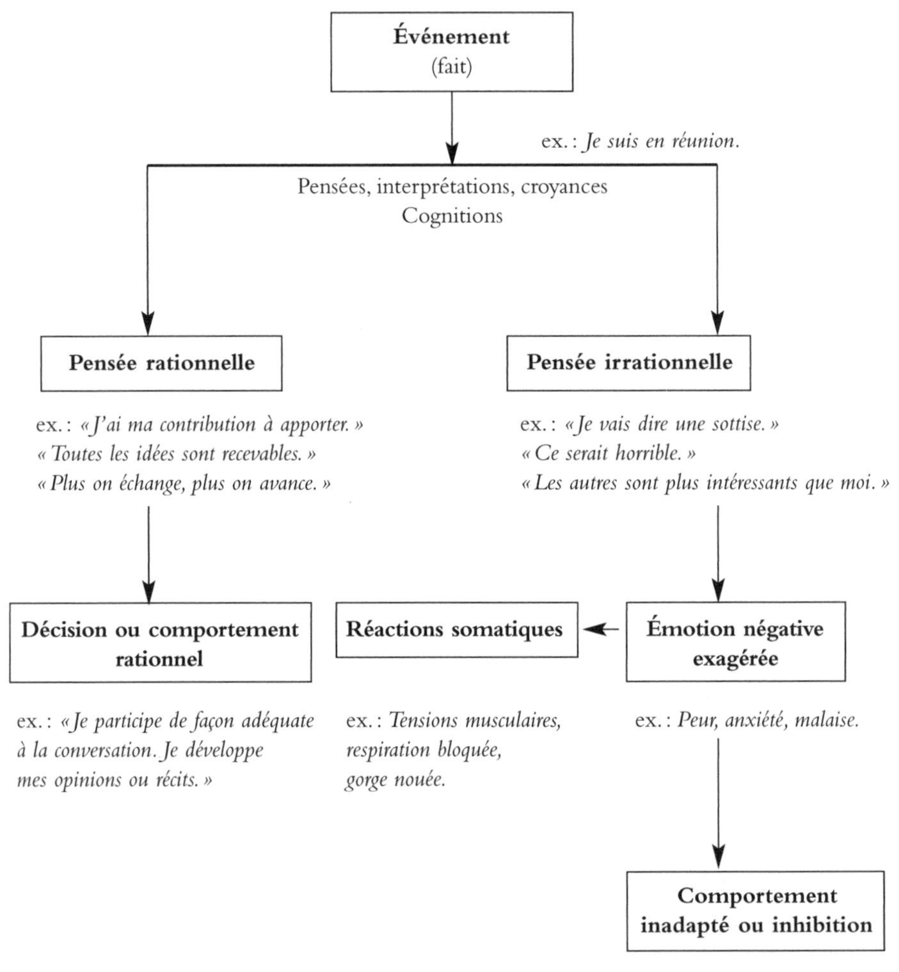

La Stratégie-Rationnelle-Émotive

La Stratégie-Rationnelle-Émotive (S.R.E.) est le fruit du travail d'Albert Ellis, docteur en psychologie et psychothérapeute. Il l'a élaborée dans le milieu thérapeutique à partir de 1958. Sa pensée n'est pas nouvelle puisqu'elle existait à travers le mouvement du stoïcisme (environ 300 ans av. J.-C.) et elle fut reprise dans les écrits d'Épictète et de Marc Aurèle (un siècle ap. J.-C.). La pensée était philosophique. Elle est maintenant thérapeutique.

La Stratégie-Rationnelle-Émotive (S.R.E.) est, comme son nom l'indique, une stratégie. Elle s'élabore en plusieurs étapes.

Premièrement, observez-vous sur le plan comportemental et décelez rapidement vos attitudes inadaptées ou d'inhibition (p. ex.: ne pas oser demander ou refuser).

Deuxièmement, repérez en vous-même l'émotion liée à ce moment. (Il se peut d'ailleurs qu'il y en ait plusieurs.) Nommez-la sans fausse honte: comme toutes les émotions, elle est humaine (sûrement animale aussi) et de toute façon, elle est bel et bien en train de vous submerger. Si nous souhaitons changer, ne nous cachons rien et soyons précis sur l'émotion ressentie. Est-ce que je me sens vexé, jaloux, rageur, furieux, déprécié, triste... ? La question est donc: « Qu'est-ce que je ressens en ce moment ? » ou bien, si vous le faites après coup: « Qu'est-ce que je ressentais exactement alors ? ».

Troisièmement, identifiez ce qui vous vient à l'esprit. Ici aussi, soyez honnête avec vous-même et *ne censurez jamais* une pensée que vous détectez en vous. Si elle ne vous plaît pas ou que vous la trouvez stupide, sachez que, par définition, une pensée ou une croyance irrationnelle *est* stupide. Cela ne l'empêche pas d'être présente à votre esprit et vous y avez obligatoirement réagi, ne l'oubliez pas ! Si vous avez plus de deux pensées ou croyances pour le même fait déclencheur, il est plus efficace de les noter tout de suite sur un bout de papier ou sur un tableau préparé à cet effet. *Aucun mot* ne doit être omis. Si vous vous dites: « Si je refuse, elle va m'en vouloir à mort. Elle ne va plus jamais vouloir me revoir. Elle va m'en vouloir », notez bien *à mort, plus jamais, me revoir* et *elle va.* Cela est fondamental, car c'est la somme de tous ces mots qui fait justement que vous n'osez pas refuser. Si vous vous disiez : « Si je refuse, elle va *peut-être* m'en vouloir », l'effet serait différent. Une fois que vos cognitions sont précisément décelées, vous pouvez commencer la S.R.E. (nommons-la ainsi).

La S.R.E. consiste en une confrontation de vos pensées et de vos convictions (cognitions) avec le réel. Le processus est mental, mais il s'agit d'une méthode de changement sur le plan émotionnel. Comment confronter ces croyances ? Par un *système de questionnement* objectif. Il ne s'agit pas ici d'une pratique de persuasion où l'on passerait du *tout négatif* au *tout positif*. Il ne s'agit pas non plus de remplacer vos pensées néfastes par « *Il ne faut pas* que je pense ainsi ! ». Cette dernière injonction va être difficile à respecter d'emblée. D'une part, c'est ce que vous pensez en ce moment et, d'autre part, vous introduisez une émotion négative : la culpabilité ! Il vaut mieux se dire « *Il vaut mieux* que je réussisse à penser autrement ». Même si vous n'arrivez pas à penser autrement (même avec la S.R.E.), ce n'est pas un drame. Vous aurez fait de votre mieux pour cette fois.

Apprenez la liste de questions souvent utilisée pour la S.R.E. Il n'y a pas d'ordre. À vous de les adapter. Face à certaines cognitions, quelques-unes peuvent être inutiles.

- À combien j'y crois, entre 0 et 100 p. 100 ?

Puis :

- Donc il y a x chances sur 10 pour que cela soit vrai ? (p. ex. : Si j'ai répondu 80 p. 100 à la première question, x = 8 à la deuxième)
- Qu'est-ce qui me le prouve ?
- Y a-t-il d'autres raisons qui puissent expliquer (le fait) ?
- (Énumérez les autres raisons) Est-ce possible ?
- Qui a dit cela ?
- A-t-il (elle) eu toujours raison ?
- (suite) Pourquoi, cette fois-ci, a-t-il (elle) eu raison ?
- Qui *on* ?
- Est-ce que je pense à une personne en particulier au lieu de « les *gens* » ou « *on* » ?

- Qu'est-ce que je risque réellement ?
- Est-ce un vrai risque ?
- Au pire, qu'est-ce qui se passerait ?
- Et alors ?
- Toujours ?
- Jamais ?
- Tout le monde ?
- De toute façon ? Quoi que j'y fasse ?
- Est-ce que cela peut vouloir dire autre chose ?
- Y a-t-il une loi qui m'oblige à cela ?
- Est-ce qu'il *faut* absolument ou *vaudrait-il* mieux ?
- Suis-je réellement quelqu'un de (adjectif) ?
- Est-ce parce que je *fais* (ceci) que je *suis* obligatoirement (cela) ?
- Est-ce vrai ?
- Cela m'arrive-t-il très souvent ?
- Est-ce vraiment catastrophique ou horrible ?
- Si le pire peut se produire, comment puis-je choisir de limiter les dégâts ?
- Comment puis-je être aussi sûr des pensées d'autrui ?
- Qu'est-ce qui me vaut ce pouvoir-là ?
- Est-ce que cela remet en cause ma valeur pour autant ?
- Pourquoi fais-je un lien entre (le fait) et la signification que j'y mets ?
- Étaient-ce *exactement* les mêmes circonstances ?
- Est-ce parce que c'est arrivé dans le passé que cela doit nécessairement se reproduire ?
- Quelle loi de la nature obéit à cela ?
- Comment ma personne peut être si sûre du futur ?
- ...

Chaque question rebondit sur la réponse précédente. Pendant la S.R.E., ne vous appliquez à aucune autre tâche qui pourrait vous déconcentrer. Lorsque vous ressentirez beaucoup moins l'émotion négative, posez-vous une dernière question : « À combien j'y crois maintenant, entre 0 et 100 p. 100 ? » Vous constaterez une diminution conséquente de votre conviction irrationnelle. Vous reprendrez confiance en vous et vos agissements prendront une tout autre tournure.Vous ne subirez plus, mais choisirez mieux et de façon plus heureuse.

Comment le manipulateur exploite les croyances classiques

Le manipulateur utilise l'une des armes les plus puissantes qui soient : les croyances admises par la société et celles qu'il détecte chez vous avec la plus grande facilité.

La plupart des manipulateurs relationnels ne sont pas conscients de leur façon de procéder, car ils ont eux-mêmes un nombre phénoménal de cognitions irrationnelles et de principes préétablis. Ils n'y répondent pas chaque fois pour eux-mêmes, mais ils les appliquent aux autres (leurs discours et leurs actes peuvent répondre au schéma opposé). Voici quelques cognitions sur lesquelles ils s'appuient :

- Il faut tout savoir.
- Il ne faut pas se tromper.
- Il ne faut jamais se montrer ignorant.
- Il faut montrer aux autres que l'on est cultivé, intelligent, intéressant.
- Il faut être compétent en toutes circonstances pour être valable.
- Il faut être parfait, sinon on n'est rien.
- Il ne faut pas changer d'avis, sinon on est instable.
- Il n'y a que les imbéciles qui ne changent pas d'avis (inverse du précédent !).
- Quand on s'engage, on doit absolument tenir parole.
- Il ne faut jamais être ingrat.
- Si je donne, il y a obligatoirement un retour.
- Les gens doivent prouver leurs compétences sans aucune aide, sinon ce n'est pas valable.
- Il faut être généreux en toutes circonstances, sinon on est égoïste.

- Il faut être gentil et aimable en toutes circonstances, sinon on est méchant, insensible ou agressif.
- Il ne faut pas (me) faire de mal. C'est insupportable.
- Les gens doivent être punis de leur méchanceté (envers moi).
- Chaque fois qu'il y a erreur, cela prouve que l'on ne peut pas faire confiance aux autres.
- J'ai toujours raison et les gens devraient le savoir.
- Si les gens se plaignent, c'est leur faute.
- J'ai le droit de donner mon avis en toutes circonstances.
- Il est plus facile d'éviter les difficultés de la vie plutôt que d'y faire face.
- Si les gens sont intelligents (et il le faut), ils devraient me comprendre à demi-mot.
- On doit toujours prendre les bonnes décisions, sinon on est stupide.
- On doit toujours répondre aux besoins de toute sa famille, quelles que soient les demandes.
- …

Un certain nombre de ces cognitions sont les vôtres, même si elles sont erronées. C'est précisément ce qui explique que le manipulateur ait autant d'influence sur vous et provoque autant d'émotions! Si un manipulateur familial vous demande une somme d'argent que vous ne pouvez (voulez) prêter, il va vous rappeler en une phrase: «Je suis ton frère quand même!», sous-entendu: «On doit toujours répondre aux besoins de toute sa famille, quelles que soient les demandes». Si vous-même avez intégré cette dernière croyance comme une vérité universelle, vous allez être profondément déstabilisé et culpabilisé pour avoir voulu faillir à cette règle. C'est ainsi que le manipulateur vous fait faire des choses que vous n'auriez probablement pas acceptées.

La *peur du jugement des autres* (et du manipulateur en particulier) est votre plus grande faille. Le manipulateur ne joue pas les demi-mesures: si vous n'êtes pas *tout blanc* pour lui, vous devenez *tout noir.* Si vous-même vous considérez comme minable lorsque vous n'êtes pas parfait, ou égoïste lorsque vous ne consacrez pas

100 p. 100 de votre temps libre aux autres, vous êtes pris dans votre propre piège. Le manipulateur l'a tendu et cela fonctionne à merveille. Il suffit d'un: « Tu n'es pas sympa. Tu n'as pas d'enfants, tu peux donc me remplacer au bureau samedi! » Si l'idée de ne pas être « sympa » en toutes circonstances vous effraye, vous préférerez abandonner vos projets (égoïstes?) pour répondre à cette image. Il vous renvoie en miroir votre propre schéma! Si vous faites l'effort de passer outre et ne répondez pas à la demande (imposée?) du manipulateur, il se peut qu'ensuite le sentiment de culpabilité et de malaise vous tienne au corps. C'est alors que la S.R.E. peut vous aider à remettre les choses en place. « Suis-je vraiment quelqu'un de "pas sympa"? Est-ce qu'il m'arrive de faire des choses "sympa" pour les autres? Souvent? Suis-je responsable du choix de ma collègue d'avoir des enfants? A-t-elle fait le choix d'en avoir? Sans enfant, ne suis-je pas censé avoir mes propres besoins, ce samedi? Mes besoins sont-ils moins importants que les siens si je n'ai pas d'enfants? En quoi respecte-t-elle mes besoins en général? Si je ne respecte pas moi-même mes besoins, est-elle prompte à les respecter? »

Prenons un dernier exemple. Le manipulateur vous en veut de ne pas avoir pris la *bonne* décision lorsque les résultats ne sont pas à la hauteur de ce qu'il en attendait. Si vous-même ragez, car votre croyance profonde vous dit qu'il ne faut jamais se tromper, que l'imperfection est insupportable et que l'on doit toujours prendre les bonnes décisions, le manipulateur a touché la bonne cible! Approfondissons ce qui se passe ici.

En réalité, une décision n'est ni *bonne* ni *mauvaise.* Quand la situation l'exige, il est important de prendre une décision face à un double ou à un triple choix. Une décision se prend grâce à des critères de temps et d'efficacité (moments et buts précis). Or, vous ne pouvez pas être à 100 p. 100 certain de l'efficacité finale. Personne n'a de contrôle absolu sur le futur et les événements extérieurs qui peuvent entraver le déroulement de prévisions.

Si, par exemple, vous devez suivre un stage ou un congrès professionnel à Lyon et que vous habitez Paris, deux choix peuvent s'imposer en dehors de l'avion: prendre votre voiture ou le train.

Imaginons que votre meilleur ami habite à Grenoble et que vous ne l'avez pas vu depuis un an. Vous calculez donc que, grâce à la voiture, il vous serait plus facile de rejoindre votre ami et de passer une soirée avec lui. Vous alliez ainsi l'utile à l'agréable. De plus, l'opportunité de lui rendre visite compense largement pour vous les frais d'essence et de péage de l'autoroute. Écouter de la musique à souhait tout seul dans la voiture et conduire ne vous dérange aucunement. Dans ces conditions, la voiture vous laisse plus de liberté. Pas d'impératifs horaires à respecter. Vous décidez donc, après avoir réfléchi aux avantages et aux inconvénients, de prendre votre voiture plutôt que le train. Une fois votre décision prise, vous appelez votre ami pour lui faire part du projet. Il se montre ravi de votre visite.

Or, deux jours plus tard, votre ami vous rappelle afin d'annuler: une obligation professionnelle l'oblige à s'absenter de Grenoble durant votre séjour. Vous êtes donc amené à repenser votre moyen de transport. En effet, vous aviez établi qu'il était important pour vous de rencontrer votre ami, même si le transport en voiture coûtait cher; mais le principal facteur de votre décision première ayant disparu, vous reconnaissez qu'un aller et retour en TGV (train grande vitesse) sera plus rapide, plus sécurisant et plus économique étant donné que vous n'avez plus aucune raison de bouger de Lyon. Vous décidez donc de prendre le train le premier jour de votre congrès professionnel, très tôt le matin, pour arriver dès l'ouverture.

Malheureusement, au milieu du trajet, le convoi est stoppé. On annonce qu'une grève des employés de la SNCF dans la région traversée provoque l'arrêt du TGV: les employés grévistes occupent la voie. Ce n'était pas prévu. Le train reste bloqué pendant 3 heures 20 minutes. Vous êtes maintenant certain de rater au moins la première matinée du congrès et vous êtes nerveux. C'est alors que certains d'entre vous se disent: «Que je suis bête! *Je n'aurais jamais dû* prendre le train. *J'aurais dû* prendre ma voiture comme je voulais le faire. Je suis stupide!» et continuent à se sentir coupables de ne pas avoir pris la «bonne» décision.

Première question à se poser avant de continuer à s'autoréprimander: «Comment aurais-je pu savoir quel était le bon choix à faire?»

Deuxième question : « Quel est le fait ou l'événement qui me permet de conclure que j'ai fait un mauvais choix ? »

Troisième question : « Ce fait ou cet événement est-il arrivé *avant* ou *après* la prise de décision ? »

Quatrième question : « Aurais-je pu le prévoir avec une grande probabilité ? »

Cinquième question : « *Qui* dit que *j'aurais dû* le prévoir ? Ai-je des qualités de voyant ou ai-je autant de pouvoir sur les autres et la réalité extérieure ? »

Cet **autoquestionnement** et surtout les réponses objectives que vous y apportez vous permettent de faire efficacement l'analyse de la situation et de vous déculpabiliser d'une faute que vous n'avez en réalité jamais commise.

En effet, si vous prenez vos décisions en pesant le pour et le contre, il s'agit d'une analyse cohérente de choix en présence et non d'une réaction impulsive non réfléchie. L'analyse de la situation a pu être faite grâce *aux informations que vous aviez alors*. Dans notre exemple, nous sommes volontairement passés par deux étapes. Chacune d'entre elles s'est terminée par une décision différente. Pourquoi ? À cause des *informations* que vous aviez à ces instants différents. Vous ne pouvez prendre de décisions qu'en fonction des informations multiples que vous avez au moment *présent,* mais jamais au moment futur. Il n'existe qu'une *prévision* des conséquences et il s'agit alors d'un calcul rationnel des probabilités. Nous disons qu'une décision qualifiée de « bonne » ne l'est pas en fonction de son *résultat,* mais en fonction de sa structure *rationnelle* ou non. Il existe des gens qui ne veulent *jamais* prendre un train, une voiture ou un avion, par crainte d'accident. Leur calcul de probabilité est erroné à partir du moment où ils sont persuadés qu'il est *fortement probable* qu'il leur arrive un grave problème (ou une grève en période calme) s'ils se déplacent en train, en voiture ou en avion. Dans leur esprit, la chose est tellement probable qu'ils décident de ne pas utiliser *du tout* le transport en question. Les faits, et non pas les croyances, prouvent que les accidents de train, d'avion et de voiture sont extrêmement rares sous nos latitudes, si l'on *considère les milliards d'heures* de trajets chaque jour. Ce processus mental est donc décrit comme irrationnel, car il ne prend pas en considération les faits, les mesures réelles et objectives environnantes. En cela, beaucoup de personnes font de « mauvais » choix, car en définitive, ils ont de moins en moins de liberté et finissent par « ne plus avoir le choix » !

Analysez plutôt votre prise de « bonnes » ou « mauvaises » décisions, intégrez-la dans votre vie quotidienne et déresponsabilisez-vous des résultats négatifs imprévisibles. Certaines personnes n'osent jamais prendre de décisions de peur de ne pas les voir aboutir à des résultats parfaits. Ces gens-là s'exposent à bien peu d'expériences nouvelles et sensationnelles. Soyez de ceux qui font des choix. Les risques font partie intégrante des choix même s'ils sont bien réfléchis, car nous n'avons que peu de pouvoir sur les événements extérieurs (le climat, par exemple).

Le manipulateur omet cette vérité et vous reproche de ne pas avoir *tout* prévu. Demandez-lui calmement si lui-même avait prévu cet obstacle ? S'il vous répond par la positive, demandez-lui alors pourquoi il ne vous avait pas prévenu, ou bien comment lui-même pouvait le savoir de façon si certaine. S'il a réponse à tout, il doit être un exemple exceptionnel de perfection sur notre planète !

Sachez refuser

Oser et savoir refuser est un des éléments les plus primordiaux de l'affirmation de soi. Cela ne veut pas dire qu'une personne affirmée refuse *toujours — tout — à tout le monde !* Bien au contraire : elle accepte d'autant plus de façon authentique qu'elle s'autorise à ne pas accepter ce qui ne lui convient pas. Quand elle dit « oui », elle pense « oui ». Le passif dit souvent « oui » alors qu'il pense « non » et la frustration se charge du reste !

Osez refuser

Qu'est-ce qui vous empêche de refuser alors que vous souhaiteriez le faire ?

Soit :

- La peur d'être jugé *égoïste, inhumain, incompétent, non consciencieux, méchant, indifférent, amoral, ingrat,* etc.;
- La peur de faire de la peine, de vexer ou de blesser;
- La peur de perdre un ami, de perdre votre emploi;
- La peur que l'on ne vous rende plus service ensuite;
- La peur du conflit;
- Et surtout, la peur de ne plus être aimé ou apprécié.

La peur est une émotion. Ici, l'émotion est générée par l'anticipation d'un risque. Risque d'être mal vu, de perdre l'amitié de son ami, du conflit, etc. Ces risques sont-ils réels? Autrement dit, quelles sont les probabilités que les prédictions se réalisent vraiment? Deuxième question: si cela se passe vraiment ainsi, quelles en sont les conséquences? Ces deux questions forment le début d'une confrontation des pensées qui ont déclenché l'émotion de peur.

«Elle va penser que je ne suis pas sympathique.»

«Si je lui dis non, ça va faire un scandale.»

«Il faut que je la remplace ce week-end, sinon elle ne va pas vouloir me remplacer quand j'en aurai besoin.»

«Ils m'ont rendu des services, je ne peux plus leur refuser quoi que ce soit. Sinon, c'est de l'ingratitude et je ne veux surtout pas qu'on me croie ingrat.»

Toutes ces pensées sont rarement formulées consciemment dans votre esprit. Il suffit pourtant de vous demander pourquoi vous ne voulez pas refuser alors que vous en avez le désir. Lorsqu'elles sont formulées comme des certitudes, ces pensées créent des émotions comme la peur, et donc des blocages d'attitudes. Le cerveau enregistre une réalité inventée, totalement imaginée, mais il y croit. L'idée est ici chaque fois associée à quelque chose de négatif. Le cerveau bloque les commandes pour éviter tout effet néfaste.

La peur est utile pour nous prévenir d'un danger réel. Elle devient une émotion désagréable et inhibitrice lorsque le danger n'existe pas ou que les conséquences sont minimes et insignifiantes.

Prenons le cas d'une dame âgée d'un village voisin qui a pris l'habitude de vous appeler n'importe quel jour de la semaine pour vous demander de faire quelques courses pour elle. Vous avez une voiture et devez vous déplacer à 15 km pour faire les courses au supermarché. Cela dure depuis plusieurs mois et vous n'avez jamais osé le lui refuser, même quand vous aviez fait vos propres courses la veille. Cela décale votre organisation, d'une part, et vous oblige à un déplacement qui vous fatigue, d'autre part. Mais vous obtempérez. Pourquoi ? « Pour rendre service ! » Rendre service amène quoi ? « C'est bien, et puis ça me fait plaisir de rendre service », répondrez-vous. Éprouvez-vous du plaisir à faire ce que vous faites pour cette dame ? « Non, plus vraiment. Au début cela ne me dérangeait pas, mais maintenant, c'est devenu une corvée ! » Alors pourquoi continuez-vous ? « … Je ne sais pas comment lui dire. Ou plutôt, je n'ose pas vraiment lui dire. » Pourquoi ? « J'ai peur de la vexer. Elle est assez âgée. Et puis, mon mari la connaît bien, alors je ne veux pas… faire une histoire pour rien ! »

Nous y voici. La croyance de base est : « Il est *bien* de rendre service et *on devrait* ressentir du plaisir. » Puis, deux pensées maintiennent le comportement : « L'arrêt de l'habitude instaurée la vexerait et cela ne se fait pas, surtout qu'il s'agit d'une vieille dame » et « Si je m'exprime, mon mari et elle vont se disputer à cause de moi ». Donc, il vaut mieux penser que le problème n'existe pas et que ce n'est *rien !* C'est en posant les questions « Pourquoi ? » et « Et alors ? » que vous pouvez découvrir ce qui vous empêche d'oser. Continuez en confrontant les pensées à la réalité.

Nous reprenons l'exemple en cours :

1. Est-il *toujours* bien de rendre service ?

Souvent, oui. Parfois non à long terme. Ici, notre dame âgée n'a pas d'autre choix que de demander à autrui ce service.

2. Doit-on toujours *ressentir* du plaisir à rendre service ?

Le plaisir est un sentiment. Ni vous ni moi n'avons absolu contrôle sur les sentiments que nous ressentons. C'est comme l'amour… Si vous aimez une personne qui n'est pas « bonne pour vous », que pouvez-vous y faire ? Peut-être y associer mentalement quelque chose de négatif pour créer un déplaisir. Mais créer du plaisir à partir de la souffrance est beaucoup plus ardu, n'est-ce pas ? D'autre part, un sentiment refoulé mais toujours présent ne donne rien d'heureux à long terme.

3. *Qui a dit* qu'il faille ressentir du plaisir à rendre service ?

La théorie ou la Bible, comme vous voulez. Si c'était une loi universelle, nous ne nous poserions pas la question. Ce serait une réalité et donc une évidence. Ce n'est plus le cas si le service en question devient trop pesant.

Ces trois questions confrontent la croyance de base qu'il est bien de rendre service et que *cela devrait* être une *joie*. Les réponses nous montrent qu'il n'y a pas de culpabilité à ressentir si nous n'avons pas *chaque fois* un sentiment de plaisir quand nous rendons service.

Puis, vous vous dites : « L'arrêt de l'habitude instaurée la vexerait et cela ne se fait pas, surtout qu'il s'agit d'une vieille dame. »

Qu'est-ce qui ne se fait pas ? Expliquer que l'on ne peut pas toujours être à 100 p. 100 disponible ? Votre réalité est-elle différente simplement parce que le demandeur est une personne âgée ? Votre propre valeur d'adulte responsable en est-elle diminuée pour autant ? Faut-il moins se respecter face à une personne âgée *quelles que soient les circonstances* ? Si cela était le cas, cela donnerait beaucoup de pouvoir à chacun d'entre nous à mesure qu'il prend de l'âge. Est-ce que cela ne pourrait pas s'appeler de la manipulation ? Si la personne âgée en question décèle votre croyance sur ce sujet, la porte est grande ouverte à l'abus de pouvoir ! Mais considérons ici que notre dame n'en abuse aucunement et ne fait que demander un service que vous ne lui avez jamais refusé. Comment peut-elle deviner que cela finit par vous ennuyer lorsqu'elle vous prévient trop tard ? Seule votre idée que l'on ne remet pas une habitude en question face à une personne âgée vous tend un piège. *C'est votre principe* et non le demandeur qui vous rend dépendant. Par ailleurs, qui vous dit que cela la vexerait ? N'y a-t-il pas des façons diplomatiques de lui expliquer gentiment les choses sans la blesser ?

Pensez-vous que le refus consiste à dire un « Non ! » ou « Je ne veux plus ! » net et catégorique ? La réponse, dans ce cas précis, consiste à savoir formuler ce que l'on appelle *un refus partiel.* Nous allons le détailler dès que la dernière croyance inhibitrice sera analysée.

« Si je m'exprime, mon mari et elle vont se disputer à cause de moi ». Se disputer, vraiment ?

Comment pouvez-vous le prédire avec autant de certitude ?

Analysons ce risque. Imaginez que la vieille dame soit furieuse au point de vous rejeter ainsi que votre mari. Qu'est-ce que cela signifie donc ? Réfléchissez. Vous expliquez à un demandeur à qui vous rendez un service depuis plusieurs mois que vous êtes parfois trop fatiguée pour faire deux fois le même chemin et que cela vous désorganise et... elle se met en colère. Cela veut tout simplement dire qu'elle ne se sent pas concernée par *vos* problèmes ! Elle ne les prend pas en considération. Elle ne vous respecte pas ! Ce qui l'intéresse ne concerne que son objectif propre : quelqu'un lui porte ses courses quand elle le souhaite. Point.

Est-ce le cas de cette dame ? Pense-t-elle ainsi, selon vous ?

Si la réponse à cette question est négative, vous ne risquez donc absolument pas de rupture de relation car elle vous comprendra parfaitement. Si votre réponse est positive, est-ce que ce type d'amitié vous intéresse toujours autant ? C'est peut-être un excellent moyen pour découvrir la teneur du rapport existant entre elle et vous.

Enfin, si vous craignez la réaction négative de votre mari face à votre désir de changer les choses, le principe est le même. À vous de vous affirmer et de lui faire comprendre qu'à partir de maintenant, vous tenez compte de votre fatigue et de votre organisation. **Si vous vous respectez, les autres vous respecteront.**

Apprenez le refus diplomatique

Il y a trois moments où le refus s'impose :

1. Vous ne pouvez satisfaire totalement la demande de l'autre ;
2. Vous souhaitez voir cesser une situation qui ne vous convient plus (ou qui ne vous a jamais convenu !) ;
3. La demande ne vous convient absolument pas.

Pour répondre à ces trois cas de figures, il existe trois formulations privilégiées pour se faire entendre et en même temps garder une bonne relation avec la personne en question (cela dépend aussi de l'interlocuteur et de ses motivations).

A. Le refus partiel;
B. La critique constructive;
C. Le refus total.

A. Le refus partiel

Le refus partiel consiste à exprimer avec grande précision les éléments de la demande que nous pouvons combler et ceux sur lesquels il y a restriction. Ainsi, les formules générales sont:

«Je veux bien...(ceci), *à condition que...*»

«Je suis d'accord pour..., *mais...*»

«Je veux bien..., *si...*»

Au lieu de refuser de prêter votre voiture à un ami car vous en avez besoin aujourd'hui, vous calculez exactement ce que vous pouvez faire pour lui faire plaisir tout en n'ayant vous-même aucun déplaisir (sinon même du plaisir à rendre service): «Je veux bien te prêter ma voiture, mais il faut que tu sois de retour à 16 h 30, car ensuite, j'en ai besoin, d'accord?»

Votre voisine de palier vous demande de garder son chat pendant ses trois jours d'absence. Vous pouvez faire un refus partiel du genre:

« Oh! mais oui, bien sûr. Je préfère simplement qu'il reste dans ton appartement et je lui donnerai à manger. J'irai le voir le plus souvent possible. »

Si vous écoutez bien la réponse, celle-ci ne ressemble nullement à un refus, mais au contraire à une acceptation. Soyez certain de commencer votre réponse par la partie positive (Je veux bien). Elle est conditionnée par un détail qui a du poids pour vous. C'est votre droit le plus total de ne pas souhaiter courir le risque que le chat fasse ses griffes sur votre canapé sous prétexte d'être gentil et de rendre service. Tout s'arrange. Chacun est gagnant, voilà le principe du refus partiel. Il est très souvent applicable.

B. La critique constructive

La critique constructive sert à sensibiliser l'interlocuteur à une situation devenue problématique et que vous souhaitez voir modifiée.

Essayez tout d'abord de *comprendre* les motivations de votre interlocuteur à agir ainsi. S'il a un comportement précis, même si celui-ci provoque chez vous des effets néfastes, c'est qu'il en retire un bénéfice.

Puis, *décrivez le problème* avec précision (date, heure, comportement et non pas attaque dirigée vers la personne) en évitant les mots comme «toujours», «jamais», «de toute façon».

Ensuite, et c'est primordial, décrivez les *conséquences* matérielles (perte de temps, etc.) ou émotionnelles (stress, fatigue, sentiment, etc.) *pour vous*. Dites «Je».

Terminez par la proposition d'une *solution* qui convient à tous.

La formule générale donne ceci:

Je comprends que..., mais lorsque vous...(faites ceci), cela me...(fait cela), et j'ai l'idée que nous pourrions...

L'atout de la formulation d'une critique constructive consiste à expliquer, sans accuser l'autre, ce que le comportement implique pour vous. C'est le seul moyen de sensibiliser votre interlocuteur, car vous lui donnez une chance de mieux *visualiser* ce que cela vous coûte. Il peut alors mieux vous comprendre. La critique constructive est à la fois une demande (de changer de système ou de comportement) et un refus (que la situation perdure telle qu'elle se présente jusqu'ici).

Ainsi, pour reprendre notre exemple de base, vous pourriez téléphoner à votre dame et lui dire:

«J'ai réfléchi sur la petite habitude que nous avons prise d'aller faire vos courses. J'ai remarqué que parfois votre demande tombait le lendemain où j'allais moi-même faire mes courses au supermarché. Donc, pour éviter d'y aller deux fois, j'ai pensé que vous pourriez me donner votre liste d'épicerie par téléphone le vendredi soir ou le samedi matin afin que je fasse tout en même temps. D'autre part, si j'ai besoin de faire quelques achats pendant la semaine, je pourrais vous donner un coup de fil pour savoir si vous avez également besoin de quelque chose. Qu'en pensez-vous?»

Cette demande est simple et ne risque pas de blesser votre interlocuteur. Vous seul savez qu'il s'agit d'un refus doublé d'une critique constructive.

Cette situation était réelle et a été présentée par une stagiaire d'un séminaire d'affirmation de soi. Après avoir analysé ses blocages cognitifs (ses pensées et ses principes irrationnels), elle s'est appliquée à formuler d'avance ce qu'elle dirait à sa voisine de village. C'est sous la forme énoncée ci-dessus qu'elle lui a présenté les choses. En toute simplicité. Elle seule savait qu'elle appliquait des formules de base du refus partiel et de la demande de changement. La vieille dame a été ravie de son appel et a tout de suite été d'accord avec cette nouvelle organisation. Il n'y a eu aucune vexation ni aucun conflit.

C. Le refus total

Formulez un refus total lorsqu'il n'y a pas moyen de faire un refus partiel. Deux cas typiques se présentent :

- Vous ne *pouvez* absolument pas rendre le service.

Exemple n° 1

Vous avez un rendez-vous ou une réunion au moment où votre ami vous demande de l'accompagner à la gare.

- Vous ne *voulez* pas rendre ce genre de service pour des raisons personnelles.

Exemple n° 2

Vous ne souhaitez pas prêter vos livres ni vos disques.

Dans ces cas, montrez-vous compatissant en comprenant que votre interlocuteur doit résoudre son problème ; expliquez brièvement que vous ne pouvez pas ou que vous respectez un principe qui vous oblige au refus ; proposez *immédiatement* à votre interlocuteur une solution pour qu'il satisfasse tout de même sa demande (sans vous). Cela donne en formule générale :

« Je comprends que vous ayez besoin de…, mais je… (ne peux ou ne veux pas), par contre, vous pouvez peut-être… »

La solution proposée doit être contenue dans la même phrase, sans attendre la réaction du demandeur.

Exemple nº 1

«Je t'aurais bien accompagné si je n'avais pas eu ce rendez-vous important. Tu as intérêt peut-être à commander un taxi la vieille ou à demander à un autre ami, s'il peut.»

N'attendez pas entre *important* et *Tu as intérêt...* Dirigez immédiatement votre interlocuteur vers une nouvelle option. Après tout, ce qui l'intéresse, c'est d'être à l'heure à la gare et peut-être à moindre coût. Vous n'êtes pas le seul à pouvoir fournir ce service même s'il aurait été plus agréable que cela soit vous. Mais la vie est ainsi faite!

Exemple nº 2

«Tu as raison, c'est un livre tout à fait intéressant. Il est écrit par des experts, mais c'est à notre portée. Pour ma part, j'ai pour principe de ne pas faire sortir mes livres d'ici, mais je vais tout de suite te noter les références. Ils l'ont peut-être à la bibliothèque; sinon tu le commandes facilement à la librairie.»

Vous annoncez votre principe (dans le sens de règle personnelle) avec naturel et sans culpabilité. C'est votre droit de respecter ce besoin. Pour d'autres, ce serait une voiture, une maison ou une robe de soirée. Les risques existent (livre écorné, robe salie, voiture accidentée, etc.), mais n'en parlez pas à votre interlocuteur car celui-ci peut se vexer ou juger que cela ne se produira pas avec lui.

Oser et savoir formuler correctement des refus en cas de besoin est, encore une fois, une partie primordiale de l'affirmation de soi. Bien évidemment, s'affirmer ne consiste pas uniquement à savoir ce que l'on ne veut pas. Être conscient et exprimer ce que l'on souhaite, s'intégrer dans un groupe de gens même inconnus, maintenir des conversations, s'aimer et s'estimer, avoir conscience de sa valeur, oser et savoir s'opposer, être épanoui et ouvert aux autres sans craintes, etc., sont les bases des programmes d'entraînement à l'affirmation de soi. Ces séances thérapeutiques menées par des professionnels (comportementalistes et cognitivistes) représentent le moyen le plus rapide et le plus durable pour mieux contrôler sa vie. Ces entraînements se font en groupe (12 personnes environ) sur plusieurs mois. Je les recommande vivement pour toute personne ne se sentant pas suffisamment affirmée. Les résultats de quelques mois de pratique vous étonneront ! Par ailleurs, lisez les ouvrages cités en bibliographie, et *appliquez-en* les principes.

Il existe deux gros obstacles à l'affirmation de soi : 1. les croyances et les pensées irrationnelles ; 2. les manipulateurs ! Ils déstabilisent même des personnes affirmées. Celles-ci s'extraient mieux et plus rapidement du piège grâce à leur confiance en elles-mêmes et à leur pouvoir de dire non à tout ce qui menacerait leur épanouissement. Avant d'affronter les manipulateurs, il est indispensable d'acquérir un minimum d'affirmation de soi. Savoir refuser quelque chose à un manipulateur est un outil indispensable. Le manipulateur est le premier averti de votre manque de confiance en vous. Ne lui laissez plus le pouvoir d'en user.

Utilisez le disque rayé

Le manipulateur n'apprécie pas que vous refusiez sa requête ou sa suggestion. De plus, comme il n'a pas vraiment l'habitude de se frotter à l'opposition, il ne tient pas votre refus pour acquis. Sa réaction immédiate est de l'ignorer et de répéter sa demande. Vous aviez parfaitement compris la première fois et vous réitérez votre réponse. C'est à ce moment que les choses se corsent : le manipulateur commence à manipuler par la culpabilisation (« Après tout ce que j'ai fait pour toi »), les principes moraux (« Il faut être solidaires entre collègues, sinon on ne fonctionne pas ! »), la dévalorisation (« Je savais que tu n'avais pas beaucoup de cœur… mais à ce point-là ! ») ou la menace (« N'oubliez pas que d'autres ne demandent qu'à avoir une place comme la vôtre… »). En général, il touche de plein fouet vos propres schémas et les met en branle en quelques phrases percutantes, vous soupçonnant de ne pas les respecter. Il vous fait soudain voir que vous n'êtes pas aussi généreux, bon, solidaire ou autre qualificatif honorable, que vous sembliez le faire croire jusqu'ici ! Si vous n'y prenez garde, il vous enferme dans votre propre piège de principes moraux *incontournables* et vous revenez sur votre refus comme un soldat qui se rend avant la bataille. Pourquoi ? Parce que l'idée même qu'une seule personne puisse penser que vous n'êtes pas généreux, parfait, fiable en toute circonstance, sensible aux problèmes d'autrui, solidaire ou autre vous est tout simplement insupportable ! *Vos valeurs* se confondent avec votre propre personne. Et si vous refusez de les appliquer une fois, alors vous n'en êtes plus digne.

Par exemple, certains ne s'autorisent pas l'idée de rester superficiel avec un manipulateur parce qu'ils se disent trop authentiques pour cela. Jouer un rôle superficiel dans le but de ne pas subir les inconvénients d'une relation avec un manipulateur fait-il de vous un parfait hypocrite ? Certains, *a priori,* pensent que oui. Ils refusent d'être hypocrites avec quiconque, *même avec les manipulateurs.* Ils ne font aucune différence entre leurs interlocuteurs. Si l'attitude à adopter face aux manipulateurs est stratégique, pensée, calculée, il y a une raison : si vous restez à 100 p. 100 authentique, spontané, naïf, transparent ou profond avec eux, les effets sont inverses à ceux que vous obtenez d'habitude. Ils les retournent *contre vous !* C'est le seul cas où cela se passe ainsi.

Aussi vrai que vos croyances et vos principes irrationnels vous empêchent de choisir à votre bénéfice, celles et ceux que vous impose le manipulateur achèvent de vous emprisonner. Ainsi, il use de qualificatifs et d'arguments que vous détestez entendre sur votre compte. Le choix se situe ici : soit vous cédez, culpabilisé ou apeuré par ces menaces, soit vous tenez bon et vous faites ce que l'on appelle du *disque rayé* (ou brisé).

Le disque rayé consiste à répéter avec un volume *toujours identique* (non croissant) votre refus sans vous justifier davantage, avec pratiquement les mêmes termes, dans le but de marquer votre fermeté sans user de l'agressivité.

Le disque rayé n'a sa raison d'être que dans le cas où vous faites un *refus légitime.* Refuser à son patron, même manipulateur, de remplacer un collègue souffrant à un poste clé pendant une journée sous prétexte que vous n'avez pas été prévenu et donc préparé assez tôt, est risqué. S'affirmer ne consiste pas à refuser désormais toute tâche inconvenante ou indésirable. La vie, qu'elle soit professionnelle ou personnelle, nous amène son lot d'obligations, de contributions et de concessions auxquelles nous ne pouvons pas toujours échapper si nous vivons en société. Refuser cette concession en utilisant la méthode du disque rayé vous mettrait dans une position bien fâcheuse. Le disque rayé est seulement valable chaque fois que vous vous sentez le droit (humain) de refuser.

Voyons un dialogue entre un jeune homme manipulateur et sa sœur. Celui-ci souhaite lui emprunter de l'argent bien qu'il ne lui ait pas remboursé ce qu'il lui doit déjà. La sœur, que nous allons appeler Anne, vit en couple, sans enfant. Elle sait que son frère Denis est manipulateur pour en avoir trop longtemps souffert. La scène se passe dans son salon, en l'absence du mari d'Anne. Denis amorce sa demande :

« Je suis content de te voir, Anne ; d'autant que tu vas m'aider à résoudre un énorme problème, commence Denis.

— Lequel ? (prudence)

— Les impôts m'ont envoyé une lettre recommandée avec une mise en demeure : je dois leur payer une somme que je n'ai pas !

— Oui.

— Comment « Oui » ? Ça ne te fait pas réagir ?

— Non, j'ai compris que tu n'avais pas payé tes impôts, dit calmement Anne (réajustement de la situation).

— Justement, je ne peux pas les payer. Quand on est célibataire, ils ne vous loupent pas ! (victime)

— … (Anne n'anticipe pas la demande qui n'a pas encore été formulée clairement.)

— Donc, j'aurais besoin que tu me prêtes un peu d'argent, sinon je les aurai sans arrêt sur le dos. Je n'ai pas envie qu'ils viennent saisir mes meubles non plus ! (demande non précise ; victime d'une menace)

— Un peu de sous, c'est flou, ça ! (contre-manipulation)

— J'aurais besoin de 7000 francs.

— Sept mille francs ? Ce n'est pas « un peu de sous » pour moi ! réagit Anne.

— C'est quand même ce qu'ils me demandent (pas ce qu'il leur doit ?!).

— Étant donné ce que tu me dois déjà de l'argent, je serais bien en mal de te prêter cette somme. Je peux te prêter 500 francs pour que tu puisses stopper la procédure. Encore faudrait-il que tu me les rendes le mois prochain, car je suis très juste financièrement. (refus partiel)

— Cinq cents francs ? s'exclame Denis, déçu.

— Oui, c'est déjà cela, se satisfait la sœur.

— Que veux-tu que je fasse avec 500 francs ?

— Au moins, cela arrêtera la procédure judiciaire s'il y en a une. Tu ne m'as pas rendu les 3500 francs que je t'ai prêtés il y a sept mois, je ne peux pas faire mieux.

— Tu comptabilises tout, toi, tente d'attaquer Denis.

— La vie nous y oblige en effet, répond calmement Anne. (contre-manipulation)

— Être radine au point de compter au centime près, tu…

— Il me semble pourtant que les radins ne prêtent pas. (contre-manipulation)

— Tu pourrais au moins m'aider cette fois-ci. Je suis ton frère quand même ! (culpabilisation)

— C'est bien parce que tu es mon frère que j'ai déjà fait l'effort financier de 3500 francs il y a quelques mois. (contre-manipulation)

— Mais je sais bien que je te dois de l'argent. Mon problème n'est pas là. Il est de trouver de l'argent maintenant ! s'irrite Denis.

— Tu tentes de résoudre ton problème et tu as bien raison, mais je prends en considération mes propres problèmes également.

— Mais tu n'as pas de problèmes, toi !

— Ah bon ! (Anne ne se justifie pas.)

— Non. Tu as un mari. Vous gagnez bien tous les deux. Ce n'est pas la même chose qu'être célibataire !

— Bien sûr. Chacun fait les choix qui lui conviennent dans sa vie. Rien ne t'empêche de faire comme moi et de te marier si tu crois qu'il n'y a plus de problèmes ensuite. De toute façon, je te dis que je peux te prêter 500 francs, c'est tout. Il faudrait que tu cherches le reste auprès de ta banque ou d'autres personnes. (contre-manipulation, refus partiel avec solutions de remplacement)

— Cinq cents francs, ça ne sert à rien, insiste Denis.

— Je peux te prêter 500 francs et le reste, tu le trouves ailleurs, répète Anne. (disque rayé sur la partie d'acceptation et la solution uniquement)

— Est-ce que tu peux me prêter la moitié seulement, 3500 francs?

— Je peux te prêter 500 francs cette fois. Je suis sûre que tu peux t'arranger avec ton banquier pour le reste, répète résolument Anne. (disque rayé)

— Mais non! Mon banquier n'acceptera jamais puisque je suis déjà à découvert!

— Alors va voir d'autres personnes. Moi, je te prête 500 francs déjà. (disque rayé)

— Les autres, ce n'est pas pareil, ils ne sont pas la famille.

— La famille ne peut pas non plus tout pour toi. Moi, je te prête 500 francs. C'est toi qui vois si tu les prends ou pas. (disque rayé)

— Tu n'es pas très généreuse, hein? juge Denis.

— Je ne te conseille pas de te lancer sur ce sujet parce que, entre toi et moi, qui a donné à l'autre? (contre-manipulation)

— Tu ne m'as pas donné, tu m'as prêté!

— Tu ne voudrais pas que je t'enveloppe 3500 francs et 7000 francs dans un papier-cadeau tout de même? (contre-manipulation)

— ...

— Cette fois, je te prête 500 francs, à me rendre le mois prochain. C'est à prendre ou à laisser, termine Anne sur le même ton calme et ferme. (disque rayé)

— Bon d'accord. Donne-les-moi. C'est rien, mais c'est toujours cela!»

Vous avez pu constater la détermination non agressive dont Anne a pu faire preuve face à son frère manipulateur. Par l'utilisation persévérante du disque rayé, vous vous préservez d'une agressivité mal contrôlée et avez le pouvoir de rester ferme jusqu'au bout. C'est en effet le *processus de répétition* en lui-même qui fait la valeur du disque rayé. Il agit le plus souvent à la quatrième répétition face à un interlocuteur insistant. Cet outil vous permet d'éviter l'énervement ou la colère et vous protège du stress. L'important est de rester calme (pas d'augmentation du volume sonore) et d'user de patience pendant quelques minutes.

CHAPITRE 16

Les autres attitudes à adopter

Comme nous l'avons vu précédemment, la meilleure initiative que vous puissiez prendre si vous êtes en contact avec un manipulateur (par obligation ou par conviction de ne pouvoir y échapper) est de commencer le *deuil* d'une relation *idéale et authentique.*

Le mode de communication que vous pouvez adopter alors est radicalement différent de vos habitudes, voire opposé. L'exercice de la contre-manipulation en est un parfait exemple. Mais voici d'autres méthodes de protection bien utiles dans certains cas.

Stoppez d'urgence tout système aliénant déjà établi entre vous

Par exemple, si vous avez l'habitude depuis cinq ans de passer vos vacances avec le manipulateur, décidez dès cette année que vous les prendrez ailleurs. Cependant, le jour où vous le lui annoncerez, il pourrait décider de vous suivre. Cela lui paraît naturel de vous le suggérer. Afin d'éviter ce risque, soit que vous le lui annonciez *au dernier moment,* soit qu'à la question « Où vastu ? », vous lui répondiez *« Je ne sais pas du tout. Je verrai »* et à la question « Quand pars-tu ? » vous ne sachiez pas non plus ! Il se peut aussi que le manipulateur soit très vexé de ce changement et c'est sûrement ce que la plupart d'entre vous redoutez. Préservez son amour-propre et prenez un prétexte convaincant. Par exemple, vous pouvez annoncer: « Ah ! justement, Annie et moi n'irons pas à la mer cette année (au lieu de « avec vous »). On en a bien profité, mais cette fois, nous avons besoin de nous retrouver tous les deux. » Vous restez diplomate tout en atteignant votre but.

Il existe de multiples systèmes aliénants dans le clan familial (hors conjoint), surtout si un manipulateur est à la tête de la tribu ! Si vous devez rendre compte de vos faits et gestes, des personnes que vous rencontrez ou de toute autre ingérence illégitime, si votre manipulateur vous appelle au téléphone chaque jour ou vous oblige à l'appeler pour lui faire plaisir et que cela vous ronge ou vous déprime, stoppez *progressivement* le processus. Ici aussi, inventez des prétextes, faites-lui comprendre que votre vie privée ou professionnelle vous a fait « oublier » ou investissez dans un répondeur téléphonique sans vous contraindre à rappeler chaque fois qu'il appelle. Déconditionnez-vous. Attendez-vous à ce qu'il soit surpris, furieux et déstabilisé de votre initiative. Faites le changement petit à petit. Ne lui téléphonez que tous les deux jours, puis tous les trois jours, puis seulement la fin de semaine ou la semaine, par exemple.

Il existe parfois d'autres systèmes de dépendance incohérents que le manipulateur et vous-même avez établis depuis peut-être des années. *Ne rompez que les rituels qui vous pèsent* et qui ne vous rendent pas heureux. Remarquez aussi que c'est souvent notre conjoint qui nous ouvre les yeux sur des systèmes de ce type.

Ne racontez plus le détail de votre vie

Vous avez sans doute remarqué que le manipulateur est doué d'une mémoire sélective qui lui permet de vous renvoyer à la figure des faits que vous lui avez racontés. Il opère facilement des liens entre les choses et interprète souvent de façon négative. C'est ainsi que si vous lui faisiez part de votre vie sentimentale depuis des années, il vous fera remarquer, mine de rien, que vous ne savez pas « garder » vos conjoints ! À propos de votre fils ou de votre fille qui éprouve des difficultés scolaires, il en conclura subtilement que vous êtes un « mauvais » père ou une « mauvaise » mère. Plus vous détaillez vos agissements et vos projets, plus il peut utiliser les informations à son gré. En étant trop précis sur votre vie privée, vos défauts ou vos menus déboires, vous lui laissez la porte grande ouverte. Ne dites pas tout. Mentez au besoin. Cela ne signifie pas que vous *soyez* maintenant un hypocrite ou un menteur. Cela n'est qu'un conseil stratégique de protection. Ne confondez pas. N'appliquez pas cette démarche avec les gens non manipulateurs.

Ne répondez pas aux demandes non formulées clairement

Le manipulateur ne demande pas clairement d'emblée. Il omet de vous préciser le pourquoi de sa question, quand ce n'est pas l'oubli du *où, qui, quand, combien* ou *comment*! Ne répondez pas à la demande tant qu'il n'a pas tout dit. *Faites-le clarifier* chaque fois que nécessaire, même si vous avez déjà compris son but. Exemple : « Tu ne fais rien de spécial mardi soir ? », demandez-lui « Pourquoi ? », même si vous savez qu'il a besoin que vous l'accompagniez ce soir-là. Faites de même avec un comportement non verbal qu'une collègue manipulatrice aurait en vous laissant sur *votre* bureau, sans un mot, une pile de dossiers qu'*elle devrait* classer. Vous avez bien compris qu'elle souhaite vous le faire faire. Agissez comme si vous ne vous en étiez pas aperçu. C'est votre façon de lui faire clarifier son désir et de vous respecter un minimum.

Notez tout

En cas d'arrangements, de négociations, de rendez-vous, de réunions professionnelles ou d'une quelconque mise au point, *notez ce que vous convenez ensemble.* Si possible *devant* le manipulateur. *Reformulez* ses propos devant lui de manière qu'il ne puisse pas avoir recours à ces si fréquents quiproquos. Il ne pourra insister sur le fait que vous n'avez rien compris ou rien entendu lorsque vous le lui prouverez par cette trace écrite. Utilisez cette précaution en prétextant que c'est pour ne rien oublier et éviter les malentendus. Dites-lui que vous vous organisez toujours ainsi. Si le manipulateur se trouve être dans votre milieu professionnel, de sérieux événements peuvent se produire : contrordres, changements soudains de décisions, diminutions de budget au dernier moment, mensonges, falsifications de documents, apposition de sa signature sur un de vos rapports, notations injustifiées, calculs volontairement erronés de vos heures supplémentaires ou jours de congé, suppressions injustifiées d'une prime, etc. *Tout document faisant état de preuves est à garder soigneusement.* Il se peut qu'un jour vous en ayez besoin.

Dans un cas grave, n'hésitez pas à alerter son supérieur hiérarchique, même si le manipulateur est votre responsable. Bien souvent, les directeurs ne sont pas informés de ce qui se passe dans les services subalternes. Cela porte ses fruits lorsque le haut responsable est capable d'affronter les conflits et ose prendre des décisions fermes. Autrement dit, s'il n'est pas passif, terrorisé ou manipulé par le manipulateur. L'affaire est plus délicate lorsque le haut responsable est lui-même un manipulateur ! Le cas se présente parfois, hélas.

Refusez d'être vous-même son intermédiaire

Dans de nombreuses situations (pas toujours), le manipulateur pourrait faire ses messages lui-même, mais préfère utiliser un intermédiaire. Dans le cas où il vous choisit, dites-lui gentiment qu'il serait *plus correct, simple* ou *préférable* qu'il annonce de lui-même son message. Cela est particulièrement valable lors de ses critiques envers autrui ou envers un système. Laissez-le assumer cette responsabilité. Évitez l'agressivité, du type « Tu n'as qu'à le dire toi-même ! ». Soyez diplomate en refusant ou dites : « Oui, quand je le verrai, je lui dirai que tu veux lui parler. »

Unissez-vous

Entre victimes d'un manipulateur, unissez-vous. Ce dernier a l'art de créer la suspicion et la zizanie. Le meilleur moyen de ne pas tomber dans ce piège est de vous tenir au courant les uns les autres. Si des failles sont apparues, recréez la soudure dans les meilleurs délais.

Informez votre entourage de l'aspect manipulateur du personnage. Ainsi, on ne se sent plus seul. C'est aussi un moyen de soutenir ceux parmi votre entourage qui sont les plus vulnérables et qui n'osent d'ailleurs pas dévoiler leurs sentiments à ce sujet.

Répondez prudemment à la flatterie

Si le manipulateur use de la flatterie, c'est pour mieux vous séduire. Un compliment fait toujours plaisir et nous en sommes reconnaissants à son auteur. La flatterie, contrairement au compliment, comporte un but. Outre vous inciter à quelque chose, le manipulateur veut surtout faire de vous un allié. Pour le moment ! Rappelez-vous que son sentiment à votre égard peut changer dans quelques mois. Faites comme si vous entendiez le compliment comme tel. Souriez sans excès de plaisir et remerciez-le sobrement. Ne vous sentez pas obligé de lui exprimer votre doute. Le plus important est de ne pas être dupe.

Conclusion

Nous constatons que la présence d'un manipulateur peut concerner chacun d'entre nous. Certains lecteurs ont expérimenté les souffrances psychiques et somatiques qu'engendre leur contact. Même si celui-ci fut unique, ils s'en souviennent toute leur vie. Les éléments contenus dans ce livre sont là pour nous préserver de telles souffrances pour le reste de nos jours, ou au moins les limiter. À moins de vivre cloîtré et sans relations extérieures, nous rencontrerons de nouveau des manipulateurs. Ne tombons pas non plus dans la dramatisation du phénomène: le risque existe mais les manipulateurs sont peu nombreux et leur existence ne doit pas nous rendre systématiquement méfiants envers chaque individu rencontré. Fions-nous à l'instinct et à l'écoute constante de nos émotions pour tirer la sonnette d'alarme. Plus tôt nous discernerons l'aspect pathologique de notre relation avec ce personnage, plus vite nous mettrons en route une stratégie adaptée en fonction de nos objectifs. La liste des caractéristiques à cocher reste notre meilleur point de repère concernant un sentiment mitigé.

Faisons-nous davantage confiance et respectons-nous: ainsi l'indifférence vis-à-vis du personnage en question prendra progressivement sa place. La personnalité manipulatrice est un stresseur parmi d'autres, même s'il est d'une puissance extrême. Le piège reste l'emprise qu'il a sur nos propres schémas de croyances. À nous d'y travailler avec ferveur pour que son influence négative puisse diminuer. Puisque le manipulateur ne changera point sans psychothérapie, nous nous devons d'opérer nous-mêmes un changement. Notre but est clair: protégeons-nous sans créer volontairement la guerre. Inutile de l'humilier, de le dévaloriser, de le culpabiliser, de créer nous-mêmes la zizanie ou de nous «victimiser».

Qu'est donc la personnalité manipulatrice ? Une personnalité narcissique ? paranoïaque ? psychopathe ? voire psychotique ? Certains manipulateurs peuvent répondre à deux tableaux diagnostiques différents. Ce livre est le fruit de plusieurs années d'observations et de recherches. Cependant, la question reste ouverte tant que les professionnels de la santé mentale n'étudieront pas spécifiquement leur cas.

La personnalité manipulatrice est-elle curable ? Elle le semble si le manipulateur vient consulter avec cette demande. Nous devons nous mettre à l'évidence que cette démarche est extrêmement rare. Il s'alerte lors d'une dépression, d'une maladie organique, lorsqu'il se retrouve face à une solitude trop pesante ou à une rupture amoureuse mal vécue. Dans le cas où il consulte un thérapeute, la relation que ce dernier va instaurer doit être, d'une part, prudente face aux tentatives de séduction et aux dissimulations, et, d'autre part, maintenue jusqu'au bout sous l'égide de la coopération. Nous constatons que ce dernier aspect devient de plus en plus difficile à établir chez ce patient effrayé par une remise en question déstabilisante. Les objectifs thérapeutiques privilégient un changement comportemental vis-à-vis des autres afin de développer sa capacité d'empathie et de respect. En même temps, il nous faut développer de nouveaux schémas cognitifs pour amenuiser la puissance de ses cognitions liées aux jugements et à sa peur profonde de déplaire et de ne pas être à la hauteur de ses illusions. Enfin, un travail d'affirmation de soi lui apprendra à se respecter *tout en respectant et en aimant les autres.* Pour le moment, les professionnels de la santé mentale doivent aider les victimes : pour cela, ils doivent reconnaître quand et comment celles-ci sont en contact prolongé avec un manipulateur.

N'attendons pas que le manipulateur change spontanément. Notre salut réside dans notre propre adaptation et notre profonde détermination à ne jamais nous laisser détruire… par qui que ce soit.

Annexes

Annexe n° 1 : La sœur de Sylvette

Les chiffres inscrits entre parenthèses renvoient à la deuxième partie de cette annexe (page 275) : ce sont des indices de manipulation. Essayez de les découvrir avant de vous y référer.

Sylvette, 40 ans, est antillaise. Elle est actuellement employée administrative au gouvernement. Le premier épisode se déroule il y a une dizaine d'années au moment où elle s'installe chez sa sœur pour travailler en ville.

Jeanne, sa sœur, est sur le point de partir en vacances aux Antilles. Sylvette ne bénéficie pas de congé à cause de son nouveau travail. Elle propose alors à Jeanne de participer au loyer (elle n'en connaît pas le montant) et désire savoir ce qu'elle doit faire en son absence. Sa sœur lui répond ainsi :

« Comme tu n'as qu'un petit salaire et que tout est organisé, ne t'inquiète pas. Il n'y a aucun problème… Maintenant, si tu veux… Si tu peux, il va falloir payer le loyer, tu peux t'en occuper ! *(messages contradictoires)*

— Bon, acquiesce Sylvette, je verrai dans quelle mesure je peux y contribuer lorsque j'aurai fait mes comptes. Je vais voir ce que je peux faire. »

Il s'avère que le salaire de Sylvette (salaire d'il y a 10 ans) est trop modique pour payer le loyer de sa sœur. Elle l'appelle donc sur son lieu de vacances et lui explique :

« Il faut que tu saches que le loyer ne sera pas payé. Je peux avancer de l'argent, mais il faut quand même que tu envoies le reste de la somme. »

Jeanne se met en colère *(entre dans une émotion illégitime)*:

« Tu exagères, tu m'avais dit que tu paierais le loyer! Mais voilà, j'avais fait mon budget en sachant que je n'avais pas cela à payer... (1)

— Bon, ce n'est pas grave, je vais m'arranger avec maman.

— Oui, c'est comme cela que *vous* nous mettez dans la m..., et puis, voilà que je me retrouve avec des problèmes! *(payer son loyer est-il un nouveau problème ?)*

— Non, ce n'est pas un problème, rétorque Sylvette, penaude, je vais m'arranger, je vais voir ce que je peux faire. Je vais voir cela calmement. Je paierai le loyer; mais tu te souviens bien qu'on avait convenu... *(Sylvette tombe dans le piège).*

— Oui, coupe Jeanne, mais tu ne m'avais pas dit carrément que tu ne le paierais pas. Tu m'as dit que tu ferais un effort, donc moi, je pensais que j'avais ta parole, et à partir du moment où tu m'as dit que tu ferais un effort, tu fais un effort et tu vas jusqu'au bout. » (2)

C'est ainsi que Sylvette se retrouve à régler un loyer correspondant aux trois quarts de son salaire! (3)

Pendant les mois où Sylvette habite chez sa sœur Jeanne, cette dernière la fait non seulement contribuer financièrement au loyer et à la nourriture (cela est normal), mais l'oblige moralement à lui démontrer sa gratitude. En effet, Sylvette se trouve amenée à faire le ménage, la lessive, le repassage et à garder ses neveux les soirs où Jeanne sort. C'est-à-dire au moins toutes les fins de semaine. Sa sœur choisit en priorité ses sorties et se désintéresse des envies d'évasion de Sylvette. *(mise en soumission)*

Un soir, au retour d'une promenade dominicale en famille, Jeanne se met ouvertement en colère contre le fait que le linge n'ait pas été repassé pour le lendemain. Au même moment, le téléphone sonne. La mère de Jeanne et de Sylvette souhaite avoir des nouvelles mais constate que Jeanne est énervée et lui en demande la cause. Celle-ci lui répond:

«Je suis obligée de me mettre en colère. Tu te rends compte, nous sommes sortis et maintenant il faut que ce soit moi qui repasse le linge de mon mari et de mes enfants pour demain!» (4)

La mère s'interroge :

« Comment ? Tu aurais une femme de ménage que tu aurais payée et qui n'aurait pas fait son travail ?

— Non, mais on peut s'entraider ! Ce n'est pas toujours aux mêmes de tout faire : il faut que ce soit moi qui effectue les courses, le repassage, bref tout ! (5)

— Mais il me semble qu'au moment de ton mariage tu connaissais tes engagements. Si tu avais un accord avec ton mari, tu dois régler ce problème avec lui. »

La mère tente discrètement de rétablir les faits, habituée à ce que sa fille déplace les problèmes à un autre niveau de responsabilité.

Quelque temps auparavant, Sylvette a informé sa sœur qu'elle souhaitait partir : celle-ci n'en sembla pas affectée. Mais lorsque enfin Sylvette trouve un appartement pour elle, Jeanne se rend à l'évidence : elle perd un tas d'avantages. Elle change alors radicalement sa stratégie et use de flatteries jamais prononcées auparavant. Elle ne cesse de vanter, à qui veut l'entendre, les mérites de sa sœur et la merveilleuse entente qui les lie (6).

Sylvette, cette fois, ne se laisse pas manœuvrer et quitte l'appartement de Jeanne et de sa famille. Les tentatives de domination de sa sœur ne s'arrêtent pas pour autant. Jeanne continue d'exiger de Sylvette d'accomplir le rôle qu'elle a jusqu'à présent rempli auprès de ses enfants. Elle lui reproche d'aller travailler les fins de semaine sans la consulter et de la mettre ainsi dans l'embarras (7). À cette période, Jeanne est infirmière et peut choisir de travailler les fins de semaine contre une rémunération plus importante. Sylvette, elle, n'a aucun choix des fins de semaine où elle doit travailler. *(inversion de la réalité)*

Plusieurs années s'écoulent et permettent à Sylvette de prendre ses distances vis-à-vis de sa sœur Jeanne.

« J'ai compris qu'elle m'était néfaste et j'ai décidé de prendre du recul. J'ai surtout eu un déclic au moment de ma grossesse. »

Lors de la grossesse de Sylvette, l'attitude de Jeanne est ambivalente : elle félicite sa sœur de son état et, en même temps, lui reproche d'avoir conçu l'enfant avec un homme *pas fait pour elle, minable,* etc. Les critiques plus ou moins sournoises sont tellement dévastatrices qu'elles produisent une influence suffisante pour provoquer la rupture du couple. Jeanne engage sa sœur à prendre une décision *(la sienne)*, mais Sylvette n'en prend aucune (définitive) vis-à-vis de son conjoint. Jeanne, vexée de sa perte de pouvoir, dit ne plus vouloir interférer ni *l'aider* dans son affaire. Pendant des mois, Jeanne boude.

Sept années plus tard, Sylvette vit seule avec sa fille de sept ans. Elle voit encore Jeanne de temps à autre. Cette dernière, lorsqu'elle ne peut obtenir ce qu'elle souhaite de Sylvette, utilise l'enfant comme arme de persuasion. Elle entretient de grandes conversations téléphoniques avec l'enfant et pose des questions dans le but d'obtenir plus d'informations: « Ta fille m'a dit que…, est-ce qu'elle est vraiment consciente de ce qu'elle dit ? » (8)

Sylvette se souvient d'une anecdote révélatrice parmi d'autres. Sa sœur Jeanne l'appelle au téléphone et propose:

« J'ai déménagé samedi dernier, il faudrait que tu amènes la petite à la maison pour qu'elle voie où j'habite. *(Sylvette ne connaît pas non plus le nouvel appartement mais sa sœur ne s'adresse qu'à l'enfant !)*

— Oui, mais elle a son cours de danse le samedi matin, répond Sylvette.

— Je sais, mais justement, samedi en sortant de son cours, je l'emmènerai manger chez moi. Je lui ferai quelque chose qu'elle aime. Donc tu me l'amènes samedi à la sortie du cours. » (9)

Comme prévu, Sylvette conduit sa fille chez sa sœur. Elle s'apprête à l'y laisser lorsque sa sœur lui fait remarquer:

« Tu as une sale tête !

— Oui, je ne me suis pas remise de mon malaise de mercredi. Je suis vraiment très fatiguée. (Sylvette a eu un malaise et des médicaments lui furent prescrits. Jeanne lui conseillait alors de se reposer afin d'éviter tout stress inutile.)

— As-tu déjeuné ?

— Non, mais je vais aller faire mes courses.

— Va faire tes courses et ensuite reviens à la maison.

— Non, je vais rentrer chez moi ensuite, car je suis vraiment très fatiguée, explique Sylvette.

— Mais que fais-tu comme courses? lui demande alors sa sœur. (10)

— De l'épicerie.

— Eh bien! puisque tu vas au supermarché, je te suggère de manger ici et puis nous irons faire les courses ensemble et je te déposerai chez toi. (11)

— Bon, comme cela, je veux bien», acquiesce Sylvette.

Après le déjeuner qu'elles prirent ensemble, Jeanne se met alors à faire du rangement dans l'appartement. Sylvette s'en inquiète:

«Tu m'avais dit qu'on irait faire les courses!

— Oui, oui. Mais je range une ou deux bricoles, histoire de ne pas laisser la maison comme cela. On y va dans un quart d'heure, une demi-heure.

Sorties de table à 13 h, elles ne partent qu'à 16 h 30! Entretemps, Sylvette, se sentant désœuvrée, se met à aider sa sœur à défaire les cartons et à ranger les affaires (12). Après plusieurs heures seulement, Jeanne propose à Sylvette (exténuée) de se reposer (13) pendant qu'elle finit les rangements. Elle promet de partir dans 10 minutes, mais l'attente dure encore une demi-heure! (14)

Voici un autre épisode intéressant: Jeanne est alors infirmière directrice d'une maison de retraite lorsqu'elle est pratiquement mise à la porte de son logement de fonction*. Il faut trouver un appartement rapidement mais elle n'y réussit pas. Elle essaye donc de frapper à certaines portes, mais sans vouloir demander clairement d'être hébergée. Un soir, Jeanne appelle Sylvette:

«Je n'ai pas le moral. J'en ai marre. Je ne sais plus quoi faire. Je crois que je vais tout abandonner…

— Qu'est-ce que tu as? Qu'est-ce qui se passe encore? s'enquiert Sylvette.

— Il faut que je rende le logement. C'est incroyable… *(Réagit comme si la nouvelle venait d'arriver et qu'on la prenait au dépourvu)*

— Tu le savais déjà depuis un mois, s'étonne Sylvette.

* Un logement de fonction est attribué par l'État ou la collectivité locale à une personne salariée par l'un ou l'autre qui assure une fonction l'obligeant le plus souvent à être sur place.

— Oui, mais je n'ai pas le choix. On m'avait promis un logement, on ne me le donne pas. Il me faut rendre l'appartement début août. (15)

— Tu dois absolument le rendre début août ?

— Oui, c'est vraiment une obligation. J'ai reçu une lettre recommandée avec avis de réception que j'ai signée. Si je ne rends pas le logement début août, il y aura saisie sur le mobilier. Je serai vraiment jetée à la porte (16). J'ai raconté cela à notre frère (celui-ci, marié, vit dans un deux pièces alors que Sylvette et sa fille ont un quatre pièces). J'avais l'intention de vendre mes affaires et d'aller à l'hôtel, mais il m'a dit qu'entre membres de la famille il fallait s'entraider, et que si je n'avais pas encore d'appartement je n'avais qu'à aller chez eux (17). Mais avec mes deux enfants (elle est maintenant divorcée), ce n'est pas possible de vivre à cinq dans un deux pièces. Donc je crois que je vais y laisser mon fils ; ma fille et moi irons à l'hôtel.

— Mais, interroge Sylvette, ta décision doit être prise cette semaine ?

— Non, non, j'ai encore un mois. Mais comme je n'ai pas de logement, il faut que je prenne une décision et je crois que c'est ce que je ferai…(18) Et puis, après tout, comme j'en ai tellement marre, je crois que je me suiciderai, comme cela tout sera clair, je n'emmerderai plus personne (19) ! Et puis, j'en ai marre… les gens… le monde est vraiment dégueulasse…(20)

— Je pense qu'à ton âge, tu devrais savoir comment sont les choses, lui rappelle Sylvette *(contre-manipulation en utilisant le jugement de base de la manipulatrice elle-même)*. Tu aurais dû savoir comment réagir. Maintenant, le problème n'est pas là. Si vraiment au 31 juillet on ne t'a toujours pas donné de logement, tu sais très bien que j'ai un grand appartement, donc vous viendrez à la maison. *(Est-ce une vraie proposition ou la conséquence naturelle de la culpabilité ?)*

— Ça ne te gênerait pas de nous loger ? demande Jeanne.

— Non, pourquoi veux-tu que cela me dérange ? Je peux te loger pour quelque temps.

— Oui, surtout que ce n'est qu'une question de mois. J'ai téléphoné au bureau qui s'occupe de mon dossier ce matin. Mon dossier est en train d'être examiné, je suis une des premières sur leur liste. Donc, très rapidement j'aurai un logement, c'est juste l'histoire d'une quinzaine de jours. (21)

— Que feras-tu de tes meubles et objets ? s'enquiert Sylvette.

— Je vais réfléchir. Je te rappellerai. Je te dirai. » (22)

Le surlendemain, la sœur rappelle pour annoncer son projet de venir habiter avec ses enfants chez Sylvette dès le 1er août.

Cette discussion a lieu vers la mi-juillet. Puis, Jeanne rend visite à Sylvette pour s'entendre sur la façon de s'organiser. Sylvette prévient sa sœur que sa filleule, présentement en ville pour des problèmes de santé, sera chez elle jusqu'à la fin de juillet et affirme que cela ne posera aucun problème pour leur arrivée en août. De plus, Divine, sa propre fille, est absente jusqu'au début de septembre.

« Ta filleule est là pour combien de temps ? demande Jeanne.

— Jusqu'à la fin de juillet, répète Sylvette. Vous aurez donc les deux chambres.

— Mais elle ne peut pas partir avant ? (23)

— Elle peut toujours partir chez d'autres membres de sa famille, mais à partir du moment où elle m'a demandé de l'héberger depuis le mois de janvier, cela m'embête de lui demander de partir. *(Erreur de Sylvette d'envisager clairement une satisfaction de la demande.)* Surtout, qu'à la limite, tu n'as pas besoin du logement avant le mois d'août ! *(Réalise après coup l'absurdité de la question.)*

— Bon, d'accord ; mais cela m'embêterait de cohabiter avec tous ces gens-là ! (24)

— Tu ne vas pas cohabiter avec "tous ces gens-là" puisque tu ne viens qu'au mois d'août ! Il n'y a pas de cohabitation puisqu'elle part à la fin de juillet. »

Sylvette admet ne pas avoir fait suffisamment attention à ces questions et remarques pourtant étranges.

« Et, est-ce que ta cave est disponible ? demande la sœur. (25)

— Oui, elle est disponible. Il n'y a absolument rien dedans, mais elle est sale. Donc, si tu veux mettre des choses à la cave, tu n'as qu'à la nettoyer.

— Tu peux me laisser une clé de la cave ?

— Oui, si tu veux nettoyer la cave.

— Mais pour l'appartement ? (26)

— Mais pour l'appartement, quand ma filleule partira, je te donnerai la clé que je lui ai prêtée.

— Ah ! Parce que tu lui as donné une clé ?

— Bien sûr. Je ne suis pas là 24 heures sur 24. Je n'ai pas à être l'esclave d'une porte. Comme elle vit là et que je travaille, c'est tout à fait normal que je lui donne une clé. *(Se justifie trop.)*

— Donc, tu n'as plus d'autres clés ? *(Pourquoi poser la question maintenant ?)*

— Non. J'en ai trois. Une chez le concierge, une pour ma fille et j'ai la troisième. *(Détaille trop.)*

— Pourquoi le concierge ? continue Jeanne.

— Parce que s'il m'arrive de perdre ma clé, je trouve que c'est plus intelligent d'aller la chercher chez le concierge que de faire venir un serrurier !

— Ah bon… »

Ainsi se termine la discussion. Le lendemain vers 17 h, Sylvette rentre du travail, mais elle ne parvient pas à ouvrir la porte de chez elle. Intriguée, elle sonne et un inconnu lui ouvre la porte ! Très mécontente, elle pénètre dans son appartement envahi d'objets divers et de cartons. « Il y en avait absolument partout. On ne pouvait circuler ! » se souvient-elle. Sa nièce apparaît et lui explique :

« On a préféré rendre le logement plus tôt que prévu et on a profité des déménageurs du garde-meuble pour apporter ici le reste des choses.

— Je ne comprends pas, s'écrie Sylvette interloquée, vous ne deviez venir qu'en août ! »

Sylvette se sent mal. Elle est très en colère et s'enferme dans sa chambre se laissant pleurer de rage et de désarroi. Elle ne peut se calmer qu'en s'assenant : « Prends un peu sur toi ! » *(Se culpabilise de son sentiment, le refoule et se soumet.)*

Enfin, sa sœur frappe à la porte, entre et constate :

« Ma fille m'a dit que tu n'étais pas du tout contente. Je reconnais que l'on a mis du désordre chez toi, mais nous allons ranger, ne t'inquiète pas. J'étais très fatiguée et je me suis reposée un peu. Je vais ranger. (27)

— Je ne comprends pas. Tu avais dit que tu ne viendrais qu'en août et tu es déjà là ! Tu dors ici juste ce soir ou tu retournes dormir chez toi ?

— Comme nous sommes là, nous allons dormir ici. (28)

— Qu'est-ce que tu fais de l'appartement ?

— Tant qu'à faire, je préfère en finir avec ces gens-là. Une fois pour toutes, on n'en parle plus ! » (29)

La cohabitation débute donc assez mal. Sylvette manifeste son mécontentement *(faiblement)*, mais elle se sent moralement coincée, car elle se dit : « Je ne peux pas les mettre à la porte ! » Rapidement, elle a l'impression de ne plus se sentir chez elle. Un jour, néanmoins, sa sœur propose :

« Est-ce que nous pouvons parler de finances, bien que je n'aie pas beaucoup d'argent ! Tu sais, j'ai été prise au dépourvu : il a fallu que je paye le déménagement et le garde-meuble et un tas d'autres choses. (30)

— Tu es là pour combien de temps ? (*Suggérant qu'elle peut profiter d'un choix !)*

— Je t'ai dit maximum un mois (31). Je m'en vais en septembre.

— Écoute, lui dit Sylvette, si tu es là jusqu'au mois de septembre, je paierai mon loyer comme d'habitude. Cela m'est parfaitement égal. Ce n'est pas grave. Considère que cela te fait faire une petite économie. Par contre, je veux être honnête avec toi : ma fille étant absente, j'en profite pour ne pas préparer de repas ou faire des courses ; je ne vous ferai donc pas à manger. Organisez-vous sans moi *(clair)*.

— Oh ! mais je ne te demande pas de nous nourrir ! (32). Tu nous héberges, c'est déjà pas mal. »

Quelques jours plus tard, la filleule de Sylvette s'apprête à quitter l'appartement pour aller dans sa propre famille. Sylvette — surprise de ce départ imprévu — comprend qu'en son absence sa sœur a progressivement semé le trouble et le malaise auprès de sa filleule. (33)

Début septembre, le retour de la fille de Sylvette amène une situation critique : sa sœur n'a toujours pas de logement et ne parle pas de départ ! Sylvette préfère prendre sa fille dans sa chambre.

La petite fille de sept ans est déstabilisée. Sylvette en est arrivée à composer avec sa nouvelle vie pour assurer à sa sœur et à ses neveux (19 et 20 ans) un bien-être maximal *(inversion de la situation)*. Elle ne peut jamais obtenir le silence dans la maisonnée à 20 h 30 (télévision, copains, musique, etc.) pour que la petite fille puisse s'endormir comme à son habitude. Cette cohabitation dure jusqu'à... la fin de janvier!

Sylvette est prévenue par sa nièce de leur départ définitif (34). La nièce est incertaine quant à la date du déménagement: sûrement ce samedi. (35)

Sylvette apprend par son frère qui a fait le déménagement (armoires, congélateurs, etc.) que Jeanne a pris soin de ne réapparaître que très tard le samedi soir, assurée que tout serait terminé! Le mercredi suivant, ce même frère se retrouve à nouveau seul (avec les enfants) pour déménager les affaires de Jeanne alors que celle-ci avait promis qu'il y aurait du monde. (36)

Les trois membres de la famille de la sœur de Sylvette ont donc investi les lieux pendant plus de six mois. Lors du calcul des frais reliés au logement de Sylvette, celle-ci s'aperçoit qu'ils ont pratiquement quadruplé! Elle demande à sa sœur de lui régler cette différence, car elle ne peut la payer. De nouveau, Jeanne reprend son discours plaintif relatant ses propres difficultés et laisse finalement Sylvette régler seule la facture.

Le frère qui a aidé au déménagement de Jeanne n'a guère plus de chance: il doit déménager lui aussi quelques jours plus tard mais les enfants de Jeanne ne répondent pas à la demande d'aide. Ils n'ont pas «envie». Leur mère se range de leur côté: «Ce sont les vacances! Je ne peux pas les obliger...» Cette anecdote prépare notre dernier exemple.

L'anniversaire prochain de ce frère donne l'occasion à ses sœurs (sauf Jeanne) de lui faire une surprise: toute la famille viendra passer le dimanche chez lui à la campagne. Sa femme et ses sœurs s'occuperont entièrement du déjeuner. Le projet est concocté secrètement avec l'épouse. Sylvette prévient Jeanne par téléphone et lui propose de participer.

Elle répond :

« Oui, si je n'ai rien à faire d'autre ce jour-là, c'est d'accord. Sinon, je ne viendrai pas. » (37)

Pour une raison encore incompréhensible pour Sylvette, Jeanne appelle leur frère quelques jours plus tard :

« Il paraît que l'on mange tous chez toi le jour de ton anniversaire. *(Sabote l'effet de surprise des autres.)*

— Ah bon ??? Je ne savais pas ! Eh bien ! vous serez les bienvenus.

— Tu sais, ajoute la sœur, je préfère venir la veille chez toi.

— Si tu veux. Préviens-moi suffisamment tôt pour que l'on prépare ta chambre. Je préfère effectivement que tu arrives la veille. »

Avertie de ce coup de fil, Sylvette appelle Jeanne et lui demande la raison de ce petit sabotage. Jeanne répond :

« Les fêtes surprises, ce n'est pas mon genre. Je ne m'entends pas très bien avec son épouse, donc je voulais être sûre d'être la bienvenue. Je préfère d'ailleurs y être la veille pour ne pas avoir à me lever tôt le dimanche matin. » (38)

Sylvette et les autres ne comptent pas sur une participation de Jeanne (elles connaissent tant ses attitudes !) et s'organisent entre elles.

Le samedi matin, Jeanne appelle son frère pour lui demander si elle peut venir le lendemain avec une amie (« qui lui a rendu beaucoup de services », dit-elle). Le frère se sent obligé d'accepter la présence de cette inconnue. Lors d'une conversation téléphonique avec Jeanne, Sylvette constate ensuite que celle-ci vient de changer d'avis :

« Oui, oui, se justifie la sœur, je ne viendrai que dimanche matin ; je ne vois pas ce que j'irais faire là-bas ! » (39)

Sylvette la prie d'arriver à 10 h 30 le dimanche matin. Tout le monde sera là pour l'apéritif. Le frère habite la banlieue.

« Comment cela, 10 h 30 ? s'esclaffe Jeanne. Je ne vais pas arriver à 10 h 30 alors que tu sais très bien que je ne m'entends pas avec sa femme. Elle n'a aucune conversation et… (40)

— Mais tu ne vas pas faire la conversation à ta belle-sœur, coupe Sylvette. Tu y vas pour l'anniversaire de ton frère. On a décidé de lui faire la surprise…

— Ah! ne commence pas à m'embêter avec cela. Je partirai quand je partirai et je serai là quand je serai là!» (41)

Bien entendu, aucun membre de la famille n'est surpris de son absence au moment de l'apéritif. D'ailleurs, leur conversation relate des manœuvres diverses vécues par les uns et les autres de la part de cette sœur si… spéciale. Puis, ils décident de ne plus l'attendre. Ils pensent qu'elle ne viendra pas. C'est aussi une de ses habitudes. Malgré cela, le frère ne peut contenir sa colère: le repas est prêt et elle désorganise le déroulement prévu de la journée. L'ambiance se dégrade lorsque le téléphone sonne aux environs de 14 h. C'est Jeanne qui explique s'être trompée de chemin. Elle arrive finalement à 14 h 30. Elle est seule, sans son amie. Ses explications ne tiennent absolument pas debout mais elle semble très à son aise. Elle veut d'ailleurs faire immédiatement le tour du propriétaire. Il est déjà tard et on lui suggère de passer à table d'abord. Jeanne rouspète:

«Oh! vous pouvez bien m'attendre deux minutes! (42)

— Cela fait un moment que l'on t'attend, s'écrie Sylvette. Nous, nous passons à table!»

Pendant le déjeuner, Jeanne monopolise la parole en leur faisant part de tous ses problèmes, puis quitte la table à la fin du repas à la recherche d'une chaise longue. Elle souhaite faire la sieste, car elle est fatiguée de sa nuit de travail. Elle s'endort ainsi (vraiment?) pendant que tout le reste de la famille s'affaire à débarrasser, à laver la vaisselle, à cuisiner une spécialité culinaire et à jouer à divers jeux. «Comme par hasard, raconte Sylvette, elle se *réveille* au moment du champagne et du dessert.» Elle est la première à tendre son assiette et sa coupe pour être servie. Enfin, elle décide d'aller couper des roses dans le jardin pour agrémenter son appartement…

Sylvette se souvient d'une journée tendue à cause de cette sœur manipulatrice. Cette dernière, par contre, est repartie tout à fait ravie!

Je vous rappelle que tous ces épisodes sont véridiques. L'intérêt de ce récit repose aussi sur la qualité du témoignage de Sylvette. Les événements sont présentés d'une façon chronologique et avec une précision des plus intéressantes. C'est cette précision des faits et des paroles prononcées qui nous permet de déceler un manipulateur et de confirmer notre «diagnostic».

Annotations de l'annexe n° 1

(1) Interprétation. Change ses propos.
(2) Elle utilise des principes moraux pour inciter Sylvette à payer.
(3) Jeanne atteint son propre but aux dépens de Sylvette.
(4) Victime.
(5) Victime. Mensonge.
(6) La réalité sur leur bonne entente est tout autre.
(7) Culpabilisation. Illégitimité de l'exigence. Responsabilisation.
(8) Utilise un intermédiaire. Prêche le faux pour savoir le vrai.
(9) Masque du *sympathique.* Impose.
(10) Demande non claire.
(11) Utilise un raisonnement logique pour déguiser son besoin.
(12) Fait faire à Sylvette des tâches qu'elle n'aurait pas faites ce jour-là.
(13) Discours compatissant lorsque le but est atteint.
(14) Égocentrisme. Ne tient pas compte du besoin des autres. Ne s'occupe pas de sa nièce.
(15) Victime de l'administration qui ne tient pas ses promesses.
(16) Choix de mots alarmants.
(17) Utilisation, grâce à un intermédiaire de choix, d'un principe moral.
(18) Utilisation d'une fausse logique d'urgence.
(19) Chantage au suicide.
(20) Victime. Responsabilise, généralise, culpabilise.
(21) Changement de discours en fonction des situations. Quelques minutes avant, l'espoir semblait perdu ! De plus, elle passe d'une prévision de quelques mois à 15 jours !
(22) Reste floue.
(23) Ne tient pas compte des autres. Demande peu claire et illégitime.
(24) Exagère un faux problème.
(25) Le but n'est pas précisé dans la question.
(26) Demande floue.
(27) Déplace le véritable sujet de contrariété.

(28) Fausse évidence.
(29) Victime des autres *méchants.* Prétexte.
(30) Se place en victime d'événements prétendument non prévisibles. Exprime que cela ne serait pas humain de la faire payer davantage.
(31) Faux : elle avait dit 15 jours.
(32) Interprète.
(33) Crée le malaise. Sème la zizanie. Prend l'espace d'autrui.
(34) N'informe pas clairement, intermédiaire.
(35) Décision au dernier moment.
(36) Ne tient pas compte du besoin des autres.
(37) Minimise l'importance de l'événement. Ne prend pas de décision claire.
(38) Discours contradictoire.
(39) Change ses opinions en fonction des situations ou des personnes.
(40) Dévalorise.
(41) Imprécise. Ne tient pas compte de l'organisation des autres.
(42) Égocentrisme.

Annexe n° 2 : Drôle d'amie

Les chiffres inscrits entre parenthèses renvoient à la deuxième partie de cette annexe (page 284) : ce sont des indices de manipulation. Essayez de les découvrir avant de vous y référer.

« Une manipulatrice machiavélique. » C'est ainsi que commence le témoignage de Nadine, secrétaire, à propos d'une relation qu'elle vit depuis quelques années avec une copine que l'on nommera Hélène (étudiante en sciences politiques).

Il y a un an, Hélène demande à Nadine de taper sa thèse de fin d'année. Cette dernière accepte et lui propose même le « prix d'ami » de 10 francs (2,50 dollars) la page. La thèse compte environ 500 pages, elles s'entendent donc sur la somme globale de 5000 francs (1250 dollars).

Nous sommes au mois de novembre. La thèse aurait dû être terminée depuis deux mois lorsque Hélène commence peu à peu à imposer des exigences, non prévues dans le contrat de base.

« Nadine, j'ai vu mon maître de thèse, il faut entièrement refaire 60 pages. (1)

— D'accord, je veux bien te faire 60 pages, mais cela va encore te coûter 600 francs.

— Il n'est pas question d'argent entre nous ! On est des copines. Il n'y a pas que l'argent qui compte ! (2)

— Oui, d'accord, mais j'ai aussi mon travail, et je ne passe pas tout ce temps sur ta thèse seulement pour tes beaux yeux. »

Nadine finit toutefois par obtempérer.

Ce travail demande beaucoup de temps et cela justifie sa rémunération. Nadine y a consacré toutes ses fins de semaine depuis un an, et Hélène lui a même interdit de prendre ses vacances en septembre pour que sa thèse soit terminée le plus rapidement possible !

Nadine tape les 60 pages pour enfin achever la thèse ; elle est épuisée nerveusement. Hélène est d'une exigence terrible qui dépasse l'entendement. Plusieurs fois, elle essaye de mettre Nadine dans une position de faiblesse : « Hélène me disait que j'étais dyslexique, que je ne faisais pas du tout attention à ce que je tapais, que j'oubliais des *s,* etc. J'étais blessée, car cela était faux. Je connais ma valeur dans ce domaine : je suis une *déesse* de la frappe ! Alors je la remettais à sa place. »

Le dernier jour de travail en commun consacré au fignolage arrive enfin. Nadine songe déjà à sa liberté retrouvée. Après un an de travail, elle allait pouvoir disposer de ses fins de semaine et d'une vie sociale normale. Mais c'était sans compter sur la malice d'Hélène.

« Nadine, il faut revoir la première partie (324 pages). Il y a *encore* quelques *s* que tu as oubliés. (3)

— O.K., on va corriger les quelques *s,* ce n'est pas grave, ça. »

Elles commencent à corriger mais Nadine se rend compte que les quelques remaniements ne concernent pas les *s* oubliés mais plutôt des phrases entières. (4) Cette exigence répond peut-être à une demande de son directeur de thèse, mais la correction n'est pas du tout présentée comme telle par Hélène. Nadine se met en colère :

« Mais enfin, tu es d'une malhonnêteté intellectuelle ! Tu es en train de me mentir : tu avais dit que c'était *à cause* de moi qu'il y avait des *s* oubliés et qu'on retapait ; or là, je me rends compte que ce sont des phrases entières que tu veux retoucher. Tu m'avais pourtant dit qu'il ne fallait plus toucher à la première partie puisqu'on l'avait déjà remaniée deux fois !

— Non, c'est parce que tu tapes mal, je n'ai pas vu toutes tes fautes. » (4)

Nadine sanglote de rage.

Les attaques d'Hélène et ses exigences sans fin mettent Nadine dans des positions délicates et l'épuisent. (5) L'anecdote s'apparente à celle d'un marathonien à qui l'on rajouterait des kilomètres à chaque 100 derniers mètres parcourus. Il n'y a pas de fautes concernant les *s.* C'est un prétexte mensonger pour recomposer la première partie : il faut qu'elle refasse 324 pages ! Nadine, malgré sa fragilité, accepte :

« Bon, d'accord, mais il faut que l'on renégocie le travail. Soit que nous le renégocions, soit que je te laisse la disquette et tu fais faire le travail par quelqu'un d'autre. »

— Non, tout compte fait, je ne préfère pas car tu travailles très bien. » *(Alors qu'une minute avant, elle lui disait qu'elle tapait mal et qu'elle faisait des fautes.)*

Hélène aborde alors une tactique inverse. Devant les réticences de Nadine, elle décide d'utiliser la flatterie. Elle la comble d'éloges sur son professionnalisme, sa fiabilité et son côté perfectionniste. Elle ajoute qu'elle ne peut terminer *qu'avec* elle et qu'elle n'a confiance *qu'en* elle. (6) Nadine ne sait que répondre. Son épuisement émotionnel la fait éclater en sanglots. Elle avoue à Hélène que sa santé psychique est en jeu, lui rappelle le sacrifice de ses fins de semaine passées à taper cette thèse, pour une faible rémunération. Nadine n'en peut plus et semble sur le bord de la dépression nerveuse depuis quelque temps.

Hélène l'interrompt :

« Je ne rentre pas dans ce genre de considération. Je sais que tu es une professionnelle et il faut absolument que j'aille jusqu'au bout. (7)

— O.K., on va jusqu'au bout, mais il faut alors renégocier.

— Non ! On avait convenu que c'était 5000 francs. C'est 5000 francs. Tu comprends, je ne suis qu'étudiante. Je ne peux pas te donner plus. (8)

— Tu me méprises. Tu n'arrêtes pas de me mépriser et donc à partir du moment où tu me méprises on arrête là. Moi, je refais et redéfais, il n'y a même pas de *carotte,* cela n'a pas d'intérêt pour moi. Je ne suis pas masochiste !

— Bon, eh bien ! si c'est comme cela, je te donnerai 1000 francs de plus, mais ce sera bien plus tard. *(Décide seule de la valeur d'un travail supplémentaire toujours pas défini.)*

— Si c'est 1000 francs de plus, ce ne sera pas en espèces. Il faudra que tu me fasses d'abord un chèque parce que je n'ai pas confiance », conclut Nadine.

Nadine commente ses perceptions et ses sentiments profonds sur cette conversation : « Je sais très bien qu'elle ne me paiera pas les 1000 francs. J'ai travaillé trois mois supplémentaires depuis septembre et elle n'a jamais voulu me les payer. Je sais qu'elle préfère s'acheter un pull au même prix, car elle s'achète sans cesse de magnifiques vêtements. Elle me méprise. Je n'ai jamais rencontré quelqu'un comme ça. C'est inimaginable. Elle voit que je n'en peux plus. J'ai craqué pendant ces deux heures de discussion. Elle s'en contrefiche. Elle est complètement insensible à ce que j'ai fait pour elle ou à mon sentiment. C'est inimaginable. Malheureusement, malgré les quelques notions de contre-manipulation que j'ai pu avoir, je me trouvais piégée par une manipulatrice. Je n'ai pas su faire ce qu'il fallait. Je n'aurais même pas dû discuter avec elle. J'aurais dû partir au moment où la manipulatrice me disait ne vouloir continuer son travail *qu'avec* moi. J'aurais dû refuser. Maintenant, je me sens prisonnière. Mon mental est même devenu très fragile. Toutes mes relations ont subi le contrecoup à cause de ces fins de semaine passées avec elle à taper sa thèse. J'en suis arrivée au point où je pense même laisser tomber ces 5000 francs. Elle est persuadée que je ne peux pas arrêter, car elle sait que je me fais un point d'honneur d'aller jusqu'au bout ; et que j'y ai beaucoup trop durement travaillé pour stopper avant la fin. Elle me tient ainsi. Hélène sait que la fiabilité est une de mes valeurs. Je ne la supporte plus et ces 5000 francs n'ont plus d'importance comparativement à la souffrance que je vis. Je ne lui donnerai la disquette qu'une fois qu'elle m'aura entièrement payée. Je veux être plus forte, car personne n'a encore réussi à la contrer. Peut-être qu'alors sa relation avec moi changera. Je n'en sais rien. Mais je n'en peux plus ! »

Quelque temps après, Nadine annonce enfin à Hélène sa démission. Elle lui trouve une autre amie secrétaire pour terminer le travail. *(Nadine prend le problème d'Hélène !)* Hélène téléphone à Nadine pour la prévenir d'un accord de 1000 francs avec la nouvelle secrétaire. Il faut que Nadine lui transmette la disquette. Cette fois, celle-ci refuse et réclame sa rémunération avant d'effectuer tout échange.

« Je ne te payerai que lorsque la thèse sera *imprimée,* annonce Hélène. (9)

— Hélène, il est évident que je ne te donne pas la disquette tant que je ne suis pas payée.

— Eh bien ! ce n'est pas grave. Tu gardes ta disquette. Je vais payer une autre secrétaire. Peut-être payer deux fois plus quelqu'un d'autre, et tu peux la garder ! (10)

— Ce n'est pas grave, Hélène. Ce qui est important pour moi, c'est ma santé psychique et surtout ma liberté, car je peux faire enfin ce que je veux. » *(contre-manipulation)*

Sur ce, Hélène raccroche. Nadine se sent enfin libre et heureuse même si elle perd 5000 francs !

Dix minutes plus tard, Hélène rappelle. Celle-ci adopte une voix beaucoup plus douce. (11)

«J'ai réfléchi. Comme on est entre gens intelligents (12), on ne va pas se chamailler pour rien. J'ai surtout entendu ta dernière phrase qui disait que tu voulais être libre, que tu voulais vraiment être débarrassée de ce travail. J'ai senti que tu n'en avais strictement rien à faire de l'argent. (13) Donc j'ai réfléchi. Je ne veux pas te donner de l'argent liquide (14) parce que je n'ai pas confiance en l'autre secrétaire, je ne la connais pas (15), donc je te donne un chèque de 4200 francs *(pourquoi 4200 francs ?)* On se donne rendez-vous demain soir et toi, en échange, tu me donnes la disquette. Tu pourras encaisser le chèque ou bien tu attendras l'impression finale pour avoir l'argent liquide. Pour toi, c'est pareil.» (16)

Nadine accepte le rendez-vous. Elle se sent confuse. Elle ne veut plus entretenir aucun lien avec Hélène et sa thèse. Par ailleurs, cette dernière refuse de payer la nouvelle secrétaire et veut que Nadine s'en charge! Nadine a besoin de conseils qu'elle va chercher auprès d'amis qui reconnaissent la manipulation dans cette affaire. Ils lui conseillent de ne pas accepter le chèque qui pourrait être sans provision. Ils perçoivent également le risque d'une dépression nerveuse chez Nadine, humiliée et méprisée, et l'incitent à couper toute relation avec Hélène immédiatement. Nadine dit qu'elle se trouve au centre d'une manipulation machiavélique et ne sait comment s'en extirper.

Prenons le temps d'analyser en détail cette situation bien réelle. *Qu'aurait-il fallu faire ? Et quand ?* Certes, la situation s'est dramatiquement envenimée parce qu'il y a eu manipulation, *mais, quel que soit notre interlocuteur,* la première erreur a été faite au tout début du contrat : celle de ne pas déterminer un *paiement par mois* ou par trimestre selon le nombre de pages tapées. Il n'est pas normal d'attendre neuf mois (ce qui était envisagé au départ) pour être payé. Il faut toujours tenir compte des imprévus et ne pas risquer d'y perdre totalement. Cela n'a rien à voir avec le manque de confiance.

Lorsque des ouvriers travaillent à construire un bâtiment, ils ne sont pas payés à la fin de la construction, mais bel et bien chaque mois. Un médecin qui traite un patient pour le guérir n'est pas rémunéré seulement à la fin du traitement mais bien à chaque consultation. Le contrat, dès le départ, n'était pas clarifié comme il aurait dû l'être légitimement.

Au-delà de cette première erreur, le *deuxième faux pas* est de ne pas avoir renégocié les mois supplémentaires et de les avoir laissés couler *sans en parler franchement.* Peut-être que la crainte de paraître mesquine représentait un obstacle majeur.

Troisième dérapage qui s'est produit à cinq reprises : *la faiblesse de ne pas savoir refuser.* Il existe deux types de refus diplomatiques (ceux-ci ne sont exprimés que lorsque nous voulons garder de bonnes relations avec l'interlocuteur) : *le refus partiel* et *le refus total avec solution(s).* Dans le récit de Nadine, il y a deux refus partiels : « O.K., on va jusqu'au bout mais il faut alors renégocier » et « Si c'est 1000 francs de plus, ce ne sera pas en espèces mais en chèque ». C'est en fait la formule d'un *oui* conditionné. Les refus partiels sont les plus intelligents, précis et diplomatiques qui soient. Mais la condition qui vient s'inscrire derrière le *mais, si* ou *à condition que* doit toujours être *en cohérence avec les sentiments et les besoins* de celui qui les prononce. De même que la première partie du refus partiel doit représenter ce que l'on accepte. Or, Nadine ne souhaitait plus aller jusqu'au bout. Si elle s'était écoutée, il n'y aurait plus rien eu à négocier. Le deuxième refus partiel n'aurait jamais dû être partiel non plus : les 1000 francs ne seraient jamais payés, selon l'avis de Nadine, qu'ils soient en espèces ou en chèque.

Le deuxième type de refus diplomatique est le refus total avec solution(s) alternative(s). Nadine l'a utilisé lorsqu'elle a cherché elle-même une secrétaire de remplacement. Or, ce n'est pas à elle de le faire. Il fallait en rester à la seule proposition de cette idée. De plus, ne surtout pas impliquer une autre amie. C'est un cadeau empoisonné.

Trois refus diplomatiques (deux refus partiels et un total) ont donc été exprimés, mais aucun des trois n'est approprié si l'on considère les sentiments et les besoins de Nadine. Encore moins par rapport à l'entière situation qu'elle vivait : il ne lui *fallait* pas être particulièrement diplomate puisqu'elle ne supportait plus son interlocutrice et qu'elle ne souhaitait pas sauver la relation.

La *quatrième erreur* est un *refus que Nadine n'a pas prononcé :* elle n'aurait pas dû accepter de taper encore 60 pages.

Il y en a une *cinquième : il ne lui incombait pas de payer elle-même* la nouvelle secrétaire !

Voilà une faiblesse qui coûte cher. Ne pas oser refuser est un handicap pour quiconque dans la vie. C'est une tragédie face aux manipulateurs !

Sa décision finale de couper tout contact avec la manipulatrice est effectivement indispensable. En rapport avec sa dépression, la rupture est devenue une urgence. Elle peut cependant tenter de ne pas tout perdre dans cette affaire et naturellement aller au rendez-vous. Mais auparavant, elle doit exiger un chèque (ce qui est mieux que rien, si Hélène n'apporte pas d'argent liquide) de 5000 francs et non de 4200 francs comme la manipulatrice l'a annoncé. Nadine est en fait dans une position de pouvoir bien plus important qu'il n'y paraît : elle possède la disquette rassemblant un an de travail pour seulement 5000 francs. Aucun manipulateur ne serait assez fou pour tout recommencer avec la perte de temps que cela implique. Elle ne doit donc plus faire de concessions mais garder uniquement sa fermeté en répétant le même discours. Utiliser ce que l'on appelle le disque rayé : « Donne-moi 5000 francs en espèces ou en chèque *certifié.* Ce n'est qu'à ce moment-là que tu auras la disquette. » On pourrait même copier seulement la moitié de la thèse sur une autre disquette qu'on lui remettrait en la prévenant que l'autre moitié sera transmise dès que le chèque sera crédité sur le compte. Nous ne sommes effectivement plus dans une relation de confiance, il n'y a rien à perdre. Voilà peut-être la meilleure façon de s'extirper d'un tel piège.

Cette expérience avec un manipulateur n'est pas extraordinaire ni, hélas, inhabituelle. Elle peut cependant être choquante pour le lecteur qui n'a pas encore été en contact prolongé avec l'un d'entre eux. Le mot le plus souvent répété avec force par Nadine, en relatant cette aventure, était : *inimaginable.* Quand on connaît le fonctionnement des manipulateurs, *tout* devient imaginable !

Annotations de l'annexe n° 2

(1) Pas de demande.
(2) Changement de niveau : utilise des principes réglant l'amitié. Culpabilisation.
(3) Critique. Reporte la faute sur l'autre.
(4) Utilise le dernier moment. Mensonge.
(5) N'est pas claire. Crée l'instabilité.
(6) Flatteries. Piège.
(7) Non-respect des besoins d'autrui. Flatterie. Crée la confusion. Égocentrisme.
(8) Joue sur l'engagement. Victime.
(9) Changement d'accord au dernier moment.
(10) Chantage.
(11) Change ses attitudes en fonction des situations.
(12) Flatteries.
(13) Interprète à son avantage.
(14) Changement de contrat au dernier moment.
(15) Détourne du vrai sujet. Utilise une fausse logique.
(16) Décide ce qui est bon pour l'autre.

Bibliographie

AUGER, Lucien. *S'aider soi-même,* Montréal, Les Éditions de l'Homme, 1974 ; 2004, 192 p.

AUGER, Lucien. *La démarche émotivo-rationnelle,* Montréal, Les Éditions Ville-Marie, 1986, 266 p.

BEAUVOIS, Jean-Léon. *Traité de la servitude libérale,* Paris, Dunod, 1994, 247 p.

BELLENGER, Lionel. *La persuasion,* Paris, P.U.F., Coll. « Que sais-je », 1985, 125 p.

BENSABAT, Soly. *Le stress c'est la vie !,* Fixot, 1989, 211 p.

BOISVERT, Jean-Marie et Madeleine BEAUDRY. *S'affirmer et communiquer,* Montréal, Les Éditions de l'Homme, 1979, 328 p.

BRADSHAW, John. *S'affranchir de la honte,* Montréal, Le Jour, 1993, 356 p.

BRINSTER, Philippe. *La thérapie cognitive,* Alleur, Marabout, 1995, 250 p.

BUTLER, Pamela E. *Savoir se parler, se comprendre et s'affirmer,* Orsay, Médicis-Entrelacs, 1995, 297 p.

CIALDINI, Robert. *Influence et manipulation,* First, 1990, 275 p.

CORKILLE BRIGGS, Dorothy. *Être soi-même,* Montréal, Les Éditions de l'Homme, 1979, 268 p.

CORRAZE, Jacques. *Les communications non verbales,* Paris, Presses universitaires de France, 1980, 207 p.

DEBRAY, Quentin et Daniel NOLLET. *Les personnalités pathologiques, approche cognitive et thérapeutique,* Paris, Masson, 1995, 155 p.

DOROZYNSKI, Alexandre. *La manipulation des esprits,* Paris, Guy le Prat éditeur, 1984, 258 p.

EIBL-EIBESFELDT, Irenäus. *Éthologie-biologie du comportement,* Paris, Naturalia et Biologia (éditions scientifiques), 1984, 3e édition, 748 p.

ELLIS, Albert et Robert A. HARPER. *L'approche émotivo-rationnelle,* Montréal, Les Éditions de l'Homme, 1992, 383 p.

ELLIS, Albert et Arthur LANGE. *Maîtrisez vos émotions,* Alleur, Marabout, 1995, 272 p.

ENGEL, Lewis et Tom FERGUSON. *La culpabilité,* Montréal, Le Jour, 1992, 293 p.

GOLEMAN, Daniel. *L'intelligence émotionnelle,* Paris, Robert Laffont, 1997, 418 p.

HENDLIN, Steven J. *Les pièges de la perfection,* Paris, Anne Carrière et Marabout, 1993, 342 p.

HERNANDEZ, Florence. *L'état de garce,* Paris, Albin Michel, 1995, 203 p.

HOUEL, Alain. *Comment faire face aux gens difficiles,* Saint-Jean-de-Braye, Dangles, 1992, 311 p.

JOULE, Robert-Vincent et Jean-Léon BEAUVAIS. *Petit traité de manipulation à l'usage des honnêtes gens,* Grenoble, Presses universitaires de Grenoble, 1987, 229 p.

LANDAU TOBIAS, Madeleine et Janja LALICH. *Captive Hearts Captive Minds,* Alameda, Hurter House, 1994, 298 p.

LELORD, François et Christophe ANDRÉ. *Comment gérer les personnalités difficiles,* Paris, Odile Jacob, 1996, 345 p.

LEYMANN, Heinz. *Mobbing, la persécution au travail,* Paris, Seuil, 1996, 231 p.

MACHIAVEL. *Le Prince,* Paris, Flammarion, 1980, 218 p.

MILGRAM, Stanley. *Soumission à l'autorité,* Paris, Calmann-Lévy, 1995, 268 p.

NAZARE-AGA, Isabelle. Les manipulateurs et l'amour, Montréal, Les Éditions de l'Homme, 2000; 2004, 224 p.

PEIFFER, Vera. *Dominez vos peurs*, Montréal, Le Jour, 1994, 182 p.

ROBERTS, Jean-Marc. *Affaires étrangères,* Paris, Seuil, 1979, 206 p. Roman dont est tiré le film *Une étrange affaire* de Pierre Granier-Deferre.

RUBEN, Douglas H. *Le sentiment de culpabilité,* Saint-Jean-de-Braye, Dangles, 1996, 237 p.

SALOMÉ, Jacques et Sylvie GALLAND. *Si je m'écoutais je m'entendrais,* Montréal, Les Éditions de l'Homme, 1990, 329 p.

SIRIC - Ouvrage collectif. *Communication ou manipulation,* Empirika, 1982.

THOMAS, Gordon. *Enquêtes sur les manipulations mentales,* Paris, Albin Michel, 1989, 419 p.

WATZLAWICK, Paul. *La réalité de la réalité,* Paris, Seuil, coll. « Points », 1978, 228 p.

Table des matières

Achevé d'imprimer au Canada
en septembre 2004
sur les presses des Imprimeries Transcontinental Inc.